高等职业教育平台课系列精品教材

公共关系理论与实务

主　编　申作兰　崔敏静
副主编　林德山　高明浩　朱恒伟
　　　　陈红娟　储　慧
参　编　李　玲　张先花
　　　　田秀政　胡亚萍

中国轻工业出版社　全国百佳图书出版单位

图书在版编目（CIP）数据

公共关系理论与实务 /申作兰，崔敏静主编．—北京：中国轻工业出版社，2021.6

高等职业教育“十三五”规划教材

ISBN 978-7-5019-8630-9

Ⅰ．①公…　Ⅱ．①申…②崔…　Ⅲ．①公共关系学—高等职业教育—教材　Ⅳ．①C912.3

中国版本图书馆CIP数据核字（2016）第303290号

责任编辑：张文佳　秦　功
策划编辑：张文佳　　责任终审：张乃柬　　整体设计：锋尚设计
责任校对：吴大鹏　　责任监印：张　可

出版发行：中国轻工业出版社（北京东长安街6号，邮编：100740）
印　　刷：三河市万龙印装有限公司
经　　销：各地新华书店
版　　次：2021年6月第1版第4次印刷
开　　本：787×1092　1/16　印张：14.5
字　　数：320千字
书　　号：ISBN 978-7-5019-8630-9　　定价：35.00元
邮购电话：010-65241695
发行电话：010-85119835　传真：85113293
网　　址：http://www.chlip.com.cn
Email：club@chlip.com.cn
如发现图书残缺请与我社邮购联系调换
210609J2C104ZBW

前言
FOREWORD

21世纪是一个公共关系的时代。当今世界任何组织的成功都离不开公共关系，大到国际竞争、国家形象、总统竞选，小到个人的一言一行、一颦一笑，都与公共关系紧密相连。自20世纪80年代我国引进公共关系理论以来，公关产业得到了长足的发展，公共关系人才日益受到重视。随着我国现代化步伐的加快，越来越强劲的信息全球化态势影响着我们的社会生活，公共关系在当今的经济与社会生活中发挥着越来越重要的作用。

本书作为教材，负有培养专业的公共关系人才、传播公共关系思想的神圣使命。本书基本做到了如下三点：一是坚持科学性。科学性是本书框架的基础，本书理论体系完整，跟踪最新的国际、国内公共关系动态，系统介绍了公共关系所涉及的各方面内容，逻辑衔接紧密。二是突出技能性。技能性是本书的重点，作为高职高专教材，本书不仅要讲清楚公共关系是什么、为什么进行公共关系工作，而且重点介绍了如何进行公共关系工作，如何成为合格的公共关系人员；本书配有大量的实训和操作规范，可以使学生提高理论知识的运用能力和实际操作能力。三是力求创新性。本书各章内容由“知识目标”“技能目标”“案例导入”“理论内容”“知识链接”“案例衔接”“实训作业”等模块组成，使学生在学习理论知识的同时轻松掌握相应的技能、提高能力水平。

本书一共分为6章，分别为认识公共关系、公共关系程序、公共关系专题活动、公共关系组织形象设计与管理、公共关系危机管理、公共关系社交礼仪。本书既可以供高职高专学生使用，还可以用作青年自学者、兴趣爱好者以及商务人员、经理人员、营销人员、管理人员、公关人员岗位培训的基本教材或参考资料。

本书由日照职业技术学院申作兰、扬州商务高等职业学校崔敏静任主编；日照职业技术学院林德山、高明浩、临沂科技职业学院朱恒伟、江苏农牧科技职业学院陈红娟、储慧任副主编；日照职业技术学院李玲、张先花、田秀政、胡亚萍参与了本书的编写。

鉴于本书中所引用的部分案例流传较广，引用较为频繁，无法一一标注出处，在此谨向这些初始作者致以最诚挚的谢意。在本书出版过程中，得到了部分企业的支持和帮助，得到了中国轻工业出版社的大力协助，在此一并表示感谢。

由于水平有限，书中不妥和疏漏之处在所难免，真诚期盼同行专家的批评指导，敬请广大读者不吝指正。

编者

2016年6月

目 录
CONTENTS

第1章 认识公共关系

【知识目标】

1.掌握公共关系的含义、特征及职能。

2.了解公共关系的历史及发展趋势。

3.掌握公共关系的主要构成要素。

4.理解公共关系人员的职业道德和职业能力分析。

【技能目标】

1.能解释公共关系的含义、特征及职能。

2.能讲述公共关系的历史及发展趋势。

3.能分析公共关系的主要构成要素，能说明这些构成要素之间的关系。

4.能分析公共关系人员的职业道德和职业能力。

案例导入

加多宝“王老吉”商标之争

1997年，主营药品业务的广药集团无力经营广州羊城药业股份有限公司旗下的王老吉，将其商标使用权租赁给香港鸿道集团旗下的加多宝。自此，药品属性的绿盒王老吉属广药集团，而饮料属性的红罐王老吉则属于加多宝。2002年起，加多宝开始大笔投入，推广品牌。2002年红罐王老吉销售额达到1.8亿元，到2007年时则飙升到近90亿元，2009年突破160亿元。

2010年8月30日，广药集团向鸿道集团发出律师函，申诉时任广药集团总经理由于收受巨额贿赂而签署的两个补充协议无效。如果根据这两个补充协议，“红罐王老吉”的生产经营权延续到2020年，每年收取商标使用费约500万元。

2012年5月9日，中国国际经济贸易仲裁委员会做出裁决，广药集团与加多宝母公司鸿道集团签订的《“王老吉”商标许可补充协议》和《关于“王老吉”商标使用许可合同的补充协议》无效，鸿道集团停止使用“王老吉”商标。5月27日，加多宝宣布已向北京市第一中级人民法院提起了撤销该裁决的申请。

2012年6月3日，一直运营绿色利乐包装王老吉凉茶的广药集团正式推出红色罐装王老吉凉茶。两版红罐王老吉外包装相似度非常高。加多宝称广药推出红罐王老吉为侵权，决定起诉。同月，加多宝以6000万元的价格冠名浙江卫视人气节目《中国好声音》，获得巨大品牌认知收益。

2012年7月16日，北京市第一中级人民法院驳回鸿道集团提出的撤销中国贸仲京裁字第0240号仲裁裁决的申请，该裁定为终审裁定。

2012年7月，广药集团将加多宝的两家经销商连同加多宝一同告上法院，称其涉嫌商标侵权；加多宝也还以颜色，指责广药集团生产的凉茶产品抄袭使用其注册的“吉庆时分”，由此在2012年国庆期间，王老吉凉茶被全国50多个地区的工商部门查封10万余箱。12月27日，广药集团诉讼加多宝公司立即停止使用“全国销量领先的红罐凉茶改名加多宝”等一类广告语。

案例分析：

华中科技大学公共传播研究所常务副所长游昌乔对案例做如下点评：

（1）承担责任（Shoulder The Matter）

2012年5月9日仲裁结果出来后，加多宝方面立即召开新闻发布会。公司最高层亲自面对媒体，向媒体表明公司的重视程度以及对仲裁结果的态度和立场。在对仲裁结果表示深感失望和遗憾后，也希望相关单位部门保持冷静克制，共同维护凉茶行业的大好局面，表明了加多宝更名实属无奈之举。加多宝勇于承担责任的态度，赢得了媒体和公众的理解。

（2）真诚沟通（Sincerity）

在商标诉讼失利后，加多宝集团表示自己作为民营企业力量微薄，希望得到广大消费者的同情，同时强调加多宝自始至终保持了传统凉茶的水平，工艺品质不变，加多宝凉茶会继续坚守传承下来的秘方，保持传统的工艺水平，强化品质质量管理，输送出合格安全的正宗凉茶。坦诚的态度加强了公众对加多宝的认识。

（3）速度第一（Speed）

早在商标争端之初，出于对王老吉商标使用权前景的不确定性预期，加多宝加快了去王老吉化的步伐。2012年2月29日，加多宝发布官方声明，加多宝去王老吉化，红罐王老吉启动全新包装，强化加多宝品牌。广告语也从以前的“怕上火喝王老吉”变更为“正宗凉茶加多宝出品”，连平面海报也很难找到王老吉商标的踪影。危机正式爆发时，加多宝立即召开紧急会议，对危机处理的各项事务做了有条不紊的安排。

（4）系统运行（System）

在事件初露端倪时，加多宝便制定计划逐步地进行去王老吉化，同时制定了一系列扩大其品牌知名度的公关营销策略。

（5）权威认证（Standard）

加多宝集团充分运用第三方证言的公关策略。首先请王老吉凉茶的第五代传人现身媒体力挺加多宝，在消费者心中留下加多宝确实是正宗的印象，增加了加多宝的可信度，同时也让加多宝在处理此次危机时有了底气。其次是携手浙江卫视打造《加多宝凉茶中国好声音》节目，新闻发布会现场请来了刘欢、那英、杨坤、庾澄庆等明星助阵。同时，通过浙江卫视发出“反山寨”的强音，给予广药版王老吉一次重创。

——中国公关网（http：//www.chinapr.com.cn），引用时有修改

从案例中，加多宝集团体现出了怎样的公关意识？在该案例中，涉及公共关系的哪些构成要素，这些要素之间是什么样的关系？

1.1 公共关系概述

1.1.1 公共关系的含义

“公共关系”是英语“Public Relations”的中文译称，英文缩写为“PR”，简称为公关。“Public”既可以译为“公共的”，亦可译为“公众”；“Relations”为复数，译为“关系”。因此，“Public Relations”有学者译为“公众关系”，但更多的人采用“公共关系”的译称。

公共关系学作为一门新兴学科，在理论上涉及不同的学科范畴，人们对于公共关系的定义有许多种；又因为其在实践上被应用于不同的组织和领域，公关学者们对公共关系概念的看法可谓是众说纷纭。

国际公共关系协会的定义是：公共关系是一种管理功能，它具有连续性和计划性。

通过公共关系，公立的和私人的组织、机构试图赢得同它们有关的人们的理解、同情和支持——借助对舆论的估价，以尽可能地协调它自己的政策和做法，领先有计划的、广泛的信息传播，赢得更有效的合作，更好地实现它们的共同利益。

或许一个简单的公共关系定义更符合我们的认识：公共关系就是一个组织运用有效的传播手段，塑造良好的组织形象，使公众与其实现合作双赢的一种思想和管理职能。

【知识链接】

北欧航空公司的一位公关部经理在向公共关系培训班的学员们讲解什么是公共关系时，曾这样说道："公共关系好比一名青年追求伴侣，可以有许多办法，大献殷勤就是一种，这不算公共关系，而是推销；努力修饰自己的外貌和风度，讲究谈吐举止，这也是一种吸引人的办法，不过这也不是公共关系，而是广告；如果这位青年经过周密的研究思考，制定一个计划出来，埋头苦干，最终以成绩来获得他人的称赞，然后通过他人的口将对自己的优良评价传递出去，这就是公共关系了。"很显然，这个公关部经理通过故事准确地讲出了公共关系的某些含义：通过宣传与一般公众建立的关系，公司、组织或机构等向公众报告它的活动、政策等情况，企图建立有利的公众舆论的职能。

1.1.2 公共关系的特征

公共关系的特征是由它的自身性质、主体目标和客体特征及工作方式决定的，了解这些特征有助于加深对公共关系概念的理解。

（1）公众性

公共关系是以公众为对象的一种关系。公共关系是社会组织与构成其生存环境的内外公众的总和，这种关系是客观存在的，公共关系的出发点是公众，工作中心也是公众。公众是公共关系的主要研究对象，一切工作均围绕公众展开。

（2）双向性

公共关系是真实的双向沟通，而不是单向的公众传达或对舆论进行调查、监控，它是主体与公众之间的双向信息系统。组织一方面要听取社情民意，调整决策改善自身；另一方面又要对外传播，使公众认同自己，达成有效的双向意见沟通。以双向沟通过程为特征的传播活动是公共关系最具实质性的方面。

（3）互惠性

社会组织与公众之间关系的基础是利益的相关性。公共关系是以一定的利益关系、业缘关系为基础的。利益从来都是相互的，从来没有一厢情愿的利益。组织的公共关系工作之所以有成效、有必要，恰恰在于它能协调双方的利益，通过公共关系，可以实现双方利益的最大化，这也是具备公关意识的组织和不具备公关意识的组织的最大区别。

（4）长期性

公共关系的管理职能应该是经常性与计划性的，它是一项长期性工作，如果组织平时就注重公共关系工作，在组织遇到危机时，就能看到其神奇的效果；反之，如果组织不注重公共关系工作，那么当需要公共关系的帮助时，则不会轻易见效。公共关系是组织的一项长期性的工作，公共关系着眼于长远利益。

（5）真实性

组织的公共关系状态具有客观性，因此，开展公共关系必须以事实为基础，“说真话，讲事实”是公共关系理论的基本思想。尤其是现代社会，信息与传媒手段空前发达，这使得任何组织都无法长期封锁真相，欺骗公众。公关人员应当实事求是地向公众提供真实信息，以取得公众的信任和理解。

【知识链接】

1982年强生公司的畅销品泰诺胶囊被一位精神异常者注入氰化物，前后造成7人死亡，该公司不但立即发动全体员工将货架上的产品回收，首席执行官詹姆斯·伯克（James Burke）迅速接受媒体的采访，对事件表示了歉意，在随后的一周内迅速将全美泰诺销售网络上的产品撤下，詹姆斯·伯克每个半小时对外举行记者会，并接受著名新闻栏目《60分钟》访谈，恳请消费者交回胶囊，在采访中他表示“我们的首要职责是我们客户的安全。不要为此冒风险。接受这个教训，等到这场危机过去后，我们可以为消费者提供令他们感到安全的产品。”

尽管伯克实际上没有说一句真正道歉的话，尽管此举也带来了1亿美元的直接损失，但强生公司因此却建立了信誉，伯克对这次危机的巧妙处理，不仅挽救了泰诺品牌和强生公司，更是赢得了世人尊重。

——网易新闻http：//news.163.com/special/reviews/siemensscandal.html

1.1.3 公共关系的原则

公共关系的基本原则是社会组织在开展公共关系工作中所遵循的指导思想和行为准则，也是公共关系性质、目的、职能和工作方法的概括和总结。

（1）真实性原则

真实性是公共关系的基线，真实性原则是指组织在开展公共关系工作时，必须以事实为依据，向公众如实传递有关组织的信息，同时向组织决策者如实传递有关公众的信息。无论是塑造形象、信息沟通，还是危机处理都要做到真实、客观、全面、公正。社会组织只有在提供优质产品和优良服务的基础上，辅以实事求是的公共关系，让人感到名实相符，才能很快地树立起信誉和形象。公共关系不能“制造”形象，只能“塑造”良好的形象，这种塑造所用的材料就是事实，所以说，真实性原则是公共关系的基本原则，也是对公共关系人员的根本要求，是公共关系的生命。

（2）公众至上原则

组织战略目标的确立首先要以公众利益为出发点。公众是公共关系工作的对象，是组织生存和发展的条件。公众至上原则就是要有公众意识，把公众的需求和利益作为首要因素来考虑，把能否满足公众的需求和利益作为衡量公共关系效果的重要标准。坚持“公众第一”“公众永远是对的”，认真听取公众意见，为公众提供优质服务，维护消费者权益。把组织自身的运行建立在满足公众需求和利益的前提下，关心由组织行为引起的问题以及由此涉及的公众利益。满足公众利益和要求，关心社会问题，有时会牺牲组织的眼前利益，但从长远看，这是对组织生存环境的维护，是一种重要的战略性的公共关系投资。

（3）利益统一的原则

利益统一原则是指公关活动要兼顾组织与公众的双方利益，在平等的地位上使双方互利互惠。坚持利益统一的原则，不是说社会组织不应追求自身利益。而是应该在尊重公众利益和组织的利益的前提下，谋求组织利益与公众利益的平衡协调，促成组织运作与环境达成自动平衡。公共关系必须坚持组织与公众共同发展、平等相处、互利互惠、共存共荣的坚定信念，既讲“利己”，又讲“利他”。

（4）全员公关的原则

全员公关原则是指组织在开展公关工作时，不能只依靠专职公关机构和公关人员，而是有赖于组织中各部门和全体员工的配合，全体成员都要树立公共关系观念，关注并参与公共关系工作，为公共关系工作做出贡献。

对组织负责和对公众负责是每个员工的神圣职责，只有全员公关，才能建立和维持组织的良好的公共关系状态。没有全体员工的共同努力，公共关系工作只是空中楼阁。因此，强烈的公关意识必须渗透到每位员工的思想和行为之中。

【案例衔接】

可口可乐失败的危机公关

1999年，比利时有120人在饮用可口可乐后中毒，法国也有80人出现同类症状，虽然欧洲公司在一周内便查明了原因，但一开始这件事是由位于美国亚特兰大的公司总部对外沟通，并未启动危机管理方案，只是在公司网站上粘贴了一篇相关报道，报道中充斥着没人看得懂的专业词汇，也没有公司管理层出面表示对此事及中毒者的关切。有关可口可乐的各种不堪和批评之声开始见诸媒体报端，可口可乐致死的恐惧也在不列颠海峡两侧蔓延，甚至有传言声称鹿特丹和巴黎销售的所有可乐都受到了影响，甚至远在法国南部、地中海沿岸的土伦港也传出可乐致人腹泻的消息。直到法国巴黎和敦刻尔克的公众游行抗议，比利时和法国当局要求可口可乐召回所有产品后可口可乐公司才意识到问题的严重性。事发10天后，可口可乐董事会主席（CEO）道格拉斯·依维斯特才前往布鲁塞尔，但这场风波却给可口可乐形象和市场份额带来了不可挽回的损失——1999年年底公司利润减少31%，据法国咨询公司估计，其中三成损失是因此次事件造成，而竞争对手抓住机会，借此抢占了10%的市场份额。

1.1.4 公共关系的职能

公共关系的基本职能是公共关系在组织中所应发挥的作用和应承担的职责。公共关系的职能从广义上来讲，就是调动一切可以调动的力量，运用各种手段，塑造良好的组织形象，赢得良好的生存环境，促进组织的生存和发展，使组织在激烈的竞争中取胜。公共关系狭义的职能主要体现在传播和管理两个方面。

（1）公共关系传播职能

①采集信息，监测环境。信息是预测和决策的基础，也是管理的前提。管理的一个重要环节就是科学预测，要实现科学预测就必须对目前环境进行严密地监控和认真地分析，随时掌握环境现状和未来变化趋势，预先向组织领导者提供信息，使组织能迅速做出反应，抓住有利时机或及时调整策略，避免不利因素。采集信息并不是公共关系的最终目的，信息只有在经过加工、整理和分析后，才能真正发挥其作用。公共关系环境是指公众及影响组织生存和发展的政治、经济和文化等社会因素组成的互动系统，组织总是在一定环境中生存和发展，而这个环境是不断变化的。这种变化对组织的影响，可能有利，也可能不利，公关工作人员只有通过对环境地动态监控，才能使组织未雨绸缪、趋利避害。

②组织宣传，创造气氛。公共关系活动的一项重要内容就是组织传播，通过有计划、有目的的宣传，将组织的有关信息及时、准确地向公众传播，争取公众对组织的了解、支持和信任，从而提高组织的知名度和美誉度。通过宣传造势，实现舆论导向，通过策划新闻、公关广告、专题活动等形式制造声势，为组织创造良好的舆论环境。

③交往沟通，协调关系。公共关系是“广交朋友的艺术”，通过社会交往，为组织建立广泛的社会网络，广结良缘也是公共关系的重要职能。社会组织的良好形象就是在不断地协调和沟通中建立和发展起来的。公共关系工作人员要利用各种沟通手段，从公众利益出发，减少、化解乃至避免组织与内部公众之间的摩擦和组织与外部公众之间的冲突。提高社会组织的和谐度，为社会组织创造良好的社会环境。

④教育引导，服务社会。公共关系完成其社会职能，促进社会发展，就需要加强教育引导，促进社会和谐发展。对内部公众，公共关系的主要职能是传播公共关系的意识和技巧，对员工进行教育培训，牢固树立全员公关的意识，并将公共关系思想外化成为公共关系的实践活动。对外部公众通过教育引导，针对不同公众的特点，采用不同的沟通方式，使公众对社会组织产生认同感。

（2）公共关系管理性职能

①咨询建议，决策参谋。咨询建议，决策参谋是公共关系最具有价值的职能。因此，公共关系职业也称“咨询业”“智业”，公关部也成为组织的“智囊团”和“参谋部”。公共关系的这一职能就是公共关系工作人员向决策层或管理部门提供公共关系方面的意见和建议，使组织的各项决策更加科学化和系统化。

②社会交往，组建网络。社会交往、组建网络是对沟通、协调和管理的细化。随着现代化的发展，组织需要不断地同外界进行物质、能量和信息的交换。公共关系追求长期利益，因此要加强社会交往。公共关系的对外交往主要是建立在利益一致基础上的信息沟通和互相帮助。

③科学预警，危机管理。组织在其发展过程中，由于某种原因难免会发生危机。组织危机是组织生存和发展的大敌，如果处理不好就会影响组织的形象甚至“生命”。公共关系必须担负起这一重要责任。在危机没有发生之前，协助组织建立危机预警系统，及时发现问题，并防患于未然。在组织面临危机时，有效、及时地化解危机，缓和与消除冲突，变被动为主动，变不利为有利。

④创造效益，寻求发展。社会组织在创造效益的同时，寻求组织的发展。公共关系主要是通过信息沟通、形象竞争、科学管理来为组织创造经济效益。通过策划宣传造势、传播沟通和公关专题活动来创造社会效益，从而提高组织的知名度和美誉度，树立良好的组织形象，为组织创造无形资产，优化组织生存发展的社会环境。

【案例衔接】

克虏伯王国的公关传奇

阿尔弗雷德·克虏伯（也称老克虏伯）和他创立的克虏伯集团相当著名，在当时的欧洲，很少有人能与之相媲美。阿尔弗雷德·克虏伯体现了19世纪下半叶常见的一个类型——白手起家的人，他们是灵感和工业革命相结合的产物，跳出了旧时代只有出身贵族才能成功的轮回。

克虏伯的快速发展主要有两个原因。首先，得益于1853年之后在火车轮轨方面的独特生产技术，克虏伯在急速发展的世界铁道业中收获丰厚。其次，是它在军事工业领域的创新。克虏伯产品的优越性在1870年的法德战争中表现得非常明显，克虏伯的钢炮远远超越了法国的大炮，射程是法国传统铜制大炮的两倍。克虏伯和它的精良钢制品，随着战争的胜利，在世界拥有了很大影响，相当长的时间，清政府购买大炮基本都是指定克虏伯的。

当然，还有一个原因。人们一般认为公共关系是由美国发明的。但是在克虏伯的成功史中，我们可以看到它在公共关系中的多项创举和丰厚回报，进而欣赏到一个在美国之外早已在公共关系领域做出创举的生动案例。

通过一批世界第一的钢球在世博会中赚足了“眼球”

世界博览会从开设之日起就受到了人们的广泛欢迎和媒体的大量报道，远远比之后的奥运会受欢迎。甚至有人说世博会是第一起大规模的造假事件，这说明了世博会特有的公关效应。政治界和企业界发现媒体可能会夸大产品的信息，并把它们扩散到全世界。世博会也确实迎合了工业界和媒体的兴趣，工业界可以提供给媒体在世博会期间的有趣事件，可以陈列技术上的最新发明和艺术上的最新趋势。通过媒体的夸张宣传，工业界获得了吸引大量顾客的绝好机会。社会公众的反应表明世博会激起了令人难以置信的兴趣，从1851年5月1日到10月15日，竟然有来自不同国家的600多万人买票参观了伦敦世博会。

在19世纪下半叶的世博会中，克虏伯在公共关系中有着出色的表现，把世博会变成了克虏伯产品的陈列柜，使克虏伯吸引了全世界的目光。在1851年的第一届伦敦世博会上，克虏伯的几件产品震惊了全世界。巨大的钢炮引起了国际社会的注意。这些钢炮是最早使用钢这种金属制成的，坚固程度以及射程、威力都超过了以往的铜制大炮。一年之后，阿尔弗雷德·克虏伯把这些钢炮作为礼物送给了普鲁士国王，随着普鲁士势力的迅速崛起，以及以普鲁士为中心的新德国的形成，全世界都开始感受到克虏伯在伦敦世博会上的展览品的威力。

然而，相对克虏伯大炮而言，当时真正吸引媒体和大众的兴趣的是一个重2000多千克的巨大钢球。在那时，那样又重又大的钢制物品是难以想象的。据威尔海姆·伯卓尔说，克虏伯的钢球成为世博会的象征物。自1851年伦敦世博会开始，阿尔弗雷德·克虏伯继续在1855年巴黎世博会，以及之后的几届世博会中，成功实现了钢球作秀，钢球成为克虏伯展示馆的象征。

1855年巴黎世博会的钢球，已经达到了5000千克，创造了新的世界纪录。巨大的钢球在巴黎世博会开幕之前就已经引发了轰动效应，为了将它从克虏伯在德国的总部埃森运到巴黎，克虏伯公司尝试了所有传统的运输方式，都没能成功。后来几经周折运到巴黎，又出现了新的麻烦，钢球的巨大重量导致展台地基塌陷。在这次世博会上，克虏伯钢球制造的新闻比其他产品所有的新闻还多。

1862年，新一届伦敦的世博会，克虏伯钢球同样成为轰动性的新闻。这一次钢球的重量达到了前所未有的2万千克。这一次吸引大家眼球的不仅仅是钢球的制造技术，焦点集中在了钢球的运输问题上。不论是钢球的直径，还是钢球的重量，都给运输带来了极大的麻烦。另一个麻烦还包括在返程的路上，运输钢球的船只滞留在荷兰一个小岛的海岸，钢球让导航仪器失灵了。

对于克虏伯来说，钢球不断创造世界纪录，吸引了无数注意力，为公司赢得了巨大的广告效应，同时，还有效地将人们的关注目光从克虏伯的主打的武器生产上引开。同样的公关策略被克虏伯娴熟地运用于以后的世博会上。例如，1867年的巴黎世博会，克虏伯向世界推出了新的科技成果，一个“和平”产品——机车轴。这个机车轴是一个钢铸件，直径达1.88米，这一项技术让世界惊叹，成为德国钢铁业的新坐标。

克虏伯最后一次将钢球送到世博会是在1873年维也纳的世博会上，这一次这个矮胖的钢球重量达到了5万千克。另外，克虏伯的一件科技成果——一个由钢块一次成型制造的弓形物——同样让世界望其项背。

1876年，在美国费城的世博会上，克虏伯带来了一个世界第一的产品，也是克虏伯的核心军工产品的精华，那就是一门在当时最为先进的加农炮，它口径约356毫米，能够发射约454千克的炮弹。当时德国刚刚大胜法国，克虏伯也因为德法战争的胜利，武器产品被世界广为认可，这一次很自豪地把这门大炮带到了世博会，毫无疑问，又成了这届博览会的明星。

和新闻媒体建立复杂有效的联系

克虏伯的公关活动继续深化，产生了远远大于世博会上的效应。老克虏伯认识到保持与社会流行价值相符合的公众形象的重要性，通过顺应社会流行价值来扩大公司的影响力。他的天赋最明显地体现在他能利用历史事件使公司的名字被公众熟知，比如利用德法战争来宣传自己的公司，或者举办一些周年纪念或其他有意义的活动，邀请国内国际名流出席活动，把公司的形象带到大众的视线里。公司负责人也会在这些活动上发表重要讲话，强调公司对社会、对国家安定做出的重要贡献。不仅仅是宣传，他还做出了多次实际举动，在德法战争中德国向法国宣战的第一天，克虏伯便捐赠了100多万塔勒的巨额战争物资，使自己在德国官方和民间受到好评。

但是，似乎老克虏伯并没有意识到新闻界对一个公司公众形象的维护与破坏作用，他任命了以Carl Meyer和Hanns Jenke为首的小组，来沟通联络新闻界。但是，这两人和当时很多工业革命时代的大垄断企业的新闻代表一样，充满着对新闻界天然的傲慢。老克虏伯的独子弗里德里希·克虏伯却比较高明，他认识到新闻界对于唤起公众意识、突出公司正面形象的重要性。他熟练运用新媒体传播“克虏伯工厂是您工作的地方”等理念，通过在德国以及国际的大量新闻报刊文章中，不仅是克虏伯工厂，还有公司的原址所在地的整个城市，都被新闻界善意地包装成了劳动者的乐园。后人评价说这时候新闻界公布的信息，绝不符合当时的道德标准。但是弗里德里希·克虏伯做到了，他与新闻界建立了一种稳定的关系，很好地控制了信息流。

1893年，弗里德里希·克虏伯还在公司内部建立了一个新闻机构。这个机构的明确职责是给新闻界提供各种新闻信息，包括克虏伯公司及其产品相关的商业和技术信息。当代公关的一个重要原则是控制信息的传播，尤其是在危机出现时，这一点尤为重要，克虏伯做到了。

成为内部公关的先锋

我们今天所讲的内部公共关系也是克虏伯高度重视的一个问题。内部公关也就是指公司内部员工之间通过沟通解决问题。老克虏伯发现，如果工作环境好，公司员工和老板关系融洽，会提高工厂产量。因此，他做出很大努力，使公司最底层的员工都能与公司的目标相一致，使他的管理风格延伸至每位员工。

老克虏伯作为自己“经济王国”的绝对统治者，他有一个观念，就是他的公司是一个大家族，组织中的每位成员，即使是最底层员工，也被当作是克虏伯家族中有发言权的一员。这种观念建立起了一种对团体的归属感，仿佛就是由血缘关系、共同权利和义务关系紧密联系起来的一样。老克虏伯身体力行，从不放过任何一个机会来表达他的观点：克虏伯是公共利益的集合，每位员工均能从中获益，并得到快乐。他还多次谈到，没有任何一家公司能够靠剥削和牺牲员工而繁荣。他竭尽全力表现他对员工的关怀和亲近。根据传记作者的描述，老克虏伯经常到工厂视察，和员工亲切聊天，在交往中毫不在意职务、职位的差异。在他的推动下，克虏伯注意保障员工的休息时间，新建了很多设施，如图书馆、健身场所等，同时还组织音乐会、展览等文化活动。

克虏伯还有一个明智的政策，就是发展社会保障。在国家完善社保体系之前很多年，老克虏伯已经为其员工提供了医疗和人身保险，还有对孤寡员工的生活补贴。他还专门建立了几家私人医院和一家牙科诊所，增加了假日疗养院的服务。随着公司进一步强大，克虏伯对员工的利益保障做得更好，1871年克虏伯建立了流行病诊所，同年还为员工建造了几处员工公寓。

除了给员工的实际利益，克虏伯也从未忽略内部公关，出版一些小册子，每一批次，都有上千本小册子在公司复印、分发。在小册子的扉页上，印刷了有关理想员工的准则：勤奋、用功、温顺、有品德、有规矩，当然，还要忠实于公司。根据克虏伯特殊的逻辑，所有传统的美德都有助于员工与公司共荣，因为公司越成功，员工及其家人得到的经济利益越多。

通过公关在两次世界大战战败后脱险

因为和德国的命运捆绑在一起，克虏伯公司不得不经历第一次和第二次世界大战后的极为苛刻的命运。在两次世界大战后，克虏伯需要处理的最棘手的公共关系都是公司的国际形象。在德国人面前，对爱国主义的呼吁能够帮助克虏伯避免走向死亡。但在面对世界其他地区的意见时，克虏伯的压力就很大。在第一次世界大战之后，克虏伯成为德国军事主义的代名词。第一次世界大战德国的战败毁了克虏伯的形象，很多国家认为克虏伯要对军事竞赛和带来1900万人死亡的世界大战负责。这种对克虏伯并不公平的认识使得这个公司受到了残酷的制裁，被强制停止所有的武器生产，把全部的剩余武器交出，关闭了大约400座厂房。但这些严厉的惩罚并没有毁灭克虏伯，通过对德国国内的公关，克虏伯承揽了很多国内工程项目，进而保住且恢复了在德国重工业上的领导地位。

在第二次世界大战后，克虏伯再次面临艰难处境。这一次负责人阿尔弗雷德·克虏伯被列入战犯临时名单，要接受1947、1948年在纽伦堡国际军事法庭的审判。和大部分战犯一样，小克虏伯也被起诉反人类罪。尽管受到了战败的严重影响，克虏伯公司并没有完全消失，而是凤凰涅槃般地恢复了过来。

当然，在这奇迹般的崛起中，公关活动发挥了重要作用，克虏伯把复活公司这项几乎不可能完成的重任交给了德国公关先锋卡尔·洪德豪森。卡尔·洪德豪森鼓励德国媒体描写关于这家公司的故事。这位德国首位公关专家意识到建立互信的重要性，在他的推动下，从20世纪50年代初开始，一系列有关克虏伯的历史、人物的书籍不断发表，这些书籍主要关注这家公司的工业和劳动者成就，赞颂创始者的一生。在这些书中最有名的是1954年出现的德文名为《Die Drei Ringe》的一本书，以及不久后在同年用英文发表的题目为《克虏伯，一个工业帝国的故事》的文章。这些书都试图与二战给公司带来的负面信息斗争。

除了在美国媒体界，这些积极的信息在全世界也有了更大的影响范围。20世纪50年代期间，关于克虏伯的文章和故事在有名的西方杂志上发表，例如，《读者文摘》《时代》周刊这些影响力很大的刊物，还有像《金融时报》这样的主流报纸。在1961年，卡尔·洪德豪森举办了一个规模巨大的活动来庆祝克虏伯公司成立150周年。克虏伯邀请了重要的政界名流来参加这项活动，联邦德国的传奇总统特奥多尔·豪斯在纪念活动上发表了重要讲话。

——转自《国际公关》，有删改（作者：王硕）

1.2 公共关系的历史

1.2.1 现代公共关系产生的条件

现代公共关系产生于20世纪初的美国，是当时美国及资本主义社会的基本矛盾以及经济、政治、科学技术、文化等诸条件综合作用的结果，是社会发展到一定阶段的必然产物，是社会文明进步的必然结果。

（1）商品经济的繁荣是公共关系产生的经济基础

商品经济的高度发展，市场经济的出现是公共关系兴起的社会经济条件。随着社会的进步和生产力的发展，社会分工越来越细，行业之间的相互依赖与制约不断加强，寻求合作的愿望就越强；商品经济的繁荣，物质生产供过于求，市场重心从卖方向买方过渡，迫使生产者想办法有效地维护买卖双方的联系，最大限度地争取公众的理解、信任、支持与合作。公共关系是一种适应社会化大生产的现代文明经营观念。当商品经济发展到一定程度，就必然要把它应用于生产实践之中。

（2）民主政治的发展是公共关系产生的政治前提

社会政治生活的民主化是公共关系产生的社会政治条件。从封建社会进入资本主义社会，资产阶级在革命后所推出的共和制、立宪制，变独裁为民主，变专制为共和制，变世袭为民选，公众不仅有选举权，还有知情权、议政权和监督权，公众的社会地位得到了提高，老百姓有了维护自己合法权利的可能。另外，政府和社会组织必须及时了解舆情民意，根据民意来制定或调整自己的内外政策，并通过传播媒介向公众宣传解释政策，争取公众的理解和支持。民主制度的建立提高了公众的参与意识，而民主政治的每一步都需要公共关系活动的配合。

（3）大众传播技术的发展是公共关系得以发展的物质技术条件

传播手段和通信技术的进步为公共关系的发展提供了必要的物质技术条件。

由于现代交通工具的高速发展，极大缩短了人们之间的空间距离。电报、电话、广播、电视、电传、电脑、互联网络等电子媒体的发展，使瞬息万变的信息变得“瞬息可悉”。现代化的手段使世界范围内大规模的信息沟通和交往成为可能。组织可以运用现代传播手段通过对内协调、对外宣传扩大本组织的社会影响，提高组织的知名度和美誉度，完善组织在公众心目中的形象，为组织的生存发展创造良好的舆论环境和社会环境。

【案例衔接】

公关宣传帮助美国铁路业挺进西部

1852至1864年，主要面向美国中西部的伯灵顿铁路从美国政府获得了约142亿平方米的巨额土地，为了将这些空旷的土地转化为财富，伯灵顿铁路花费了巨额费用。根据19世纪80年代伯灵顿政府的记载，仅用于爱荷华和内布拉斯加的土地广告等费用，就达到约97万美元的天价资金。当然收获也是天价的，1870至1880年，他们成功向2万人售出了约81亿平方米土地，占有了爱荷华州和内布拉斯加州3/4的资产。到1905年基本无地可卖之时，伯灵顿铁路已经通过售地获得了1700万美元的净利润。

伯灵顿铁路同样运用了多种方法。比如对欧洲大陆的营销，大量英语、德语、法语等语言的小册子通过设立在欧洲大陆的土地办公室散发出去。其他卓有成效的工作也做了很多，如宣传当地的教育设施、教堂、居民生活，打造有文化、较为先进的当地形象，和当地居民达成良好关系，向困难家庭捐赠猪肉等食物，沿着铁路线种植大量树木，为移民家庭提供中途免费的住宿、信用贷款等。

此外，伯灵顿铁路成功的重要原因是他们有自己的公关宣传团队，为首的是铁路项目的总负责人爱德华·贝克和一位哈佛大学的毕业生查尔斯·罗素·洛厄尔。他们敏锐判断移民者最想要获得的不是铁路，而是便宜的土地，于是在1859年年底印制了60页厚的精致宣传小册子，广为散发。洛厄尔的宣传特点是尽量不直接宣传铁路公司自身，而是更多地宣传推广铁路途经地的项目，他还与当地农民建立了良好的关系。洛厄尔的几位继任者，也做了积极的贡献。1869年，《南爱荷华州土地和铁路报》创刊，发行量超过1.5万份。

——转自《国际公关》，引用时有删改

1.2.2 现代公共关系发展及代表人物

现代公关的萌芽得益于美国19世纪30年代开始的“便士报运动”，廉价的媒介便引发了一场“报刊宣传活动”，这种“报刊宣传活动”便是公共关系职业化的雏形，客观上造就了一大批深谙新闻传播职业化的专业公关传播人士。

（1）“操纵公众”——巴纳姆

“操纵”是19世纪新闻代理的一项技术。新闻代理为政治活动和嘉年华演出提供的服务要多于对主流商业的服务。这一时期最有代表性的人物是菲尼斯·泰勒·巴纳姆（1810—1891年）。巴纳姆是一家马戏团的老板，以制造和杜撰“神话”而闻名于世。

巴纳姆是一个把无穷无尽的想象力融入闹剧的倡导者。最典型的宣传是制造了这样一个神话：马戏团有一名叫海斯的黑人女奴，在100年前曾经抚养过美国第一任总统乔治·华盛顿。这一消息发表后引起了轰动。巴纳姆乘机以各种笔名向报社寄去表明不同看法的“读者来信”，引起一场争论。于是很多人抱着好奇心纷纷到马戏团要看个究竟，使马戏团票房收入猛增。海斯死后，尸体解剖表明，她只有70～80岁。可巴纳姆却宣称，他本人也是受骗者。实际上巴纳姆早已从这场他策划的争论中得到了好处。他运用宣传来赚钱，纯粹而简单。巴纳姆去世后，《伦敦时报》宽容地称其为“无害的骗子”。在其死后的将近一个世纪里，很多马戏团还在全盘照搬他的方法。

这一时期的新闻代理笃信“凡是宣传皆是好事”，夸张、扭曲和欺骗是他们的惯用伎俩。这就不可避免地引起了新闻界的敌意，这一时期被某些专家称为“公共关系黑暗时期”或“反公共关系时期”。

（2）“说真话”——艾维·李

新闻记者出身的艾维·李（1877—1934年）以“说真话”的基本思想，提出了“公众必须被告知”的公共关系基本思想。艾维·李毕业于普林斯顿大学，曾是《纽约时报》和《纽约世界报》的记者。他认为单纯地把阴暗面揭露出来是一种消极的做法，对于问题的解决只是做到了一半，还有一半应是用积极合作的态度，想办法消除误会、改变现状，而消除误会最好的办法是把事实真相告诉新闻界，采取信息公开的政策，这样不仅可以消除误会，还可促进、监督企业行为的完善。他为了实现自己的理想，于1903年与派克合资成立了“派克·李氏公司”，成为第一位通过向客户提供劳务而收取佣金的职业公关专家。这标志着公共关系职业和公共关系事业

的诞生。1906年，艾维·李向报界发表《原则宣言》，其中明确提出了“说真话”的主张。同时，《原则宣言》还是现代公关行业的第一个宣言，明确了公关应扮演的社会角色。

1905年，美国共有513名煤矿工人死于矿难，第二年煤矿工人大罢工。艾维·李在随后事件的处理中，积极协助记者了解罢工情况，安排劳资双方接受记者采访。由于与当事人最大程度接近，记者的报道内容真实且丰富，这使劳资双方在不可调和的正面对话之外，能够通过报纸了解对方的态度和立场，了解社会舆论对整个事件的看法等。最后，双方在互相理解的基础上同时做出让步，从而实质性地推动了许多具体问题的解决。在这次事件中，艾维·李秉持公开原则协助记者获得信息的做法，得到外界认可。艾维·李的公关实践，为现代公共关系的发展奠定了基础，他的公关思想是“公众必须迅速被告知”和“向公众说真话”，使公共关系走上了一条正确的道路。艾维·李还为洛克菲勒财团与宾夕法尼亚铁路公司处理了危机，重塑了形象，从此他成为蜚声社会的公关专家，被誉为“公共关系之父”。

（3）“投公众所好”——爱德华·伯纳斯

美国学者爱德华·伯纳斯以其杰出的研究，成为公共关系学的创始人，使公共关系进入了科学化阶段。1923年他首次在美国纽约大学开设了公共关系课程，把公共关系引入了大学讲堂。同年，又撰写出版了被誉为公关理论发展史上的里程碑的著作《舆论明鉴》，这表明公共关系已成为一门学科。1925年，教科书《公共关系学》出版；1928年，《舆论》出版。这样，通过他不断研究和反复实践，使得公共关系的基本理论、原则和方法初步形成一个较为完整的体系。如果说艾维·李的公共关系只有艺术而没有科学，那么，伯纳斯的公共关系已开始既讲艺术，又讲科学。伯纳斯以自己的理论和公关实践在公共关系领域度过了将近60年生涯，他的杰出贡献就在于把公共关系学理论从新闻传播领域中分离出来，并对公共关系理论进行了较为系统地研究，使之成为一门独立完整的新兴学科。

伯纳斯的公共关系思想的核心是“投公众所好”，强调了在公关活动中首先应了解公众的要求，在确定公众价值观念和态度的基础上，再进行有计划、有组织的宣传，宣传应“投公众所好”。这被称为“双向非对称”的公共关系模式。爱德华·伯纳斯不仅是一位公共关系理论家，同时又是一位公共关系的实践者。他与妻子合作进行公共关系咨询，接受过多位美国总统和实业界巨头的委托，运用公共关系实务成功地帮助他们塑造良好的社会形象，他一生也成功地策划过很多著名的公共关系活动（如为提高美国的全民素质而倡导的“读书运动”；为美国P&G公司的“象牙”牌香皂策划的赞助广播轻喜剧的活动——这种轻喜剧后来被人们称之为“肥皂剧”；为纪念爱迪生发明灯泡15周年组织策划的“灯光佳节”活动等）。鉴于他对公共关系事业的贡献，1990年，美国《生活》杂志把他列为影响20世纪社会进程的100个重要人物之一，盛赞他“构想并设计了现代公关业”。

（4）“相互影响并理解”——亚瑟·W.佩奇

20世纪20年代，亚瑟·W.佩奇在美国电话电报公司供职期间实践了公共关系的六项原则：①告之真相；②用行动来证明；③倾听顾客的话；④未雨绸缪；⑤犹如整个公司离不开它似的，实施公共关系；⑥保持平静、耐心和良好的幽默感。

真正使佩奇脱颖而出并确立公共关系代表性人物地位的原因，是他坚持公共关系宣传部门要扮演公众与公司之间的翻译，要对公众舆论做出系统而精确的判断。佩奇要的是数据，而不是预感，所以美国电话电报公司的宣传部一直保持着对公司政策的仔细核查和对公众影响的评估。这样，佩奇使公司做到了“无论任何时候都按照公众的意见行动，即使有时看起来与正在推行的观点有冲突”。

（5）“双向对称模式”——卡特里普

第二次世界大战之后，公共关系变得更受尊重、更易于接受和更专业化。公共关系教育得到了长足进步，继伯内斯1923年在纽约大学首次开讲公共关系课程之后，1937年美国公共关系学创始人之一的莱克斯·哈洛也在斯坦福大学开设公关课程。1947年波士顿大学成立了第一家公共关系学院，开始授予公共关系的硕士和博士学位。20世纪50年代后，公共关系的实践和理论都有了新的发展，是当代公共关系发展的新阶段，它强调“双向沟通、双向平衡、公众参与”。

1952年，美国学者斯科特·卡特里普等人合作出版了《有效的公共关系》，书中提出了“双向对称”的公关模式，把公共关系看成组织与公众之间的一个互动的过程，这才是现代公共关系的真正本质。《有效的公共关系》一书提出的“四步工作法”，成为公共关系工作中最重要的工作流程。其内容是公关调查、公关策划、公关实施和公关评估。此书出版后多次再版，并被翻译成多个国家的文字，成为公共关系领域权威性的教科书，被誉为“公关的圣经”。

1.2.3 公共关系在中国

20世纪80年代初，公共关系是伴随着我国的对外开放而进入大陆地区的。虽然公共关系传入我国的时间不长，但因为它适应市场经济的需要，所以获得了迅速的发展。大致可分为以下三个阶段。

（1）引进阶段（20世纪70年代末至80年代初）

20世纪80年代初，随着改革开放的进行，中国在引进资金、技术的同时也引进了先进的管理经验。公共关系作为一种理论和职业，开始引起中国人的广泛关注。公共关系首先是从香港传入我国广东等沿海地区的，一些宾馆、饭店首先设立了公共关系部。

1980年，中港合作的深圳蛇口华森建筑设计顾问公司率先成立我国第一个公共关系性质的专业公司。1982年，深圳竹园宾馆成立公共关系部，开展以招徕顾客为目标的、扩大影响的服务性公共关系活动。1983年，中外合资的北京长城饭店成立公共关系部，并因成功策划接待美国总统里根访华而名扬海内外。1984年，广州中国大酒店设立公共关系部。后来，广东电视台以宾馆、酒楼的公共关系活动为题材，拍摄了中国第一部反映公共关系理论与实践的电视连续剧《公关小姐》。1984年9月，我国国有企业的第一家公共关系部——广州白云山制药厂公共关系部正式成立。

（2）迅速兴起阶段（20世纪80年代中至90年代初）

这一时期全国上下掀起了普及公关知识、学习研究公关理论的热潮，一大批企业的公共关系部门建立起来，一些地方公关研究会、公关组织开始陆续建立。1984年，世界第二大公关公司“希尔—诺顿公司”在中国设立办事处。1985年美国最大的国际性公共关系公司——伟达公关公司在北京设立了办事处。不久，历史悠久并素有世界最大公关机构之称的美国博雅公关公司与中国新闻发展公司达成协议，共同开展公关业务，并成立了中国第一家独立的公共关系公司——环球公共关系公司。1987年在北京成立中国公共关系协会，此后各省相继成立公共关系协会。

公共关系教育和理论研究得到进一步的发展。先后有200多本公关著作，公关专业刊物陆续问世，公关知识在中国得到迅速传播。1985年1月，深圳市总工会举办全国第一个公共关系培训班。1985年9月，深圳大学率先设立公共关系专业（专科）。此后，各类高校相继讲授公共关系课或开办公共关系专业。1986年11月，中国社科院编著的《塑造形象的艺术——公共关系学概论》正式出版。同年12月，王乐夫、廖为建等人的公共关系专著问世。从1988年起，全国公共关系组织联席会议相继在杭州、西安、广州等地召开。1988年1月，中国公共关系第一家专业性报纸——《公共关系报》在杭州创刊。1989年1月，中国第一份国内外公开发行的公共关系杂志——《公共关系》在西安创刊。

（3）稳步发展阶段（20世纪90年代）

从20世纪90年代开始，公共关系在中国的发展进入了一个相对稳定、成熟的时期。在这一时期，公共关系的发展受到了党和国家领导人的高度重视。1991年5月，中国公共关系协会工作会议在北京召开。1994年4月，中国国际公共关系协会成立，促进了中国公共关系理论研究与社会实践的国际化。1994年，中山大学被教育部批准开办部属院校第一个公共关系本科专业，随后在行政管理专业的硕士点招收公共关系方向的硕士生。全国公开出版的公共关系专著、教材、译著、工具书已超过1000多种，其中具有代表性的有《中国公共关系教程》《中国公共关系大辞典》等。这一时期，学术研究活动活跃，中国公共关系的一些学术流派开始产生，如形象学派、协调学派、传播学派、管理学派等，公共关系的研究不断深入。公共关系实践活动由自发走向自觉，全国有一大批公共关系专家、学者分别主持、策划、操作企业公共关系、企业CIS、政府公共关系、城市CIS和城市形象建设。最典型的标志是由国家劳动和社会保障部主持制定了公关职业标准，1997年11月15日，国家劳动和社会保障部成立了中国公共关系职业审定委员会。还正式确定中国公关职业命名为“公关员”，并于1999年5月将公共关系职业列入《国家职业分类大典》，标志着经过近20年的发展，公共关系职业终于获得了社会的认可。

（4）快速增长期（2000年至今）

2000年，我国在全国范围内开始推广公共关系人员上岗资格考试，公关员与律师、会计师、医师一样，走上了职业化和专业化的道路。与此同时，由于中国不断扩大对外开放、市场经济逐步成熟、新经济影响以及中国加入WTO步伐的加快，越来越多的专业公关公司和人士加入到这个行业中来，为中国公关业的发展带来勃勃生机，公关专业化发展日趋成熟，公关咨询业在中国开始正式成为一种产业。2003年，中国国际公关协会宣布，把每年的12月20日定为“中国公关节”。

当今社会，新媒体和新传播将激发更多公关服务产品的涌现，国际公司收购步伐的加快以及本土公司与国际接轨的加快将可能形成新的市场格局。改革开放的不断深入，经济的持续增长，以及构建和谐社会与和谐世界的奋斗目标，为中国公关业创造了良好的发展空间，也带来了巨大的市场。

【案例衔接】

公关推动美国大学蓬勃发展

大学是知识的殿堂，文化的高地，总让人感觉与公关有一定的距离。但实际上，在美国大学的早期建立和初期成长阶段，宣传公关就曾一直发挥着积极的作用。

筹款成为17世纪美国大学最早期公关的目的

美国处于早期殖民地的时期，已经出现了一些学校。当时的大学，规模不大，人数也不多，发展起来很困难，根本原因就是资金少，靠着有限的学费，有的大学能够维持几个月就已经不易。因此，为了生存就不得不通过宣传来推广自己，获得影响，筹集到所需的资金。有记载的最早为大学筹集资金的公关行动，发生在1636年的哈佛大学前身哈佛学院。较为著名的一次发生在1641年的6月。

1641年的6月2日，马萨诸塞州的州议会通过决议，派出萨勒姆的雨果·彼得、罗克斯伯里的托马斯·维尔德、波士顿的威廉姆·黑本斯3人前往英国，目的是募集资金来建设哈佛学院，进而教化那些他们认为不开化、野蛮的印第安人。这一带有鲜明殖民色彩的行动后来被称为“维尔德·彼得‘乞讨使命’”。3个人衔命而去，收获的工作效果则不同。最成功的是黑本斯，竟然筹到了500英镑，这在当时并非小数目，是哈佛学院当年全年财政拨款的一倍多。可是彼得、维尔德两个人却没有什么进展，他俩分析后认为是缺乏宣传所致，于是向殖民地发回了紧急求援信，希望制作最好的材料来宣传新英格兰，吸引英国人的关注。

为了完成这个任务，马萨诸塞州迅速制作了宣传小册子《新英格兰的首批硕果》，并在英国本土成批印刷。小册子共有26页，描绘了美丽的新英格兰，当地的地理风情，富饶的物产，进一步谈到了建立哈佛大学的意义，这所大学能够让愚昧的印第安人获得他们期盼已久的福音。毫无疑问，这本小册子成为美国大学公关宣传的第一份册子。为了鼓舞人们的信心，这本小册子还宣称哈佛学院决不会像20年前弗吉尼亚州的学校筹款那样胎死腹中，而是一定会落实下去，建成大学。

小册子所说的弗吉尼亚州筹款这一反面事例发生在1621年，有一位叫作帕特里克·科普兰的人想为弗吉尼亚州的查尔斯城筹资修建一所学校，他找到了伦敦的英国东印度公司的老板们，幸运地获得了270英镑的赞助。只不过，由于1622年发生了和印第安人的冲突，这笔钱没有用在建设学校上，而是用在了修建防御工事上，这些赞助款也就打了水漂。

1641年的小册子筹款的最终结果不得而知，但是这次行动对于北美大陆的大学来说，有着十分重要的意义。如果要筹款，就要进行公关宣传，美国的大学充分感到了增加自己影响力的必要性。1758年，美国哥伦比亚大学的前身国王学院，准备在纽约举办第一届毕业生的毕业典礼，就特别发掘了毕业典礼的公关价值。国王学院的一个人将毕业典礼的消息发给了《纽约公报》《报童》《墨丘利》等报刊，请求他们将毕业典礼的消息内容插入下一份报纸中。这个简单的行动也成为最早的学校公关之一。除了这些公关宣传，处在经济困境中的大学还采取了其他的募捐方法，其中一个主要途径就是通过出售彩票募集资金，这一方法在1745年到1775年大学经济最为困难的时候非常流行。

18世纪的大学公关进入发展阶段，专业机构和专门刊物开始出现

进入18世纪之后，美国大学的发展日趋多样，除筹款之外，还有着其他多种需求，大学宣传公关随之出现了新的形式。1869年哈佛大学校长查尔斯·埃利奥特在就职演说中谈到了公关的重要性，他说，大学校长必须在公众知晓事实之前实施影响，大学必须及时应对实际情况的变化，否则一旦脱离了受众，就没有了继续存在的价值。威斯康星大学在校长约翰·巴斯康姆任职时期创办了学校新闻处，1870年6月出版了第一本月刊。担任编辑的詹姆士·巴斯福德毫不讳言，说这本月刊的使命就是宣传大学诉求，纠正自身谬误，彻底维护大学的自身利益。这本月刊虽然以私人企业的形式运营，但是受到了威斯康星大学长达17年的扶持。

继任的威斯康星大学校长们继续重视新闻宣传推广工作，1896年，校长查尔斯·肯德尔·亚当在任时，威斯康星大学在小范围内发行了《编辑简报》，并两周一次寄送给当地的报纸，给媒体提供大学的新闻信息。这一方法有了效果，几个月之后，威斯康星州的很多报纸编辑已经开始使用《编辑简报》上的资料了。报纸编辑选择的信息与大学提供的并不尽相同，大部分被选上的内容是普通读者感兴趣的农学院科研情况。不过，这份《编辑简报》没有持续多久就停刊了，直到1904年才复刊。

除了威斯康星大学，还有一些大学有过类似的举动。1897年，密歇根大学曾经考虑过组建大学宣传公关部门，为此开展了一项调查。调查发现：西储大学由校长办公室组织新闻编写，送往本州报社；印第安纳大学鼓励学生给家中写信，让家长了解更多的学校情况，还曾将学校动态提供给记者，印发资料给报社；密苏里大学提供一些大学新闻给本州媒体编辑们，有心想编印大学的周报。

所有上述这些大学的新变化，与当时大学的改革有关，大学的扩张与内部课程教学的调整，需要更多的资金、理解与支持。但是如何向前发展，只能摸索前进，这些大学做了积极的工作，但是相对于实际需求仍然只是一些点点滴滴的尝试之举。而新闻媒体对这个变化是欢迎的。1896年，纽约的《科学》杂志宣称希望获得大学的权威消息，欢迎人们在事件曝光的最佳时机之前提供资料。爱荷华州得梅因市的《中部月刊》公开征稿，特意谈到收到过来自威斯康星大学文笔出色的稿件，这些稿件篇幅不超过4000字，长短合适，而且配有照片。

芝加哥大学、威斯康星大学等在18、19世纪之交做出了可贵的探索

芝加哥大学创建于1858年，在1886年曾经倒闭过，但是在两位热心牧师的帮助下，他们说服富豪约翰·洛克菲勒捐献了60万美金的巨款，后又募集了40万美金，准备在1891年复校。幸运的是，这次芝加哥大学复校后的首任校长是威廉·瑞尼·哈珀，哈珀是著名学者、教育家，他立意甚高，准备将芝加哥大学办成一个有研究生教育的大学，而且他又充满活力，面对各种困境能够尝试多种办法，懂得公关宣传。还有一个幸运的因素，就是那时美国的慈善事业已经开始起步，有的富豪愿意捐款办学，洛克菲勒的捐款就是因此落在了芝加哥大学。

哈珀组织定期出版《大学纪事》这本册子，目的是为管理者、教职工、学生、校外朋友，提供学校重要事件的准确信息，增强大家对芝加哥大学的关注，让芝加哥人乃至更大范围的人们感受到芝加哥大学的存在。公开更多的情况是为了获得更多的支持，与外界、媒体保持良好的关系也能获得更多的支持。哈珀对于每一位来访嘉宾都予以最好的官方接待，和媒体人士尽可能保持良好的关系。不过，也有麻烦让他深感头疼，他曾调侃过，希望伊利诺伊州实行一项法律规定，可以对媒体的不实报道进行惩罚，甚至判处相关人死刑。为了降低、消除不实报道，1905年，哈珀任命深受媒体和学校信赖的奥斯卡·斯凯尔顿为芝加哥大学的新闻监督。斯凯尔顿采取的方法之一，就是给当地报纸及纽约报纸投递专题故事。这一方式比较受欢迎，用了4年时间，有关芝加哥大学的报刊文章的增加量就已经位居全美各大学前茅。

哈珀还开创了一个独特的公关方式——校庆。他力排众议，在学校成立的日子、4周年、5周年、10周年都开展过校庆活动。1891年7月1日，他举行了正式的大学成立典礼；4周年校庆是首次校庆，给学生提供早餐，向校友供应午餐，洛克菲勒夫妇还被邀请到了大学，参加了学校特意为这他们举行的招待会、研讨会以及3

个图书馆的开工典礼。5周年校庆也办成了盛典。10周年校庆，规模更大，洛克菲勒夫妇再次参加，学校举行了一座大楼的捐赠仪式和6座教学楼的开工仪式。通过花费不菲的校庆活动，哈珀为芝加哥大学赢得了非同一般的影响力。15年校庆本来是哈珀已经做出了宏大策划的，不幸的是，在校庆之前他去世了，为了纪念他，也是为了继续校庆的影响，后继者将这次校庆办得很出色，而且特意加入了纪念哈珀的内容。

与哈珀类似的，还有威斯康星大学校长万·海斯，他通过不懈的努力，将威斯康星大学从一所普通州立大学建成全美有名的大学。哈珀和海斯私交甚好，给海斯提出过很多好建议，自从1903年海斯成为威斯康星校长以后，不少建议得以实施。1904年，海斯成功将第50次开学典礼、新校长就职典礼、50周年校庆进行了整合，获得了巨大的反响。海斯还恢复了被撤销的新闻办公室，年轻的英语讲师威拉德·格罗夫纳·布莱尔被任命为主管，获得300美元的特殊津贴。

布莱尔出生于新闻世家，酷爱新闻传播，有杰出才能，他为威斯康星大学制定了明确的新闻公关目标，动用了自己的媒体资源，稳步推进。4年之后的1908年，新闻办公室充满活力，自办的《新闻公报》定期印发，提供的大学正面新闻在《威斯康星日报》《威斯康星周报》等很多媒体陆续出现。《美国杂志》《哈珀周刊》《独立》《世界工作》等报刊陆续发文赞扬威斯康星大学，促进了大学的宣传公关。

布莱尔的特殊之处在于，确立了早期的高等教育公关模式，帮助大学积极获得评价和支持。他常常说，对好奇的记者隐瞒信息是不明智的，因为无效信息经常包含着有害的谣言。

威斯康星大学的这一模式积极有效，吸引了很多大学的关注。从1910年开始，很多大学竞相设立新闻办公室，伊利诺伊大学、密歇根大学、俄亥俄州立大学、华盛顿大学等多个大学向布莱尔求教。其他大学受到鼓舞和启发，也同时跟进。

1897年，密歇根大学在代理校长哈瑞·哈钦斯的推动下，组建了新闻编辑部，一名修辞学教授担任负责人，编辑部每两周提供一份新闻通讯，并为大学校友录提供材料。这些在宣传公关上采取了崭新做法的大学，推动了整个美国高校的变化，1917年美国成立了高校新闻分社。

大学宣传公关的影响是深远的，它使大学的教育管理得以创新，办学资源得以深化，社会网络高度丰富，并因此获得了更好的生源和更多的资金，从而全面提升了高等教育的质量和影响力。

——转自《国际公关》（作者：王硕），引用时有删改

1.3 公共关系的基本要素

公共关系是由组织、公众、传播三要素构成的。公共关系的主体是社会组织，客

体是社会公众，连接主体与客体的中介是信息传播。这三个要素构成了公共关系的基本范畴，公共关系的理论研究、实际操作和运行发展都围绕三者的关系层层展开。

图1–1　公共关系三要素关系图

1.3.1　公共关系的主体——社会组织

社会组织是公共关系的主体，在公共关系活动中起着控制者和组织者的作用，它主宰着公共关系活动，决定着公共关系状态。社会组织是社会学中的重要概念，在公共关系学中具有特定的含义。公共关系学中所讲的组织，是社会学意义上的组织，即组织是按照一定目的、任务和形式建立起来的，经过不同部门的分工协作，以及不同层次的权利操作和责任划分，合理协调内部人群活动的社会集团。

（1）社会组织的特点

①目标性。一个组织的目标必须具体、明确，并为全体成员所接受，这是组织存在的依据。组织内部各个部门和全体成员的一切工作都必须围绕这个目标展开。

②群体性。社会组织是多数人的复合体，是一个团体、群体，而不是哪一个人。也就是说，组织的成员是复数而不是单数。

③稳定性。虽然社会组织的成员及其领导者都是可变的，在数量上和规模上有不断扩展的趋势，但作为一种活动结构，即将组织成员组合在一起的基本框架总体是相对稳定的，不会轻易发生变化的。

④系统性。社会组织的成员不是乌合之众、一盘散沙，必须是以一定的规章制度和责任分工来相互约束的整体。只有以系统的方式组织和构建起来，社会组织的成员才能形成合力，达成共同目标。

（2）社会组织的类型

社会组织是具有特定目标、职能及一定独立性的社会群体，具有多样性。组织的目标、组织的原则、组织的利益往往有很大差异，所以必须对社会组织进行科学分类，从不同的角度出发可以分为不同的类型：有的从组织的社会功能的不同来划分，有的从组织的目标与受益者关系的不同来划分，还有的从组织对环境的不同适应来划分等。

按照组织目标和其活动内容来划分，组织可分为政治组织、经济组织、文化组织、群众组织和宗教组织。

按照组织成立的依据与内部关系状态来划分，组织可分为正式组织和非正式组织。

按照组织的性质、功能和获利情况来划分，组织可分为营利性组织和非营利性组织。

（3）社会组织的另一种形态——公众人物

所谓“公众人物”，就是指具有广泛社会影响力或社会知名度的人物。公众人物最初专指“公共官员”，随着社会价值取向的多元化和现代经济、社会、文化产业的发展，一些社会非政治领域的行业的著名人物也成为社会广泛关注的焦点人物，其言行会对社会产生不同于一般公众的影响力和感召力。

【案例衔接】

微软和苹果因竞合而双赢

微软公司销售IBM个人电脑上使用的视窗操作系统。视窗结合IBM个人电脑，最大竞争者是苹果公司的Mac电脑。苹果公司和微软公司多年来一直争夺市场占有率，但他们不仅是竞争者，也是伙伴，为什么呢？因为微软也生产用于Mac电脑上的文书处理和试算表软件。没有微软公司的软件，较少有人愿意购买Mac电脑；没有Mac电脑，微软公司也损失部分利润丰厚的应用软件市场。这两家公司的关系即是竞合关系——某个领域内合作，某个领域内竞争。如果微软公司和苹果公司都视对方为死敌，这样的关系便无法存在。只有双方领导人都抛弃狭隘的心态，不再沉溺于毁灭竞争者的念头里，进行动机良好的竞争，甚至与竞争者合作，大家才能获得更丰富的利润。

1.3.2 公共关系的客体——公众

（1）公众的概念与特点

公共关系中的“公众”这一概念特指公共关系工作对象的总和，即与一个社会组织发生直接或间接联系，对该组织的生存和发展具有现实的或潜在的影响力的个人、群体和社会组织。这个定义说明公众是与公共关系主体交流信息的对象，它与公共关系的主体有相关的利益，公众与公共关系活动密切相关。其基本特点如下。

①群体性。公众不是单一的群体，而是与某一社会组织运行有关的整体环境相关联的。任何社会组织的生存和发展都离不开一定的公众环境。

②同质性。能被称之为某一组织的特定公众，他们之间必定具有某种内在同质性。这种共同性就是相互之间的某种共同点，比如，共同的利益、共同的需求、共同的目的、共同的背景等。这样一些共同点，使一群人或一些群体和组织具有相同或类似的态度和行为，构成组织所面对的公众。

③变化性。公众的多变性主要体现在公众对象的多变和公众态度的多变等方面。公共关系要处理的公众群体是一个开放的系统，始终处于变化之中。任何组织面临的公众，其性质、形式、范围等均会随着主体条件、客观环境的变化而变化。

公众群体随着问题的产生而形成，随着问题的解决而自然消失。比如，大型超市每天接待的大批顾客，他们都带着“购买日用消费品”的共同问题，从而形成了这家超市的消费者公众群体。这些顾客如果买到了如意商品，离开商店，那么由他们组合而成的公众群体也就自然消失了。但是其中有部分顾客发现自己购买的商品质量有问题，回到这家商店来交涉，彼此毫无关联的顾客因商品的质量、赔付问题联结起来，形成了这家超市的公众群体，等超市解决了他们的问题，保障了他们的利益，随着他们的满意而归，这一公众群体也随之解体。

④相关性。一个社会组织的公众，总是与这个组织存在着某种利益关系。公众的意见、观点、态度和行为对组织有一定影响，而该组织的决策和行为也对这些公众具有实际的或潜在的影响力和作用力，制约着他们利益的实现、需求的满足等。由于公众的态度、动机和行动受到个体和环境两个因素的影响，所以公共关系主体经常借助对环境因素的改变来达到逐渐影响公众态度和行为的目的，公众具有可导性，这也是公共关系能够不断取得成就的原因。

（2）公众的分类

对于公众的分类，可以根据不同的标准从不同的角度来进行划分。常见的公众分类有以下几种。

①根据公众与社会组织关系的领域划分，可以分为内部公众和外部公众。内部公众关系包括内部员工、团体和领导三个基本因素。组织内部公众之外的组织公众都是外部公众，其范围很广，组织在运行中必然要与社会上各种各样的外部公众发生不同程度的联系，这种联系既影响组织的命运，又作用于整个社会，因而是不可忽视的。它包括7个方面：顾客关系、媒介关系、政府关系、社区关系、名流关系、国际公众关系和其他公众对象。

②根据公众的发展情况划分，可以分为非公众、潜在公众、知晓公众、行动公众。

③根据公众对社会组织的认可度划分，可以分为顺意公众、逆意公众、独立公众。

独立公众又称中间型公众，是指对组织的政策和行为不了解、不理解或者有所怀疑，一时还没有表明态度或者还拿不定主意的公众，这部分公众应该引起组织的重视，如果采取合适的方法，这部分公众会成为组织的顺意公众，而如果组织的公关方法不当，这部分公众变为逆意公众，将不利于组织公共关系的开展。

④根据社会组织对公众的认可度划分，可以分为受欢迎的公众、不受欢迎的公众、被追求的公众。

（3）目标公众

所谓目标公众，是指与组织的公共关系目标直接关联的公众。“目标公众”这一概念相对于“一般公众”而言，通常情况下，每一个社会组织都会拥有各种类型的一般公众，当组织的公共关系目标确定之后，就要从一般公众中选择一部分与组织目标关系密切的公众开展公关活动，使之成为目标公众。目标公众是组织公关目标能否实现的重要因素，所以目标公众的选择是否准确，围绕目标公众所制定的政策、策划的活动方案、确定的实施方法是否合理等，是一切公共关系主体都应该高度重视、认真对待的大事。

【案例衔接】

35次紧急电话

一位名叫基泰丝的美国记者，来到日本东京的奥达克余百货公司。她买了一台“索尼”牌唱机，准备作为见面礼送给住在东京的婆家。售货员彬彬有礼，特地为她挑了一台未启封包装的机子。

回到住所，基泰丝开机试用时，却发现该机没有装内件，根本无法使用。她不由得火冒三丈，准备第二天一早就去“奥达克余”交涉，并迅速写好了一篇新闻稿，题目是《笑脸背后的真面目》。

第二天一早，基泰丝在动身之前，忽然收到“奥达克余”打来的道歉电话。50分钟以后，一辆汽车赶到她的住处。从车上跳下“奥达克余”的副经理和提着大皮箱的职员。两人一进客厅便俯首鞠躬，表示特来请罪。除了送来一台新的合格的唱机外，又加送蛋糕一盒、毛巾一套和著名唱片一张。接着，副经理又打开记事簿，宣读了一份备忘录。上面记载着公司通宵达旦地纠正这一失误的全部经过。

原来，前一天下午4点30分清点商品时，售货员发现错将一个空心货样卖给了顾客。她立即报告公司警卫迅速寻找，但为时已晚。此事非同小可。经理接到报告后，马上召集有关人员商议。当时只有两条线索可循，即顾客的名字和她留下的一张“美国快递公司”的名片。据此，奥达克余公司连夜开始了一连串无异于大海捞针的行动：打了35次紧急电话，向东京各大宾馆查询，没有结果。再打电话问纽约“美国快递公司”总部，深夜接到回电，得知顾客在美国父母的电话号码。接着又打电话去美国，得知顾客在东京婆家的电话号码。终于弄清了这位顾客在东京期间的住址和电话。

基泰丝深受感动，她立即撤掉了那篇批评稿，重写了新闻稿，题目叫《35次紧急电话》。该稿见报后，反响强烈。奥达克余百货公司因一心为顾客而声名鹊起。

1.3.3 公共关系的中介——传播

在公共关系中，传播是社会组织利用各种媒介，将信息或观点有计划地与公众进行交流的双向沟通活动。这个定义中包含两个方面：传播是一个有计划的完整的行动过程；传播是一种信息的分享活动。

（1）传播的要素

传播的要素有两类，一类是基本要素，是传播的“硬件”，基本要素包括信源和信宿、信息、媒介、反馈；另一类是隐含要素，是传播的“软件”，每一个要素都会对传播效果产生一定的影响。

（2）传播的模式

模式是事件的内在机制以及事件之间关系的直观的、简化的形式。传播模式分析，就是把传播过程分解为若干组成部分，以显示其在传播的全过程中所起的作用。它是根据施拉姆“反馈传播”模式的理论设计的，并包含了拉斯韦尔的5W模式。其模式如图1–2。

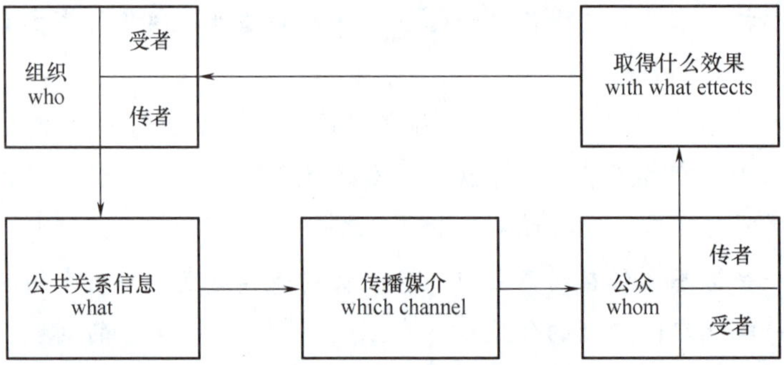

图1–2　公共关系传播模式

公共关系传播模式表明：信息来源是组织；传播的内容是为了实现组织公共关系目标的信息；传播渠道是人际传播媒介、大众传播媒介等；传播对象是组织所面临的公众；组织根据反馈的信息，不断调整、修改下一步传播计划，从而树立起良好的形象。

（3）影响传播效果的因素

由于公共关系传播是双向的传播，只在组织与公众之间起到桥梁作用，它本身不是目的，不是主体，只是一种工具。通过对传播效果的理论分析，我们可以清楚地发现，接受者是影响传播效果的客观因素；同时我们还要从传播者自身寻找主观原因；此外，在传播沟通过程中还会有一些其他因素阻碍和影响传播效果。这些影响传播效果的因素包括传播者、信息、接受者、情境和传播媒介。

【知识链接】

公关行业的主要奖项

目前国际公关业的排行和评选主要有以下几类：一类是针对公关公司的排名和评选，包括对全业务公关公司整体经营状况或是某种软性指标如客户满意度，也包括针对细分专业领域的排行；一类是针对具体公关活动或案例进行评奖；还有一类是针对杰出的公关专业人士的颁奖；还有极少数是颁给企业和政府机构的公关部门的。

（1）“金像奖”——《公关周刊》排行与评奖

《公关周刊》（PR Week）是公关行业最负盛名一本专业杂志，杂志分为美国版、欧洲版和亚洲版。该杂志每年的公关排行和年度颁奖基本代表各自地区公关领域的最高水平，在国际公关界也是最有影响的权威奖项之一，所以又被誉为公关界的奥斯卡“金像奖”。该奖项评审委员都是亚太区最负盛名的资深公关人士和企业高管，奖项也设置得非常健全，基本囊括了可能涉及的所有领域，包括针对公关专业人士、公关公司、公关案例和企业公关团队的排名和评选。

（2）“金刀奖”——SABRE品牌和声誉管理杰出成就奖

该奖项名为Superior Achievement in Branding and Reputation Awards，也就是品牌和声誉管理杰出成就奖，因其SABRE在英文中是“军刀”的含义，我们称之为“金刀奖”。金刀奖是授予在调研规划、策略思考、创意提炼和市场执行等方面具有特色的公共关系、声誉管理和品牌构建的重大活动。其奖项分为金奖、金奖提名、银奖、铜奖和铁奖等奖项。

（3）“金球奖”——国际公共关系协会的年度杰出成就奖

总部设在伦敦的国际公共关系协会（IPRA）是业内公认的国际组织。IPRA针对公关活动的奖项叫做Golden World，又名“金球奖”，特别强调活动基于全球化背景的创意和实施。为了凸现其国际化特色，这几年IPRA又增添了一些特别奖项，比如说联合国特别项目奖和为新兴公关市场设立的前沿公关杰出成就奖。

（4）“水星奖”——专业传播杰出成就奖

这个奖项是由美国Mercomm公司设立的一个公益奖项，旨在国际范围内提升专业传播的水准，授予对象是全球的专业传播人士和团队，其奖项分为六类，其中授予专业公关人士的奖项叫水星奖，每年从全球4000名候选者中选出最优秀的公共关系和企业传播的专业人士。

（5）“金报奖”——Holmes报告机构年度公关公司

Holmes报告是公关业知名度最高的每周专业电子简报，由资深公关人士Paul Holmes创办，主要是评点全球公关业的最新趋势、各家公关公司最新业务进展，以及不同公关公司的特色，目前订阅该简报的人数超过百万。Holmes报告机构每年联合公共关系公司协会（Council of PR Firms）进行对公司的总体排名和针对细分领域的排名，同时选出年度最佳公关公司。

（6）O’Dwyer’s欧杜威公关公司排行榜

欧杜威排行榜和名录是公关业界历史最久的排行榜，目前上榜公司共有2900家左右，详细介绍了2900家公司的历史、专业特长，目前主要以美国公司为主，该榜单每年6月重新公布一次，这几年开始大幅度增加国外公关公司的样本。

——摘自中国公关网（http：//www.chinapr.com.cn）

1.4 公共关系组织机构与人员

1.4.1 公共关系组织机构概况

公共关系机构是为贯彻公共关系思想，由专职公共关系人员组成，用于开展活动，实施公共工作职能，服务于社会组织公共关系需要的专业机构。要卓有成效地开展公共关系的活动，就必须合理地设置公共关系机构，这是做好公共关系工作的组织保证。

公共关系组织机构和一般的组织机构一样，有着共同的要求。即为了完成某一目标，承担起某部分职能，把人、财、物按一定方式组合起来。一般来说，公共关系组织机构可以分两大类：一类是为社会上各类组织提供咨询和技术服务的公共关系咨询公司（或称公共关系顾问公司）；另一类是各企事业单位内部的专门从事公共关系工作的公关部（或称公关处、公关科）。

（1）公共关系公司

公共关系公司又称公共关系咨询公司或公共关系顾问公司。具体地讲，它是由具有专业特长的专家组成的、专门从事公共关系咨询或受理委托为客户开展社会活动的社会服务性机构，具有独立的法人资格和地位。自从1903年开始，艾维·李开办了世界上第一家公共关系事务所，至今已涌现了成千上万家的公共关系公司。中国自1985年8月成立第一家环球公共关系公司，至今已有数百家公共关系公司存在并运作，为社会经济发挥着重要的作用。

表1–1　　全球知名公关公司

序号	公关公司名称	公关公司LOGO	公关公司简介
1	安可顾问 （APCO worldwide）	APCO worldwide®	成立于1984年，全球著名的咨询机构，是一家全球领先的独立咨询机构。
2	博雅公关 （Burson–Marsteller）	Burson·Marsteller PERSPECTIVE	成立于1953年，是全球领先的公共关系和公共事务公司。
3	爱德曼国际公关 （Ede lman）	Edelman	成立于1952年，是世界上著名的提供公关咨询服务的独立公关公司。
4	福莱公关 （Fleishman–Hillard）	FLEISHMAN INTERNATIONAL COMMUNICATIONS HILLARD	总部位于美国的圣路易斯，全球营业额最大的专业公关公司之一。
5	伟达公关 （Hill and Knowlton）	HILL & KNOWLTON	1927年由John Wiley Hill成立于美国俄亥俄州克里夫兰，是世界上最早的公关公司之一。

续表

序号	公关公司名称	公关公司LOGO	公关公司简介
6	凯旋公关 （Ketchum）	Ketchum	由George Ketchum创立于1923年，全球知名的公关公司，是传播领域的创新者。
7	奥美公关国际集团(Ogilvy Public Relations Worldwide)	Ogilvy Ogilvy Public Relations Worldwide	1980年成立于美国纽约，被业内权威刊物《PRWeek》评选为2001年度最佳公关公司。
8	罗德公关顾问 （Ruder Finn）	ruder·finn CREATIVE EDGE	成立于1948年，世界著名的独立公关公司，总部位于美国纽约。
9	万博宣伟 （Weber Shandwick worldwide）	WEBER SHANDWICK Advocacy starts here.	世界上最大的公共关系咨询公司之一。

（2）公共关系部

公共关系部是指社会组织内部设立的专门性公共关系工作机构，它主要是组织为处理、协调、发展本组织与社会公众和组织内部公众关系而设立的专业职能机构，它与组织内部其他的职能机构一样，是组织的重要职能部门，且它的地位与作用是其他部门无法取代的。

1）公共关系部的职能

公共关系部是一种特殊的协调关系的机构，其基本职能主要表现在以下几个方面。

①调查研究。调查研究在公共关系工作中具有重要的意义，它是一切公共关系工作的立足点，公共关系部经常地对公众进行调查，了解公众的舆论、态度、需求等，同时也要对市场、竞争对手以及职工心理和思想进行调查，只有在全面的调查基础上，才能使公共关系工作发挥出更大的效力。

②协调关系。公共关系的工作就是要处理组织与环境（公众）的关系，为组织广结良缘、沟通信息、联络感情、扩大社会联系、解决与公众间的矛盾或冲突，这些都是公共关系部义不容辞的工作。当然，这也是公共关系部存在和发展的重要价值之所在。

③参与管理。公共关系是一种软性管理手段，决定了公共关系部参与管理的职责。由于公共关系部掌握了组织与环境的许多信息，而这些信息都是组织进行决策的重要依据。所以，公共关系部要经常向组织的领导层汇报，提供的有关信息都是组织进行决策的重要依据。在重大问题决策时，向领导层提供该决定可能引起的公共关系效应，并提出更趋合理的方案。

④公共关系文书的写作。与公共关系有关的文书写作有撰写新闻稿件，写作演

讲稿，编写年报，编辑内部刊物、客房服务指南以及其他宣传与沟通的材料等。从广义上讲，一个组织所有与公众之间沟通、传阅的文字、音像、图片材料都将对公众产生一定的影响，都应赋予公共关系的意义。另外，企业所颁布的规章制度，既是对员工行为约束的法规，同时也应看作是沟通员工关系的一个纽带。

⑤策划组织公共关系专题活动。公共关系部的存在不应是简单地迎来送往、接发信函，除组织常规的会议与活动外，还应审时度势地策划并推出具有轰动效应的公共关系专题活动，借此完成塑造和宣传组织形象的使命。

⑥接待投诉和来访。公共关系部是组织与公众间的桥梁，是联系二者的纽带。公众对组织有意见、有要求，这对组织是件好事，接待投诉和来访的过程本身就是一项难得的沟通和建立感情的最好机会。因为在这个过程中，既可以获得一些来自公众的信息，又可以将组织的一些信息传递给公众，在交流信息的同时，增进了解，加深感情。既能及时发现问题，又可以在信息直接反馈的情况下使用权问题得到解决。

⑦专项技术制作。公共关系工作技术性较强。如摄影、制作电影、录像和录音，设计公共关系广告、组织的标志、商品的商标、广告宣传画等，都需要专项技术制作，也是公共关系日常工作的重要内容。

2）公共关系部的作用

①为做好组织公共关系提供组织保证。由于公共关系部门的工作关系到组织的形象和信誉，关系到组织上下、内外的信息交流，关系到组织战略目标和社会整体效益，因此组织的公共关系部门是现代企业中一个重要的管理部门。它不但需要组织领导层的高度重视和全体员工的广泛参与，而且在机构设置上和人员配备上更要遵循“设置到位、专兼并举”的基本原则，合理配置机构和人员。在机构设置上，基于公共关系部门在组织中的重要地位及职能上的考虑，公共关系部门在机构设置上应与组织其他部门平行，其负责人才能真正发挥其决策参谋部、情报信息部、宣传外交部的作用；才能及时地向组织决策者提供信息；才能全面、有效地贯彻落实组织公共关系思想和决策。在公共关系人员配备上，除选配一定数量具有良好素质的专职人才外，还应重视在各职能部门选择、培养一批兼职公共关系人员，以备组织在开展大型公共关系活动时抽调出来配合公共关系部门开展工作。

②培养组织成员的感情，做到组织成员同舟共济。公共关系的核心是人，人是任何一个组织最重要的资源。西方管理学中人本管理的思想基点就在于此。因此组织必须营造一种和谐、奋发向上的组织氛围，只有这样，才能使职工将组织当成自己的家。也同时能增强组织的凝聚力，使组织成员的个人利益、目标与组织追求的利益、目标相一致。

③协调与社会各方面的关系，树立良好的组织形象。任何一个组织，都是社会系统中的一分子，它必然与社会各方面保持着广泛的密切的联系，而社会外界，认识一个组织往往首先从组织的公共关系部门的各种公共关系活动中进行。因此，合理设置组织内部的公共关系部门，配合较高素质的公共关系人员，对组织关系树立

良好的形象具有重要的作用。

3）公共关系部门的类型

公共关系部是组织内部针对一定的目标，为开展公共关系工作而设置的专门职能机构。组织内部公共关系机构的名称没有统一的规定，有的叫公关信息部，有的叫公共关系部，有的叫公关销售部，有的叫公关事务部，有的叫公关广告部等。从这些名称中我们可以看出各类组织对公共关系部门的期望。我们以企业为例，并根据公共关系部门与企业内部其他部门之间的关系将其进行分类。

①直接隶属型。公共关系部直接隶属于企业最高管理层的管辖，由总经理或副总经理担任公共关系部的负责人。

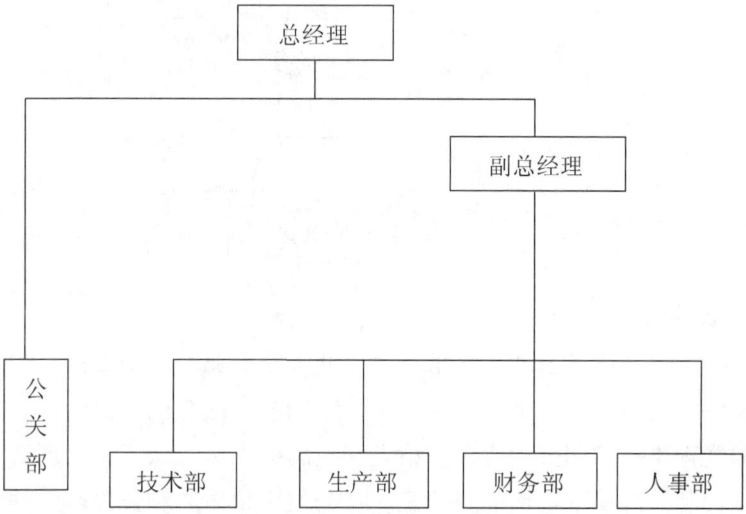

图1–3

②部门并列型。公共关系部同企业内部其他职能部门处于平等地位，公关部的负责人同其他部门的负责人一样作为中级管理层的一分子，在对内对外的交往中有一定的决策权和指挥权，并能独立地开展各项公关活动。

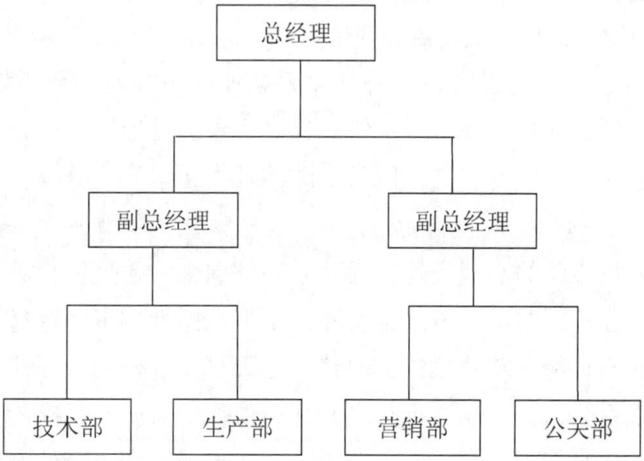

图1–4

③部门隶属型。公关部门同企业内部其他职能部门相比较处于较低层次，并受某一个具体职能部门的管辖。但公关部的负责人可以与企业最高管理者保持经常密切的联系，并能应邀列席企业最高决策层的必要会议或参与必要的活动。

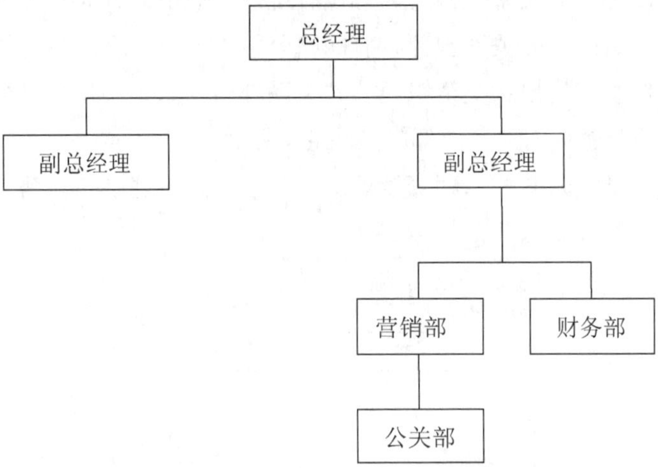

图1–5

1.4.2 公共关系人员

公共关系人员从狭义上理解是指从事公共关系职业的专职人员。我国人力资源和社会保障部为公共关系人员下的定义是：专门从事组织机构公众信息传播、关系协调与形象管理事务的调查、咨询、策划和实施的人员。从广义上理解，公关人员泛指组织内部和外部从事直接的公关工作、公关理论研究和公关教学的人员，以及在公关协会等公关组织机构工作的人员。

任何一次严谨的调查、巧妙的公关策划、有力的传播、圆满的操作、科学的评估都要由训练有素的公关人员来完成。有人说公共关系的竞争就是公关人才的竞争，此话不无道理。优秀的公关人才为组织开拓市场可以想人之所未想、能人之所未能，创造奇迹；可以为组织塑造国际名牌、积累巨大的无形资产。国外有人将公关人员、医生与律师并称三大自由职业者。

公共关系从业人员的素质是指公共关系从业人员在运用传播媒体，实施增强组织机构的生存能力和在公众心目中树立良好形象的目标过程中，所表现出来的知识、个性、兴趣偏好、风度、工作作风、政治及文化素质修养等生理和心理方面的总和。

公共关系人员最佳的心理表现应为：乐观外向，轻松兴奋，心平气和，很善于并且乐于与人交往；同时又理智、重实际，不那么感情用事、忽喜忽怒；并且精明能干，富有事业心，待人友善热情，但绝不是天真，这样的人往往具有一种天然的魅力从而能够吸引公众，公众愿意与之交往；他们的头脑又很冷静，他们绝不是为了交往而交往，而且能不露声色地左右公众，形成或改变公众的态度，进而达到自己的目标。

（1）公共关系人员的职业道德准则

道德是调整人们之间以及个人和社会之间关系的行为规范的总和。各国的公关协会、国际公关协会都制定了公共关系的职业道德和行为准则，中国也做了这方面的探索。公共关系职业道德成为公关事业发展过程中的一个不可回避的探索。组织公关人员应自觉遵循这些已为行业认同的道德准则。

“公关员”职业资格规定了公共关系人员的职业道德包括：①奉公守法，遵守公德；②敬业爱岗，忠于职责；③坚持原则，处事公正；④求真务实，高效勤奋；⑤顾全大局，严守机密；⑥维护信誉，诚实有信；⑦服务公众，贡献社会；⑧精研业务，锐意创新。

公共关系人员的职业道德包括的内容很多，归纳起来有以下几点。

1）强烈的事业心和高度的责任感

公共关系人员应自觉地认识到所从事的工作是本组织整个工作的重要组成部分，自身工作的优劣关系到组织目标能否实现。所以在工作中要有献身精神，要尽心尽责、锐意进取，从而卓有成效地完成自己所担负的每一项工作。

2）忠诚

这是对公共关系人员最起码也是最重要的职业道德要求。这种忠诚既是对组织的忠诚，也是对公众的忠诚。对组织的忠诚表现为不得抵制组织目标，忠诚地为组织的目标而工作。对公众的忠诚表现为对公众讲信誉，全心全意地维护公众的利益。

3）正直

公共关系人员应具有公正坦率的道德品质。正直一般表现为性格的刚直、作风的正派、品德的公正无私。公共关系人员要与众多的服务对象打交道。他的言行稍有不端，不仅会有损于公众的利益，而且也会有损于组织的形象。正直，要求说真话、不吹牛撒谎，坚持原则、不随风动摇，守信用、不背信弃义。不仅在公共事务中而且在私人生活中都应该襟怀坦荡，堂堂正正。这样才能给公共关系工作带来良好的声誉，工作才以能取得成效。

4）热情

公众关系人员在与人交往中，必须热情洋溢、真诚而又礼貌。公共关系人员是代表组织与公众和其他组织交往的。在一定程度上称得上是组织的社会活动家和外交家，热情的态度可以使对方感到你的诚意、恳切、友好、礼貌，为交往的顺利进行打好基础。当然，要求公共关系人员热情，决不意味着可以丧失自己的立场，更不能曲意奉承，把公共关系变成庸俗关系。

5）注重仪表

仪表包括人的仪容、姿态、举止和风度，这是反映一个人内在美的外部形象。良好仪表首先要有高尚的感情和道德情操，做到内在美与外表美的统一。一般说，美好纯正的仪表来自高尚的道德品质。公共关系人员应该做到衣冠整洁、举止大方、言谈适度、讲究礼仪，一言一行要表现出积极、认真、向上的精神风貌。端庄的仪表，既是对别人的尊重，也是自重自爱的一种表现。

在众多公关组织制定的职业准则中，《国际公共关系道德准则》的影响最大。很多国家的公关组织采用该准则，或以此为范例做些变动以适应自己国家的需要。除了《国际公共关系道德准则》外，《英国公共关系协会行为准则》和《美国公共关系协会职业标准准则》的影响也很大。

（2）公共关系人员的职业能力

能力通常指完成一定的活动的本领，包括顺利完成各种活动所必需的个性心理特征。如果没有能力，再好的品德和知识也难以发挥作用，因此公关人员不仅要有良好的知识结构，还应具备必要的能力素质。

美国著名公关学者斯科特·卡特李普等人所著的经典著作《有效公共关系》将公关工作概括为十大类：写作；编辑；与新闻媒介联络；特殊事件的组织与筹备；演讲；制作；调研；策划与咨询；培训；管理。根据这些工作内容，将公关人员的能力概括为：①对紧张心理的控制能力；②个人创造能力；③好奇心与求知欲，有很强的认知能力；④精力过人、有雄心大志；⑤客观地考虑问题，实事求是，有出色的判断能力；⑥具有从他人的角度观察问题的能力；⑦为他人服务的精神；⑧友善；⑨全面的适应能力；⑩较少个人意识。

随着改革的深入和人才素质培养的需要，还可以将公关人员的能力素质分解概括为八个方面。

1）较强的文字和口头表达能力

公关人员的文字和口头表达能力是其从事公关职业的基本功。公关人员担负对内外宣传、塑造组织形象的任务，要编写组织宣传材料，撰写新闻稿件，编写组织刊物，为发言人和领导撰写演讲稿，起草活动计划方案、各种报告和总结。这些工作到要依靠公关人员的文字基础。公关人员的文笔不仅要有闪光的灵感、丰富的情感，还要有“倚马之才”。商场就是战场，要分秒必争，舆论就是“无冕之王”，与它打交道不能有丝毫差错。为了向外界及时报道宣传，公关人员经常需要边组织公关活动边撰写高质量的新闻稿，活动一结束，稿件马上发出；一个好的策划思路出现，有时要抢在竞争对手之前把文章做出来。文字基础不过硬，就可能会贻误战机，使精心策划的活动失去新闻价值。

2）健全的思维能力

公共关系工作属于一种智力产业，公关人员健全的思维能力至关重要。健全的思维能力要求一个人心智成熟。作为给企业当参谋、“医生”、代言人的公关人员，不应是一个“漂亮的花瓶”。健全的思维能力要求思维具有系统性。公关工作千头万绪，公众要求千差万别，公关事务具体、繁杂，所以要求公关人员有一定的系统运筹能力，思路清楚，安排得当，抓住关键，提纲挈领。健全的思维能力要求有一定的思维深度，善于全面思考，分析问题能由浅入深、由表及里、去粗取精、去伪存真，善于抓住事物的本质，找出矛盾的症结。健全的思维能力要求能善解人意，能进行换元思维，领悟他人意图。公关人员的角色地位要求他上对决策者、下对公众，着眼于人心的管理，在人们的心中塑造组织形象。不能善解人意，站在他人、站在公众的角度考虑问题，就搞不好公关工作。健全的思维能力要求公关人员能明确自己的地位，在客户面前要甘当助手、甘当配角，尊重客户。公关策划要从客户利益出发，成功后也不要喧宾夺主，将其当作炫耀的资本。当然，从人的智力发展角度看，健全的思维能力还应包括敏锐的观察能力、良好的记忆能力、丰富的联想能力等。

3）良好的创造能力与学习能力

21世纪是一个创新的世纪。一位美国专家在分析杰出企业家成功的奥秘时提出了一个耐人寻味的命题："不断创新是卓越"。从本质上讲，每一次成功的公关活动都是一次创造性的劳动。满足公众日益增长的求新、求异、求名的心理要求，需要公关人员的创造能力；企业形象的定位、企业识别系统（CIS）的创意、企业文化的设计要在社会引起轰动效应，需要公关人员的创造能力；哪怕是日常的公关传播、宣传和接待工作，要想做得与众不同、令人难忘，也要求不断创新。如果公关没有了创造性，工作就会千篇一律、死气沉沉。

21世纪的公共关系需要新型的公关人才。21世纪是竞争更加激烈的世纪，这时的公关人才除了常规的要求——懂外语、有一项公关专长以外，最重要的是要有两种能力：一是学习能力；一是创造能力。因为知识更新太快，有人做过统计，几乎所有的学科知识更新都有从20世纪50年代的30年缩短到当今的3~5年。如果不善于学习，已有的知识很快就会老化、被淘汰。

另外，由于互联网的出现，信息的传播速度与公开性大大提高，这也就意味着现在的公关技巧很快就会变为众所周知的"明日黄花"。而公众的欣赏水平和品位越来越高，竞争对手越来越强，公关人员若没有较强的创造能力、学习能力，将无法生存。

4）较强的组织谋划能力

组织谋划能力包括策划决断能力、计划设计能力、指挥调度能力和平衡协调能力等几个方面，是公关人员有计划、有步骤地从事某种活动并使之达到预期目标的实施操作能力。公关实务是一种目标指向活动，往往由一系列公关活动构成，有些大型公关活动还要涉及对外交往，如与上级和兄弟单位合作等，若没有良好的组织能力，即使有再绝妙的创造性思维也是枉然。当今的企业公关实务工作大都由集体来完成，这就要求公关人员能与组织内外的各种人协同工作。公关人员不仅要能穿针引线，使各方人士联合在一起，而且要充分调动每个人的积极性，使他们的聪明才智充分发挥出来，形成智力群体优势。在举办各种公关活动时，公关人员应能控制进度、把握全局，擅长指挥调度，遇事沉着机敏，使整个活动有条不紊地进行。

5）信息采集处理能力与知识管理能力

从信息科学的角度看，公关实务工作就是一种信息工作，属于信息产业的一部分。因此，一个合格的公关人员不仅应具有公关意识，而且应具备信息意识，学会运用现代化的信息技术，包括计算机、多媒体、互联网、E-mail、电子商务等，掌握信息调研方法和信息加工管理、处理的方法，以胜任组织的调研咨询和信息发布工作，并自觉培养自己的超前意识和科学预测能力。

知识管理就是运用集体的智慧提高应变和创新能力。知识管理不仅限于信息管理，最显著的是知识的创造和知识的利用。追求知识的创造、发现和传播的最大化。它是信息采集处理能力的延展。做一个21世纪开拓型的公关人员就应具备这些能力。

6）善于与他人交往的能力

一个人社交能力的强弱，是衡量他对现代开放社会是否适应的重要尺度。缺乏社交能力就会在自己与他人、自己与社会之间筑起一道心理屏障，很难做好工作，也难以被别人理解、赢得别人的信任。

公共关系大量的日常工作都要同方方面面的社会公众打交道，社会交往能力是打开工作局面的基本能力。好的公关人员应该是一位社会活动家，善于同各种各样的人打交道。因此，公关人员要有意识地培养自己处世融群的能力，掌握打开人际关系之门的钥匙，待人热情诚恳、落落大方、礼貌周全、宽厚坦诚，注意培养自己的气质风度，形成一定的人格魅力，有能力迅速取得别人的信任。

7）自控和处理危机的应变能力

公关人员要代表组织面对公众，因而他们在公众面前应展示一种“公务性自我”。职业要求公关人员带着“永恒的微笑”，公关人员不管自己遇到什么困难、内心多么烦躁甚至痛苦，不管遇到多么挑剔的公众，都应通过自我调节加以控制。个人的喜怒哀乐、心理失衡应通过正确渠道去宣泄，而不应带给公众。这不仅是公关人员应具备的一种能力，而且也应是公关人员的一种职业道德。公关人员在工作中会遇到各种各样的难题和意想不到的危机。遇到这类情况，公关人员应做到“每临大事有静气”，沉着机智，灵活机动，有条不紊地化险为夷。

8）正确掌握政策、理论的能力

中国的组织公关实务是在社会主义制度下、在党和政府的领导下开展的，这是公共关系的政治环境。在世界上，各国的公共关系，包括资本主义的公关都把对国有政策和理论动态的研究列入日常工作之中，以谋求与社会发展和政策环境的协调，赶上时代发展的步伐。

实训作业：

（1）向老师和同学介绍你的魅力故乡。

（2）对学校所在地一个组织或一家企业进行实地调研，了解该组织或企业公共关系开展情况，描述该组织或企业人员的公共关系意识。

（3）上海国泰电影院的经理请员工（包括离退休人员及其家属）到电影院参加一个茶话会，专门制作了有关这些离退休人员和在职职工生活工作的纪录片，会上放给大家看，每个人尤其是离退休员工非常感动。因为这些人一辈子的工作就是放电影给别人看，从未感受到自己上银幕是什么滋味，今天他们有机会在电影院里，在给人家放了几十年电影的地方，看到自己也上了银幕，感到国泰影院没有忘记自己多年来的辛劳。他们很自然地就产生并加深了对自己单位的情感，同时也使在职职工感到振奋，团结凝聚力大增。国泰影院的做法也被新闻媒体广泛报道，其知名度和美誉度大增，获得了很好的经济效益和社会效益。

请评述该案例。（从公共关系职能和公共关系意识等角度）

第2章 公共关系程序

【知识目标】

1.知晓公共关系调查的内容。

2.明确公共关系调查的程序。

3.掌握公共关系调查的方法特点。

4.了解公共关系策划的基本程序。

5.掌握公共关系策划的基本方法。

6.掌握公共关系策划书的基本要素。

7.了解公共关系实施的特点与原则。

8.明确公共关系实施过程管理的原则。

9.掌握公共关系实施的具体内容。

【技能目标】

1.能熟练运用各种方法进行公共关系调研。

2.能撰写公共关系调查方案。

3.能撰写公共关系调查报告。

4.能运用各种方法进行每个环节的操作

5.能撰写公共关系策划方案。

6.能进行公共关系工作任务分解。

7.能进行公共关系实施准备。

8.会撰写公共关系实施方案。

案例导入

无孔不入的调查渠道：微软的信息采集体系

微软公司有非常成熟的情报采集体系，采集渠道遍布各种媒介。微软与美国国家统计局保持了紧密的合作，可以获得经济发展水平、各行业发展状况、地区发展水平及国内各地计算机及网络应用宏观统计报告。由于美国本土的信息统计机构的运作方式非常发达，所以总部还积累了各国家和地区的宏观市场信息。在中国微软公司，以前较多关注总部的动态，而随着本土化策略加深，中国市场的环境成为关注的对象，微软的各分公司对情报有上载的义务，并定期生成当地市场情况分析报告，与美国总部的策略保持一致，这就整体保持了公司的信息吸取性。

微软在中国的情报获取，70%以上来自互联网。这种网上信息拦截是通过合作伙伴实现的，根据政策环境、软硬件行业动态、网络业环境、竞争对手、合作伙伴和终端市场动态等方面定制关键词，情报就会自动发至制定的链接。当然这种网上情报的拦截是定期更新的。为了保持情报的精准性，微软对合作伙伴的要求比较苛刻，经常对网上锁定的情报给予精准性测试。

随着微软本土化程度加深，对专项情报的需求朝着专业性、相关性、整合性的趋势发展，这样就需要与市场研究机构有更多的合作。但微软提倡各分支机构与美国咨询机构进行合作；这样可以保障专项调研的权威性和内部情报的共享性。例如，微软中国与盖勒普公司有长期合作关系。每次微软有新的产品上市或新的开发计划都会有一手的市场调研资料支持，在中国平均一年调研的频率是5次左右。但市场调研不光是量化样本的过程，在每次调研前，公司内部的技术人员、需求制定者、调研项目负责人会充分沟通，精心锁定每个样本。并就项目进行的原始相关情报进行汇总，为量化样本的情报采集提供原始背景资料。

微软公司的另一个情报来源就是自身的咨询顾问及公关公司，这一部分服务主要弥补深度性情报的不足。他们将许多报刊和行业资料进行整合，形成微软内部独有的情报服务机制。当然，微软是不会放过老对手的，他们的拓展专员、市场专员都有可能成为某一对手的专职情报员。他们嗅觉异常敏感，展会、研讨会、厂商推广等各种场合都是他们获取情报的重要机会。

微软公司的情报来源多种多样，文件的格式也是多元的。为了方便情报管理和分类，公司情报资源全部统一为电子文档保存。网络系统是微软情报流转的最大财富，内部网中有大约10个专门的情报链接，网管员会对网站设立级别许可，可以随时查到美国宏观经济、行业统计信息，近300个国外公司的战略及市场动态等。内部情报网对不同的分公司设有专门上载文件的接口，这样总部可以随时掌握各地动态。服务于微软的公司首先须签订不扩散协议，由专门咨询机构定期负责信息上载和网站更新。

另外，微软独特的企业文化氛围促进了内部的情报互动，这主要表现在企业内部信息上。在内部网的论坛里常有员工进行交流，其中不乏重要情报。各个员工对情报均给以关注，并通过内部邮件向相关人员推送；以尽快明晰对每一策略的影响。

微软公司的情报分外部信息和内部信息及内外交叉状信息；因为微软业务脉络比较庞杂，所以外部情报来源较广；而内部则需要知道总部的战略决策、市场总体动态、产品开发进程、最新的市场活动、产品最新决策等，内外交叉的信息是比较敏感的，主要指针对微软具体策略的分析报告，市场咨询结果等，也有些与公司内部决策边缘的动态。这样整体形成了不同的情报树，并按重要度分等级，这样按主题、时间、来源等都可实现情报的检索。

由于情报流转的时效性，微软公司的内部情报通过邮件交流的机会非常大。当情报专员按决策层情报议题搜集完毕，或整理出周期性策略参考后，通常以邮件形式发送到决策层。这样参与整个情报流程的是三个方面，战略发展层负责方向性决策；而中层根据情报分析，产生对于目标的具体决策；执行层，销售部或拓展专员们做出相应的行动反映。在微软内部，情报渗透率很高，因为有效的情报采集与分析相配合，才能最终产生决策和市场行为；这也体现了情报的价值。在微软内部经常会有主题型例会，大家共同讨论某一竞争情报的对策。当然每个企业组织和文化不同，沟通机制虽然不同，但情报流转规则是相似的。对于像微软这样的重量级公司而言，健全的内部网络，很好的角色分工，战略层对情报有效的响应是公司情报运作的几个必备要素。只有情报流转顺畅，才可能提高整体公司的活力。

思考、讨论

（1）微软公司在市场调查方面对我们有何启示？

（2）如果你是一位总经理，你认为还应从哪些方面来做好日常的公共关系工作？

——世界品牌实验室：微软中国的竞争情报

公共关系工作不仅具有较高的艺术性，而且还有较强的科学性，它使组织的形象管理具有高度的计划性、连贯性、节奏性和规范性。《有效公共关系》提出了公共关系的“四步工作法”，即公共关系调查——公共关系策划——公共关系实施——公共关系评估。在公共关系的四步循环程序中，公共关系调查是起点，是基础；公共关系策划是关键，是公关实施的指南和效果评估的标准，离开了公关策划，公关工作就会漫无目标，难以协调统一，成效甚微；公关实施是核心，是执行公关策划，取得公关成效的具体行动，离开了公关实施，再好的策划也只是纸上谈兵；效果评估是重要的反馈环节，也是下一轮公关活动的起点。

2.1 公共关系调查

公共关系调查是组织根据某种需要，运用科学的方法，为准确地收集有关信息而进行的专项活动。这种调查活动的目的是认识自己、了解公众意愿，把握社会环境的发展趋势，为组织开展公共关系活动提供条件和基础，为组织制定公共关系计划提供科学依据。

2.1.1 制定调查方案

（1）确定调查目的

调查的目的是指调查所要解决的问题。尽量避免把目的设得过高或过宽，或把一些已经了解的问题和策略加以整理就可以取得的资料也包括进去。

（2）确定调查对象和调查单位

确定调查对象和调查单位，就是确定向谁调查，它由某些相同的被调查的个体单位组成。调查对象应根据调查目的来确定。

（3）确定调查项目

确定调查项目就是要明确向被调查者了解哪些问题，如调查中消费者的性别、民族、文化程度、年龄、收入、动机和态度等。

（4）制定调查提纲和调查表

对项目进行科学的分类、排列，构成调查提纲和调查表。

（5）确定调查时间和地点

需要明确调查工作的起止时间，调查地点是指到哪里去调查。

（6）确定调查方式和方法

明确应采用什么组织方式和方法取得调查资料。

（7）制定调查组织计划

调查组织计划是指实施整个调查活动过程的具体工作计划，主要是指调查的组织领导、调查机构设置、人员选择和培训、调查工作步骤及其善后处理等。

（8）制定调查预算

调查的经费绝不仅仅限于问卷设计、问卷发放、报告撰写这三项，还涉及许多细节。在进行调查预算安排时，要将可能需要的费用尽可能全面考虑，并解释清楚，以免将来出现一些不必要的麻烦而影响调查的操作。通常一个市场调查中实施调查阶段的费用安排占总预算的40%，而调查前期的计划准备阶段与后期分析报告阶段的费用安排则分别占预算的20%和40%。

在进行调查预算制定时，要考虑如下几个方面：①调查方案设计费与策划费；②抽样设计费、实施费；③问卷设计费（包括测试费）；④问卷印刷、装订费；⑤调查实施费用（包括试调查费用、调查员劳务费、受访对象礼物费、督导员劳务费、异地实施差旅费、交通费、误餐费以及其他杂费）；⑥数据录入费（包括问卷编码、数据录入、整理）；⑦数据统计分析费（包括统计、制表、作图以及必需品花费等）；⑧调查报告撰写费；⑨资料费、复印费等办公费用；⑩管理费、税金等。

【案例衔接】

本田竞争之道

在现代社会中，影响企业发展的各种因素越来越多，能否及时发现和识别与组织发展相关的公众对象，意义十分重大。按照传统观念，美国的环保运动与日本的工业是没有什么关系的，因此，1975年有几个美国环保主义者到日本去谈论汽车废气问题时，就受到了日产、丰田这些大汽车公司的冷落。但是，直到1963年才开始生产第一批汽车的本田公司，其总裁却独具慧眼，他从这些人的活动中发现了有用的信息。为此，该公司派人把这批人请到公司，热情款待，奉为上宾，并请他们给设计人员讲解环保主义者的要求以及美国国会1970年通过的净化空气法案的内容。在这一基础上，本田公司开始了新型汽车的设计，确定的设计目标要突出“减少排废”和“节省汽油”这样两个优势。在本田的新产品——主汽缸旁有一辅助汽缸的“复合可控旋涡式燃烧”汽车面世一个月后，就遇上了第一次石油危机。本田汽车凭借排废少、省汽油的优势，一举打进美国市场，公司总裁因此赢得了日本福特的声誉。

2.1.2 明确调查内容

（1）组织内部的基本情况调查

公共关系人员应首先对组织内部的情况做到了如指掌。一般调查组织内部的情况会考虑从基本情况、主要优势和主要劣势（或存在的主要问题）三个方面下手。

第一，组织的基本条件。组织创建的时间和背景、沿革简历、重大事件、固定资产、流动资产、对社会的主要贡献等。

第二，组织的理念系统。企业理念、企业精神、企业价值观、企业使命、经营宗旨、经营方针、发展目标等。

第三，组织机构、队伍状况。机构设置、在职人数、员工基本结构（如员工的年龄结构、文化程度、专业特长、技术水平）、队伍整体素质评价；基本态度（对本职工作、民主领导、经营思想、决策机制、方针政策、奖惩制度等的看法）。

第四，经营内容。主要经营项目、产品种类、产品质量、销售情况、市场占有率、服务范围、生产成本、新产品开发能力。

第五，经营效果。经营特色、目标市场、营销措施、财务状况（资产损益、资产负债、日与月营业额等）。

第六，广告与宣传。企业形象战略规划、广告传播计划及实施效果。

（2）组织的外部公众调查

公众调查有两方面内容：其一，是组织在公众心目中的形象，其二，特定组织的公众情况。组织在公众心目中的形象可以用知名度和美誉度两个指标来衡量。

知名度是社会公众对该组织认识、知晓的程度。应重点调查公众是否知道本组织的名称、标识、产品种类或服务内容，及其了解的程度、范围。提高组织在公众中的知名度是组织公关工作的目标，了解和掌握组织所具有知名度的真实状态是公关调查的内容之一。美誉度是社会公众对本组织信任和赞赏的程度。美誉度调查就是了解公众对某一组织到底有什么看法，是评价高，还是评价差，前者为美誉度高，后者为美誉度差。

（3）社会环境的调查

社会环境的公共关系调查涉及内容极其广泛，大致说来有四个方面。

第一，国家相关的政策和法律、国家政治经济发展规划。包括国家的中长期发展战略规划、宏观政策，与社会组织有关的政治、经济、科技、社会文化等发展变化趋势，与社会组织有关的地方政府机构和法律部门颁行的地方性法律、法规和方针政策，以及国家根据发展需要新出台的行业调整计划、新颁布的法律和法规。

第二，行业发展趋势。对某一组织的发展战略而言，关注本行业的发展趋势至关重要。

第三，同行业情况和竞争对手的情况。通过调查当前本行业呈现的主要竞争态势，竞争对手的优势与劣势、经验与教训，从而找到自己各方面的参照系，掌握企业的发展机会，消除潜在的威胁。

第四，社会问题调查。面对纷繁复杂的现实社会，社会热点、重大事件等一切社会调查的内容都在此列。

2.1.3 公关调查的主要方法

（1）抽样调查法

抽样调查是按照一定的科学原理，从被调查的总体全部单位中抽取一部分单位作为调查对象，并以部分调查结果来推算全体的一种调查方法。抽样调查的理论基础是概率论和大数定律，这是抽样调查的科学依据，抽样调查被国际上公认是非全面调查中计算总体数量特征的最科学的方法。抽样调查是公共关系调查中最常用的基本方法之一。

①随机抽样。随机抽样法就是调查对象总体中每个部分都有同等被抽中的可能，是一种完全依照机会均等的原则进行的抽样调查，被称为是一种“等概率”。抽样随机抽样有四种基本形式，即简单随机抽样、等距抽样、类型抽样和整群抽样。

②非随机抽样。非随机抽样是指抽样时不是严格按随机原则来抽样，而是按照调查人员主观设立的某个标准抽选样本，被称为“不等概率”抽样。非随机抽样方式主要有三种：偶遇抽样、判断抽样和配额抽样。

③抽样调查的一般性实施步骤。首先，确定调查的总体。调查总体就是根据调

查目的的要求确定调查对象的范围，总体范围是抽样的基础，总体范围明确才能考虑样本与总体的比例。其次，制定总体名单。再次，确定样本规模。样本规模就是所要抽取样本应包括的单位数。一般来说，样本比例越大，抽样的误差率就越小。因此，在人力、物力、时间允许的范围内，确定一个规模合适的样本数量时，应根据调查允许误差及可靠性的要求，按公式推算样本数，规模与总体比例应成正比。第四，抽取样本。第五，评估样本。即检查样本对于总体的代表性如何，如果极限误差小于或等于允许误差，其样本符合要求。第六，实施调查。

（2）问卷调查法

问卷调查法是根据调查目的将所需要调查的问题具体化，通过某种方式由调查对象做出回答后，再经过统计分析得出结论的一种调查研究方法。它是公共关系调查中应用最广泛的方法之一，在其他的各类调查中也常采用问卷方式进行。

公共关系调查问卷设计的程序大致分为五个步骤：首先，根据调查题目与假设，将所涉及问卷的全部资料列出，研究分析哪些数据和资料要通过问卷来获得，了解问卷调查对象的基本特征；其次，确定设计主要原则，如问卷采用的类型和形式等；再次，写出问卷的标题或提纲，设计问卷初稿；第四步，写出有关题目与答案，即把调查的主题转变成具体的问题，把调查提纲的概念转变为一系列的变量和指标，用指标作为衡量变量的标准和尺度。比如，性别是变量，男、女的性别则成为指标。并考虑提出的每个问题是否有必要，是否需要编码；最后，检查修改阶段，检查是对问卷的全面审视，重点审视问卷的每个具体问题是否有意义，问题是否超范围，是否能分解成几个小题目，问题是否明确，调查对象是否能够理解，问卷的篇幅是否太大，所提出的问题能否使用计算机处理等。

一份完整调查问卷的构成，往往包括标题、说明、被调查者基本情况、调查内容、问卷编码、调查者实施情况记录等内容。问卷的标题是概括说明调查主题的，标题要使人一看便明白问卷的主要意图。在问卷的说明部分里，一般需要解释两个方面的情况，首先，交代本项调查的目的、意义；其次，说明填写问卷的注意事项，有的需要提醒被调查者交回问卷的时间、地点等特殊要求。

（3）访谈调查法

访谈法常常被用于公共关系问题的调查研究，它是通过调查者与被调查者之间人际沟通，以有目的的访谈询问形式收集调查资料的一种方法。调查人员在访谈前，要事先拟定调查项目的提纲及做好各项准备工作，访谈中要围绕调查议题进行，并运用访谈技巧，循循善诱，逐步深入，使被调查者畅所欲言，获取广泛、丰富的调查信息。

访谈是调查人员与调查对象面对面交往的过程，双方的一言一行都可能会影响调查的结果。因此要想得到满意的结果，就要掌握访谈调查工作各阶段的一些注意事项和技巧。访谈工作的过程大体分为三个阶段，即开始阶段、主要访谈阶段和结束阶段。

访谈主要阶段的注意事项和技巧主要有以下几点。

①采用由浅入深的方式展开，从简单问题入手，逐步引导调查对象接受访谈调查，启发被调查人员充分发表自己的真实看法。

②进入调查主要阶段后，要尽量保持访谈的活跃气氛，并围绕调查的中心问题展开，努力控制话题，避免离题太远。

③要尽量排除周围无关人员的干扰，或请其暂时回避，避免环境因素对调查对象的影响，使其能独立的发表意见。

④调查人员对所调查的问题要持一种中立的态度，不要发表自己对调查问题的看法，尽量不使用引导性的提示，切忌用暗示答案的方式予以解释。

⑤在整个访谈过程中，都要全神贯注地听对方讲话，注意使用合适的谈话方式，包括姿势、语气、表情，使对方觉得是在认真地听他讲，深入交谈时要显示出令人感兴趣的样子。随时注意调查对象的情绪和态度的变化，要捕捉住这种变化的含义。

⑥当所提问题不能一下理解时，要放慢语速，或者进行必要的复述。倾听回答时，可以用短暂的停留表示对某一答案的重视。对重要问题可以重新提问，或重复对方关于此问题的回答，以示对某一问题的理解，看其是否肯定此说法。

在访谈调查结束阶段，要快速检查记录或问卷，看是否存在遗漏，要尽快追记上所遗漏的问题。一定要注意对调查对象的积极合作表示感谢，备有纪念品当场赠送。如果是连续的追踪调查，提醒下次来访的时间。

（4）观察调查法

观察调查法是调查者身临现场通过感官或借助工具，对调查对象进行有针对性的直接观察、记录，取得生动感性的信息资料的一种调查方法。观察调查不是直接向调查对象提问访谈，而是凭借调查人员的直观感觉或利用照相机、摄像机、录音机等器材，观察和记录调查对象的活动或现场事实。

实施观察调查具有以下基本要求：第一，进行观察调查必须有明确的调查目的和假设，有针对性地去进行观察调查；第二，观察者事先划定一定的观察范围，即观察的内容和空间；第三，实施现场观察要有系统性，有组织地按照制定的详细观察计划方案进行；第四，对观察到的情况要进行客观的记录；第五，观察到的现象和结果，必须通过鉴定才能下结论。

在实施观察调查时，尽量不使被调查者察觉，以避免调查对象因调查行动而改变原有的行为、状态，影响真实结果。观察调查要求及时记录，尽可能详细记录调查内容和有关事项，无法立即记录的，也应当尽快追记，记录应不夸张、无遗漏，尽量保持观察的原貌。

（5）文献调查法

文献调查法是利用文献资料来收集、考察、分析和研究公共关系现象和状态的调查方法。它不是通过实际调查获取第一手资料的方法，所以又称间接调查法。它是利用社会组织内部和外部现有的各种文字信息、情报资料、媒体的宣传报道和历史资料，对公共关系现象和状态进行分析研究的一种调查方法，在公共关系调查中经常使用。

文献资料的类型主要是从三个角度来划分的：第一，从文献资料的性质划分，有原始资料和第二手资料。原始资料是指第一手资料，它是由社会事件或行为的直接参与者和接触者亲手记述撰写的，是未经他人整理的原始文本。第二手资料又称次级资料，是经过他人整理、改编、总结、归纳之后的转手资料，即间接的文献。一般来说，原始资料要比间接资料的可信度高。第二，从文献资料的来源上划分，有组织公务文献、社会宣传文献和个人文献。组织公务文献有各级政府和行业管理部门的文件、会议记录、工作总结、业务报表、各种档案等；社会宣传文献有报刊、杂志、宣传片、广告等；个人文献有组织领导人或工作人员的日记、著作、书信等。第三，从文献资料的形式划分，有文字材料、数字材料、音像材料。

【知识链接】

2015年中国企业国际传播力排名：百度、阿里、腾讯名列前三名

2016年1月22日，中国研究机构发布的2015年中国企业国际传播力排名显示，BAT（即百度、阿里巴巴、腾讯）在英文媒体的提及量名列前三强，在关注中国企业的英文媒体中，彭博社、路透社和《华尔街日报》网站的提及量最高。

《中国企业国际传播力（2015）》由中国传媒大学广播电视研究中心和国家语言资源监测与研究有声媒体中心发布，通过对入围《财富》世界500强和全球最具价值百强品牌的109家中国企业进行分析，首次构建了中国企业国际传播力评估体系。报告显示，2015年中国企业国际传播力整体偏弱，表现在近半数的企业全年英文新闻提及量低于100次，八成以上的相关英文新闻转载量为零。

报告指出，全年中国企业英文新闻提及量过万的企业只有4家，其中，百度的提及量最大，为193万次，比其他所有企业的总和还要多。随后是阿里巴巴（3.33万）、腾讯（2.29万）、和记黄埔（1.16万）；提及量过千次的有17家，其中过两千次的仅中石油、中石化、中国人寿、华为科技、建设银行、来宝集团和国家开发银行7家；过百次的为40家，百次以下的有48家，占比高达44%。

报告显示，全球英文网站对中国企业整体关注度不容乐观，八成以上的网站提及中国企业的次数低于10次。据统计，2015全年提及中国企业的英文网站共有2809家，其中，提及量在10次以下的网站高达2383家，占到总量的84.8%；提及量超过100次的网站有48家，仅占到总量的1.7%；提及量过千次的仅3家，占比0.1%。

——http：//it.chinairn.com/news

2.1.4 公共关系调查的一般过程

公共关系调查是一种对社会组织的公共关系现象进行科学考察的科学认识活动，它必须根据人的认识过程和认识规律，科学地安排运作程序。所谓公共关系调查的程序，一般来讲是指对社会组织客观存在的公共关系现象进行科学调查的基本过程。公共关系调查程序一般可分为以下五个阶段。

（1）调查准备阶段

确定调查任务是公共关系调查的基础阶段和首要环节。公共关系调查是否能达到满足公共关系工作所需要的信息要求，在很大程度上取决于调查准备阶段的工作内容与工作质量。调查准备阶段主要有以下三项工作内容。

①确定调查任务。公共关系调查的内容范围十分广泛，公共关系工作中所需要的公共关系信息也是千头万绪，任何一次公共关系调查都不能包罗万象，应根据不同的调查关系，确定不同的调查内容。因为调查任务不同，在调查中所使用的方法也不同。公共关系调查应该首先确立调查任务。也就是说，在公共关系调查实施前，公共关系调查者要通过对社会组织面临的现实公共关系问题的探讨，根据组织的实际需要，确立具体、实在的公共关系调查任务，使公共关系调查真正做到有的放矢。

②制定调查方案。调查任务的确立，实际上是对整个公共关系调查研究工作提出了所要达到的目的。目标提出后，怎样去达到这一个目标便成为公共关系调查者所要思考的一大问题。要有效地完成公共关系调查任务，必须进行周密的公共关系调查方案的制定，而不是急于到社会环境中去搜集资料。

③准备调查条件。公共关系调查在考虑到社会组织公共关系工作的实际需要的同时，还必须以一系列的条件作保障，因此，准备调查条件也是公共关系调查准备阶段的一项重要工作。调查条件涉及三个方面：一是人员条件，二是经费条件，三是物质条件。

（2）调查实施阶段

调查实施阶段也称为具体调查阶段，是整个公共关系调查过程中最为重要的阶段。公共关系调查能否按照调查准备阶段所确立的调查任务要求和所设计的调查方案的规定有效地执行，关键是看资料搜集阶段或具体调查阶段的实施情况。调查实施阶段主要有两项任务：一是实际搜集资料，二是争取多方支持。

（3）整理分析阶段

整理分析阶段也称为研究阶段。它是运用科学的方法，对搜集到的资料进行整理、分析、研究的信息处理过程。主要任务有两项：一是整理调查资料，二是分析调查资料。

公共关系调查资料的整理主要包括：第一，按照真实性、准确性、完整性、标准性的要求对调查资料进行分类；第二，按照科学性、实用性、渐进性、相斥性的原则进行分类；第三，按照条理化、系统化、精练化、规范化的要求对调查资料进行加工。调查者可以通过对已经整理的调查资料进行由此及彼、由表及里、由浅入深的测算、比较、推理、判断，发现隐匿于资料之中的重要信息，揭示隐藏在大量的调查资料背后的某些关键问题，并以此提出若干对策措施，形成公共关系调查的成果。

（4）形成结果阶段

对调查资料进行整理分析后，一般应形成书面形式的调查结果，也就是形成一份完整的公共关系调查报告，它是公共关系调查成果的集中体现，也是公共关系调查成果的重要形式。通过调查报告，调查者可以将调查过程中获得的信息成果和认识成果集中地表现出来，以方便社会组织的领导参考使用。

（5）总结评估阶段

调查报告形成以后应该对调查过程和调查结果进行总结评估，以便有关人员更清楚地了解调查的完成情况以及准确地掌握调查取得的成果，同时还可以总结经验教训，为以后的调查活动提供参考与借鉴。所以，总结评估也应该是公共关系调查研究的一个必不可少的重要步骤。

【任务演练】

设计公共关系调查内容清单

背景资料

某商厦委托某公共关系咨询公司设计的一份企业整体形象的调查内容清单。

（1）信誉：在商厦经营管理领域中的声誉；在同行业中的知名度；在顾客中的支持率；上级组织对商厦的评价。

（2）商品的品种和质量：商品品种的种类和数量；名优产品的营销情况；商品价格、包装与升级换代；商品进货渠道、质量检查制度、对假冒产品的处理态度。

（3）服务态度：工作时间和文明礼貌服务的商业道德；售前、售中与售后服务的措施；维修和退换的制度；送货上门和分期付款的情况。

（4）商厦的效益：营业额和上缴的利税；职工的工资、奖金和保险福利待遇；赞助社区建设和公益活动的项目；银行的贷款和发展的规模。

（5）商业文化：商厦的特色和标志；商厦的历史和传统；商厦的人文景观和美学透视；商厦的橱窗、柜台和铺面布置的文化色彩。

（6）商厦职工：职工人数、文化程度、岗位设置；职工的营业水平和服务技巧；职工中的先进典型和先进人物；职工的组织意识和主人翁思想。

（7）商厦的环境：商厦所处地点、入口、交通、文化氛围；商厦的社区公众；社区服务和社区建设；商厦的社会网络、消费者组织及监督机构；商厦的国际公众、对外贸易、跨国公司。

（8）商厦的硬件设施：商厦的内外装潢；商厦的传播设备与电脑管理；商厦的占地面积和横向联营；商厦硬件建设的经费与投资。

（9）商厦的经营管理：寻求新业务的迫切程度；价格表、说明书和组织的宣传材料情况；展览、示范、现场操作和导购人员的情况；现金、外币、转账、信用卡的支付方法；商厦内部的管理制度和岗位责任制。

（10）商厦的公共关系：商厦的公共关系部门、人员配备；商厦的公共关系技术运用情况；商厦接待、营销、广告中的公关技巧；商厦的公关专题活动开展情况。

演练要求

（1）参考以上内容清单，分组为所在学院设计公共关系调查内容清单。

（2）各组汇报交流，并评出“最佳调查内容设计”。

演练条件

（1）事先对学生按照5～6人进行分组，明确演练要求。

（2）有网络环境并配有多媒体的教室。

2.1.5 公共关系调查报告的撰写

调查报告撰写的实质是公共关系调查者对调查所获得的信息资料的一种高级处理过程。这一过程的具体工作内容包括：第一，综合分析经过审核和加工处理的信息资料，确定调查报告的主题；第二，全面汇集有关信息资料，概括出相应事务存在与变化的一般情况；第三，综合研究相关信息资料，提炼出有关观点；第四，选择运用有关信息资料，具体说明应该注意的有关问题。

写好一个公共关系调查报告，不仅能体现公共关系调查者的写作能力和水平，更能体现公共关系调查的重要价值和巨大作用。调查报告的撰写有一定的要求：第一，确保调查报告内容的真实性和客观性；第二，确保调查报告体例的系统性和完整性；第三，确保调查报告表述的准确性和便读性。

调查报告的一般体例

（1）标题：调查对象+主要问题

调查报告的标题常见的有两种形式，一种是只有正标题（主要内容或中心观点的概括）；另一种是正标题+副标题（补充交代调查对象或调查内容）。

（2）前言

引出全文的作用，主要概括介绍调查的意义和目的、调查对象和范围、调查方法（开门见山、简明扼要）。

（3）主体

详细叙述调查的内容、步骤、小标题。

（4）结尾

概括主题、总结经验、形成结论，提出建议、说明对将来的意义。

（5）附录

有关材料的出处、参考资料与书籍、调查统计表等。

【任务演练】

市场推广前的公关调查活动

背景资料

为教育公众，提高他们对橄榄油有益健康的认识，增加产品的使用消费量，我们将策划和实施一项基于对本地市场推广橄榄油的前期公关调查活动。

中国人喜欢在家做饭，又极其关注健康，蔬菜油在烹调过程中就成为一种不可或缺的原料，而在选择食用油时，人们最重要的标准是：有益健康；油烟少；价格便宜。目前，橄榄油在浙江市场的知名度一般，使用率仅为30%。公众一般认为橄榄油是一种少油烟或无油烟、少胆固醇或不含胆固醇的健康蔬菜油。但在使用度方面，橄榄油仍次于豆油，虽然豆油被认为是一种品质较低的油品，但它更经济实惠，市场占有率较高。

演练要求

（1）参考背景资料，针对此次活动进行一次完整的调查。

（2）调查的全过程均需要进行操作，从前期准备到最终调查报告的形成。

演练条件

（1）教师帮助学生明确调查过程的基本阶段和相关内容，并对每个阶段进行把关。

（2）在调查方案设计、调查资料整理及调查报告撰写阶段建议在具有上网条件的实训室进行。

2.2 公共关系策划

所谓公共关系策划，是指以分析预测为基础，根据组织形象的现状和目标要求，确定公共关系活动的战略与策略，并制定出最佳计划方案的过程。在进行公共关系策划的过程中，公共关系人员首先要依据公关调查中所确定的组织形象的现状，提出新的形象、目标和要求，并据此设计公共关系活动的主题，然后，通过分析组织内外的人、财、物等具体条件，提出若干活动可行方案，并对这些活动方案进行比较、择优确定出能够达到公关目标要求的最适当、最有效的活动方案。

2.2.1 公共关系策划的程序

公共关系策划应包括六个工作步骤：确定目标、确定公众、设计主题、选择媒介、编制预算、审定方案。

（1）确定目标

公共关系目标是公共关系行为期望达到的成果。它是公共关系活动的方向，也是公共关系活动成功与否的衡量标准。按照公关行为目的，可以将公关目标划分为传播特定公关信息、联络特定公关感情、改变特定公关态度、引发特定公众行为四种。

①传播信息。这是一个组织的公关工作最为基本的一项公关目标，也是后三种公关目标实现的基础。在组织的某些特殊时期，如组织新成立，组织的领导发生重大变动，组织推出了新产品等，这时组织的公关部门可以策划传播这些消息的公关活动。

②联络感情。联络感情是指组织通过一定的公关行为与重要的公众之间建立一个密切友好的情感联系。对重要公众的情感投资是一项长期的工作，需要细水长流，并贯穿于整个组织的公关工作之中，同时也需要在必要的时候策划专门的联络情感的公关活动，以便在较短时间里建立与重要公众的感情。

③改变态度。社会上的公众对组织会有不同的态度，有正面的态度，如了解、好感、信赖等，也会有负面的态度，如偏见、怀疑、敌视等。公关人员所策划的改变公众态度的公关行动就是指有效使用各种传播手段与信息，努力促成这些特定公众对组织的了解、好感和信赖，促成公众正面态度的生成和巩固。

④引起行为。公众改变了态度，但未必产生相应的行为反应，所以公共关系的目标还应努力促使公众行为的改变，即努力诱导公众产生组织所希望的行为方式。公共关系人员在考虑需要引发公众什么样的公众行为之前，都要仔细考虑对象公众的基本情况、对组织已有的信息知晓度、态度情感状况等基本资料，然后才可能制定正确得当的引发行为目标。

（2）确定公众

目标公众的确定，有利于选定具体公关方案的实施；有利于确定工作的重点、科学地分配力量；有利于更好地选择传播媒介和传播技巧等。

目标公众确定之后，公关人员还应对目标公众进行详细的了解和深入的研究，主要是分析目标公众的权利和要求。一般说来，不同的公众有不同的权利要求，了解目标的权利和要求，并将其与本组织的目标和利益加以权衡、比较，以便确定公关计划的基本要求。

任何一个组织都有其特定的公众，公关策划必须针对目标公众，公共关系工作以不同的方针针对不同的公众而展开，目的是为了建立受公众欢迎的有效形象。为此，必须对公众进行深入的分析研究，以确定目标公众。

其实，不同组织在每次公共关系活动确定目标公众时，很难有一个统一的标准，基本的原则就是考虑组织目标、需要和实力三个方面的因素，由各个组织灵活来确定。

第一，以活动目标划定公众范围。这种划分主要强调的是公众的关联性。

第二，以组织实力划定目标公众。这种划分主要强调的是重要性。在公共关系活动中，有时组织面对的公众面极广，面面俱到则人力有限、经费不足，忙于应付。这时候应将有关公众按与组织关系的密切程度、影响的大小程度、相关事情的急缓程度等因素进行排队，选出最为重要的工作作为目标公众。

第三，以组织需要决定目标公众。这种划分主要强调的是影响度。当组织出现形象危机的时候，目标公众应首指逆意公众和行动公众，以防止危机的扩散和加剧。

确定公众首先要鉴别目标公众的权利要求。公众是由共同利益而互相联系在一起的许多个人或组织机构形成的群体。他们的共同利益受到某一组织政策或行动的影响，或者他们的行为与观点影响这些组织。

（3）设定主题

公共关系活动主题是对公共关系活动内容的高度概括，提纲挈领，对整个公共关系活动起着指导作用。任何一个成功的公共关系活动都是由一系列活动项目组成的系统工程。为避免活动项目过多给人杂乱无章的印象，需要设计出一个统一、鲜明的主题，以统领整个活动、连接各活动项目。

主题的表现方式有多种多样，它可以是一个口号，也可以是一句陈述或一个表白。主题设计得是否精彩恰当，对公关活动的成效影响很大。要设计出一个好的主题，必须满足下列四个要求。

第一，公关主题必须与公关目标相一致，并能充分表现目标。

第二，公关主题要适应公众心理的需要，既要富有激情，又要使人感到亲切。

第三，公关主题应独特新颖，富有个性，突出活动的特色，使人留下深刻的长久印象。

第四，公关主题的表述应做到简短凝练，易于记忆和传播。

主题设计还要考虑到不同阶段公关目标的特点，使之具有针对性。

（4）选择媒介

不同的传播媒介都有自身的特性，既各有所长、又各有所短，只有选择合适的媒介，才能取得良好的传播效果。在选择传播媒介时，应注意以下几个方面。

①根据公共关系工作的目标去选择。选择媒介首先应着眼于组织公共关系的目标和要求。如果组织的目标是提高知名度，则可以选择大众传播媒介。如果组织的目标是缓和内部紧张关系，则可以通过人际传播与群体传播，通过会谈、对话等方式加以解决。如果公共关系主题是属于联络感情、社会交往方面，就可利用招待会、茶话会、联谊会、信件来往等活动争取公众的信任与好感。如果公共关系主题是要改变公众的态度、引起公众的行为就可采用售后服务、消费指导、赞助、支持公益活动等方式，通过纪念、庆祝等大型社会活动的工作渠道来维护和树立组织的良好形象。

②根据不同公关对象来选择传播媒介。不同的对象适用于不同的传播媒介，要想使信息有效地传达到目标公众，就必须考虑到目标公众的经济状况、教育程度、职业特点、生活方式及他们接受信息的习惯等。根据这些情况决定选用什么样的媒介。

③根据传播内容来选择传播媒介。不论是个体传播、群体传播还是大众传播，每种形式都有鲜明的特点和一定的适用范围。选择媒介时，应将信息内容的特点和各种传播媒介的优劣势结合起来综合考虑。只对本地区有意义的信息就不要选用全国性的传播媒介；只对一小部分特定公众有意义的消息，就没必要采用大众传播媒介；而对个别的消费者投诉，则只需要面约商谈或书信往来。

④根据经济条件来选择传播媒介。俗话说“看菜吃饭，量体裁衣”，组织的公共关系活动经费一般都有限，而越是现代化的传播媒介，费用越高。所以，成功的公共关系策划，选择恰当的媒介和方式，以较少的开支争取最好的传播效果。

（5）编制预算

公共关系的预算是指按照预定的目标，将完成任务所需要的费用一一开列出来。通过预算还须找出活动的成本，找出全年从事公共关系活动的费用总额，然后估算以组织的实际情况可否承担这笔费用。公关预算应根据公共关系部门的各方面实际情况，确定在有限经费之下开展什么样的活动才合适。编制预算有助于公共关系部门按期“施工”，便于组织对公关活动进行监督管理。最后，有了预算，公共关系工作的成效评估就有了成本效益方面的基本依据。

①预算方法。

第一，销售额抽成法。企业按其年度计划销售总额抽取一定的百分比作为年度公共关系预算经费。这种方法只能计算出年度公共关系活动经费的总额。

第二，项目作业综合法。即先列出公共关系项目计划及每项公共关系计划所需的费用细目和数额，核定单项公共关系活动预算；然后将年度内各个公共关系项目预算汇总，便可得出全年公共关系预算经费总额。

第三，平均发展速度预测法。即运用历史资料计算出公共关系经费实际开支总的发展速度，并计算出平均发展速度。按照这一平均发展速度确定公共关系活动经费预算数额。

②预算内容，预算的内容一般分为两大类。

第一大类为行政开支，具体包括：

人工报酬，指专业工作者和一般工作人员的薪金或工资。还包括外聘公共关系顾问的工时报酬。这是公共关系预算项目最大的一项，大约占预算的三分之二。

设施费用，此项费用由公共关系活动运用所决定。一般包括：各种印刷品、纪念品、摄影设备和材料、美术工艺器材、视听器材、展览设施和所需各种实物、用品等。

日常行政费，如房租、水电费、保险费、电话费、办公室文具费、通信费用、交通费、照相、洗印、旅餐费、交际费（一般不超过2%）等。

第二大类为项目开支，包括实施各种公共关系活动项目所需费用。

原有项目的开支，公共关系的许多活动项目属于战略性的，时间上往往跨年度。公共关系人员在编制年度预算时，应从公共关系目标入手，推算出计划方案中各项活动费用，对那些跨年度的活动项目，要在新的年度考虑适当增减。

新定项目的开支，指实行计划方案过程中的新增加项目。如本年度内组织周年纪念、对外发行月刊等。公共关系人员在编制预算时，就要考虑人员、设备的增加和具体活动所需的各项开支，还要考虑到物价等因素。

突发事件的开支，公共关系不仅是一种预测性、计划性工作，而且灵活性也很强，往往一些突然事故、偶然机会都会改变或调整计划，如赞助、庆贺、公益一类的活动。公共关系人员编制预算时，应事先设置临时应变费用，从资金上保证公共关系的应变能力。

（6）审定方案

审定方案是公共关系策划的最后一项工作。公关人员根据组织的现状，提出各种不同的活动方案，每一个方案都是策划者智慧的结晶，但这些方案未必都适宜，也未必能同时采用。因此对这些方案进行优化和论证才能选定最终方案。审定方案工作可分为两个步骤。

第一步，优化方案。就是尽可能地将公关方案完善化、合理化，提高方案合理值，强化方案的可行性，降低活动耗费。通常可采用重点法、转变法、反向增益法、优点综合法等方法进行方案优化。

第二步，方案论证。一般由有关高层领导、专家和实际工作者对方案提出问题，由策划人员进行答辩论证。论证方案应满足系统性、权变性、效益性和可操作性要求。

【案例衔接】

杜邦“Nomex”纸的市场推广

“Nomex”纸是杜邦众多专利产品中的一种科技含量很高的产品，是应用于H级干式变压器的一种高性能的首选阻燃材料。为营造高性能干式变压器的市场，直至推广“Nomex”纸的应用，中国环球公关公司策划了“中国城市电网发展与改造技术研讨会”的公关活动。

首先，采取多种渠道展开调查：利用媒介监控，分析目前“Nomex”纸的直接用户和终极用户市场状况。利用环球资深的顾问队伍，走访相关政府主管部门。利用新华社国内部的部委报道小组就国家相关行业政策、市场趋势进行访谈。对数十家综合类和专业类媒体进行问卷调查。通过互联网、新华社及其他相关政府部门的信息中心调查产品的详细情况。

经调查，目前中国变压器市场为“买方市场”，终极用户——各级电力企业对产品的影响作用远远超过“Nomex”纸的直接用户——干式变压器的生产厂家。政府正在大力推行城网、农网改造，而其中一些输变电行业中应用的高科技产品正是这一巨大改造项目的突破点。目前“Nomex”在国内媒介中的认知度几乎为零，在调查的数十家媒介中没有一家知道杜邦的这个高科技产品。

同时，也发现了公关难度和现实的问题：“Nomex”纸的直接用户及终极用户基本为国有企业，计划性强，对新的高科技产品不易接触，为信息导入增加很大难度。时值政府机构改革，主管电力企业和变压器生产企业的部门较多，如国家经贸委，国家计委，机械工业部，国家电力公司及其所属各大电网公司。这为选择与最终确定活动的合作方造成相当大的难度。

根据以上分析，确立的公关目标是加强与中国政府主管部门的沟通并向其传递信息——新一代的高科技产品干式变压器必将逐渐成为市场的主流产品。同时明确目标受众是政府主管部门；输变电行业；变压器行业；其他（计委、经贸委）业内人士；电力行业；机械行业；研究人员；研究所；设计院；新闻媒体。

为达到以上目标，中国环球公关公司建议“Nomex”纸的推广活动以“技术交流研讨会”的形式为主并配合以新闻发布会及新闻专访活动。以研讨会的形式可以吸引大量的政府部门、专业用户、科研机构，提高活动的质量。

毫无疑问，此次杜邦的推广活动取得成功，其他原因我们暂不做探讨，仅指明一点：杜邦公司开展公关活动的目标选择是正确的，而正确的目标的选择，是一个策划成功的开始。

——《中国优秀公关案例选评》复旦大学出版社，2001年

2.2.2 公共关系策划的主要方法

实践证明，在公共关系策划中最简便、最实用的策划方法有德尔菲法、头脑风暴法、专家意见法，几乎一切公共关系策划都自觉或不自觉地顺应了这些方法。

（1）德尔菲法

德尔菲（DeIphi）是古希腊城市名，据传希腊神在此降服妖龙而闻名。后来人们用“德尔菲”比喻神的高超预见力。这种方法始于美国蓝德公司，先用于市场预测领域。公共关系策划借用这种方法，目的在于借助专家们的经验、知识和综合分析问题的能力，保证策划方案的质量，并以此获得最佳的效果。

①德尔菲法的主要实施步骤。这种方法的主要过程是组织者把公共关系调查材料，策划主题内容、目标、要求等交给策划者，请其独立完成一个策划，并做好时间限制，如期收回，再由专人对这些反馈的策划意见进行整理，以不公布姓名的方式将归纳后的结果寄回给专家，继续征询意见。如此经过几轮的反复，直到意见趋

于集中时为止。这种方法的好处是专家之间互相不知道姓名，可以减少社会心理等方面的影响，真实坦率地谈出自己的意见。而且采取多轮反馈的办法，意见越来越集中，结论的可靠性也越来越大。

具体实施过程，有如下四个步骤。

第一，给各位专家发函，提出你所要调查或决策的问题。问题的提出不应带任何倾向性，由各个专家独立自由地发表自己的意见和看法。

第二，将回函所得的专家意见进行统计、归纳、综合，了解在这一问题上共有几种看法。并将这些意见制成第二轮表格，再寄给各个专家，由他们进一步做出评价，并阐明其理由。

第三，决策分析小组在收到第二轮意见之后。再进行归纳整理，将意见进一步集中，然后制成第三轮表格，再一次请专家进行分析判断，专家们既可以坚持原来意见并使他们充分阐述其理由，也可以改变他们以前的意见而选取另一种意见。

第四，按领导小组的要求，对某些提出独特见解的专家，有针对性地进行征询意见调查，使他们作更深一步的论证。

经过这样四步的调查、分析、综合之后，得出的结论往往比较准确。

②德尔菲法在公共关系策划中的主要特点。

第一，适合单一的公共关系项目，背景不宜太复杂，如果是大型公共关系战略策划，就不适宜采用这种方法。

第二，使策划者有独立“担纲”的感觉，能更有力地调动策划者的责任心和创造力。

第三，组织者可以在最冷静的心情下，对策划者的方案进行比较、汲取、谋划，容易得出最佳的组合方案。

第四，组织者必须对策划者有可靠的维系关系，否则，将不能保证方案的征集。

（2）头脑风暴法

公共关系策划最好是有关专家集体创造，最有代表性的创造形式是“头脑风暴法”。头脑风暴法是由美国创造学家奥斯本在1939年发明的一种创造技法。这一技法在我国被译为“智力激荡法”“脑力激荡法”等。其核心是高度自由的联想。这种方法一般通过一种特殊的小型会议，使与会者毫无顾忌地提出各种想法，彼此面对面地激励，相互诱发，引起联想，导致创造性设想的连锁反应，产生众多的创造性设想。

①头脑风暴法会议的组织方法。确定会议人选，与会人数以5～12人为宜，并提前几天将会议的主题通知与会者，使之有所准备。确定1名会议主持人和1～2名记录人员。主持人在会议开始时要说明会议目的，要解决的问题或目标；宣布会议的要求和注意事项；鼓励人人发言，并鼓励提一些新构想；注意把握会议的主题方向，发言简明，气氛活跃。记录员要记下会议提出的所有方案、设想（包括平庸、

荒唐、古怪的设想）。

会议一般不超过1小时，最多不超过2小时。根据经验，最好的设想是在会议快结束时提出的，因而可以提出从原决定结束时间开始，延长时间5分钟，在这5分钟里，人们往往能提出最好的设想。会后由专家小组对所有设想进行比较，综合选择。对评出的好想法，要进一步提升、改进、完善，形成几个具有实用价值的好设想，提供给决策部门。

②头脑风暴法会议的要求。

第一，禁止批评。在会议中，绝对禁止批评或评判别人的想法，即使是对幼稚的、错误的、荒诞的想法也不能批评，因为创造性设想有一个诱发深化、发展完善的过程，一些即使看似杂乱无章、不合逻辑的设想，说不定能引出许多有价值的设想，具启发、诱导、催化的功能不应轻易否定。

第二，自由思考。提倡与会者不受已有概念、传统逻辑、固有方法、常规思维框框的约束，敞开思想，打破常规，运用自由联想、倾向思维等方法，激发创造想象，进行创造性思考，思考越狂放、构想越新奇越好。

第三，多多益善。就是提出的新设想越多越好，因为数量是质量的前提，提出的新设想越多，有价值的、好的新设想出现的可能性就越大。

第四，综合改善。会议参加者都要充分利用别人的设想启迪自己的智慧，用获得的新知弥补自己的不足，捕捉信息，活跃思维，开阔思路，对别人提出的设想进行改善、发展、综合、重组、变形、提高，以产生新的设想。

第五，主持人。特别是高级领导不发表意见，以免影响会议的自由气氛。要在不怀偏见中倾听意见，有目的地吸取决策所需要的东西。

（3）专家会议法

这是根据公共关系的目的与要求，邀请有关专家（如公共关系专家、市场营销专家、企业管理专家、消费者和用户专家等），通过会议的形式，就组织或企业公共关系的内部状况与外部状况、存在的具体问题、所要实现的公共关系目标等方面的情况展开讨论、分析，并做出判断，最后综合专家的意见，拿出具体的方案。

①专家会议法的特点。专家会议法的特点是具有公开性、直接性和权威性等。召开专家会议之前，会议组织者将议题提前告知有关专家，公开地让专家们思考；会议中，专家与会议的组织者直接地、面对面地沟通，不依赖于中间环节；专家们的意见具有一定的权威性，综合分析会发现其中的更大价值。

②专家会议法应注意的问题。采用专家会议法进行公共关系策划应注意两个问题，一是要注意专家代表的选取，尽可能保证代表选取的结构合理，使专家们的意见具有更大的代表性；二是要注意避免“权威者”左右与会专家的意见，尽可能让大家都有充分发表意见的机会，并不受他人意见的干扰。

【任务演练】

为某葡萄酒厂策划公关活动方案

背景资料

在1989年初，美国总统布什访华前夕，一位的美国外交官夫人来到某葡萄酒厂，要求见一见厂长。原来这位驻华使节的夫人有中国血统，她很希望中国能够富裕起来，希望中国产品能走向世界。她在华期间发现该厂新研制的一种葡萄酒味道醇美、口感颇佳，很适合欧美人的口味。她的祖籍又与该厂坐落在同一片土地上，很愿意帮忙搭桥，使该酒名扬四海，为民造福。

她建议把该酒拿到布什总统访华的国宴上去，让各国使节和众多的来宾、记者们感受一下这佳酿的风采，为它进入国际市场打开大门。可是，我们这位厂长“太会做生意了”。他一方面满口答应，一方面又在送夫人离开前提出一个条件：由总统夫人先付2000美元。这位夫人表示回去反映一下，便离开了该厂。

其结果正如大家所了解的那样，随着布什总统的来访，飞鸽车作为礼品名扬四海，而摆上国宴并因此扬名的却是另一个厂家的新产品——长城干白葡萄酒。

演练要求

（1）分组讨论：如果你是某葡萄酒厂厂长，你将如何把握这次公关机会？然后各组形成公关活动方案。

（2）各组汇报交流，并评出“最佳公关活动方案”。

演练条件

（1）事先对学生按照5～6人进行分组，明确演练要求。

（2）有网络环境并配有多媒体的教室。

2.3　公共关系实施

公共关系实施决定了公共关系策划创意能否实现，以及实现的程度和范围。有效的公共关系实施，不仅能执行策划创意，而且能创造性地修改和弥补策划的不足。这时候的实施活动，表现为实施人员能够选择最有效的实施途径和手段、方法和技巧。失败的公共关系实施，不仅不能试验策划创意，有时候还可能使策划方案中想要解决的问题更加恶化，甚至完全与目标背道而驰。从这个意义上说，实施这个环节不仅决定了策划创意能否实现，而且也决定了策划创意实现的效果。

2.3.1　公共关系实施的特点

公共关系实施过程应该是一个完整的过程。一般情况下它包括以下一些内容：首先是实施的准备阶段，它包括设计实施方案，制定对各类公众的行动，沟通计划，确定实施的措施和程序，建立或组成实施机构，训练实施人员并向他们介绍计划的内容和实施所必需的条件；其次是实施的执行阶段，实施机关按照已经设计好的实施计划程序，落实各项措施；最后是实施的结束阶段，实施机关为下一步的效果评估做好相应的准备。如果说公共关系策划方案的制定是一种分析和策划的过程，那么，公共关系实施则是一种行动的过程。具体地说，公共关系实施具有以下一些特点。

（1）实施效应的联动性

一项公共关系策划方案涉及众多的因素和变量，它会对各类公众产生广泛的影响。然而，只有在计划实施后这种影响才能真正地体现出来。公共关系实施所产生的联动影响主要表现在以下两个方面：首先，计划的实施，会对众多的目标公众产生深刻的影响。一项公共关系策划方案成功实施后，常常会使该社会组织的异己力量变为自己的合作者和支持者。即使有时不能令目标公众的立场发生彻底的转变，也会使其在观点、态度等方面产生不同程度的变化。至少也可以令目标公众从对社会组织的负态度（敌视、偏见、漠然、无知）向正态度（了解、理解、感兴趣、支持）方向有所转化；其次，公共关系策划方案的实施有时还会对整个社会的文化、习俗产生深刻影响。

（2）实施过程的动态性

公共关系实施是由一系列连续活动构成的过程，是一个思想和行为需要不断变化、不断调整的过程。这是由于，一方面，一项公共关系策划方案无论制定得多么周密、具体和细致，它总免不了与实际情况存在着一定的差异；另一方面，随着时间的推移、实施的进展、环境的变化，实施过程中仍会遇到一些新情况和新问题。因此，不断地改变、修正或调整原定的实施方案、程序、方法、策略等则是实施活动中不可避免的正常现象。这种现象的出现说明计划实施正处于顺利状态，并非在实施计划中有随意性。如果不考虑社会环境的发展而引起的条件变迁，却按一个固定的模式去机械地“执行计划”，那就不能实现自己的计划目标，反而会给组织自身招来新的麻烦。讲实施过程的动态性，并不意味着实施人员可以随意以一些无关大局的变化为借口而不按原计划去实施。公共关系实施的动态性与实施人员的主观随意性不可混为一谈。

（3）实施活动的创造性

由于计划的实施是一个不断变化和需要调整的动态过程，实施者需要依据整个实施方案中的原则和自己所处的环境、面临的条件确定自己的实施策略，比如准确地选择传播渠道、媒介与方法，合理地选择时机，正确地分配任务，灵活地调整步骤等。公共关系实施的过程绝不是一个简单的照章办事的过程，而是一个由一系列不同层次的实施者发挥主观能动性的过程。实施人员应该充分地发挥自己的积极性、主动性和创造性。从这个意义上说，公共关系实施的过程也是一个对原计划进行艺术的再创造的过程。

【案例衔接】

精工表的奥运公关

欧米茄是驰名全球的瑞士名牌钟表，在1964年东京第18届奥运会之前的历届奥运会都使用欧米茄计时钟表，创下了17次独占计时权的辉煌历史。在东京举办奥运会的消息传出后，精工企业集团的员工们个个群情激奋，他们不能容忍欧米茄独占东京奥运会的计时权，决心要利用这次有利时机同欧米茄一比高低。他们确信精工的技术已经赶上了瑞士，其推出的产品已经进入超越普通钟表的豪华精工阶段。在慕尼黑奥运会期间，精工企业为了摸清瑞士欧米茄的详情，派出考察队前往考察情况。通过这次考察，他们了解到欧米茄的计时装置几乎都是机械式钟表，只有几部是石英表而且还都笨重不堪，得出了欧米茄不足惧的结论。

精工企业集团在取得了东京奥运会计时权后，调集下属3家公司的20多名技术精英组成计时装置开发队伍。派出了3000多名技术人员，耗资30亿日元，策划了日本精工走向世界的重大方案。在各个比赛项目中，都以精工表计时。如此一来，精工表不仅映入百万现场观众的脑际，而且世界各地亿万观众都通过电视屏幕认识了精工表。

精工表果然不负众望，在东京奥运会上大出风头。当来自非洲的运动员阿贝贝在马拉松比赛中飞奔过终点时，精工瞬间数字跑表立即定格，正确地指着2、12、11、2。阿贝贝以2小时12分11秒2创造了奥运会马拉松赛的最好成绩。当各项比赛结束时，优秀运动员的名字就显示在精工表旁，获奖选手所代表国家的国旗也在精工表的上方冉冉升起。奥运会期间，所有的裁判员都佩戴精工表。精工表在奥运会上一鸣惊人，很快就被人们所熟悉。

我们不难看出，精工表在奥运会上的成功亮相绝非偶然，除了自身的产品质量过硬外，更离不开公关活动的精心准备。

2.3.2 公共关系实施的原则

公共关系实施是一个复杂而科学的过程，客观上需要有一套科学的实施原则做指导。公共关系实施原则是公共关系实施的工作准则，是公共关系人员在错综复杂的实施环境中排除各种困难，完成公共关系实施各项工作，实现公共关系目标的成功法则。

（1）目标导向原则

目标导向原则要求公共关系人员在公共关系实施过程中，要保证不偏离既定的公共关系目标，不断将实施结果与目标要求进行对照，发现差距要及时努力调整。在实施过程中，由于环境的变化，需要对公共关系策划方案做一些调整，但这些调整不能改变原来的目标，否则就要重新制定公共关系策划方案。

（2）准备充分原则

实施准备是公共关系实施成功的基础和前提条件，在实施公共关系策划方案之前，必须做好各种实施准备。准备越充分，公共关系实施就越顺利，失误就越小。在公共关系实施之前，要用足够的时间做好各种准备工作，确保万无一失。

（3）控制进度原则

根据整个公共关系策划方案和目标的需要，按照一定的程序，掌握工作的进展速度。由于公共关系人员的分工不同，能力差异，环境影响，在公共关系实施时，会出现进度快慢不一致的情况，有时会造成工作的脱节。控制进度，就是要使工作同步协调，防止超前或滞后情况的发生，使各项工作内容按计划协调、平衡地发展，并确保按时完成。要做好预测和及时发现各种可能影响实施工作进度的因素的工作，针对关键原因采取有效的预防和应急措施。

（4）整体协调原则

在公共关系实施中，要使工作的各个方面达到和谐、互补、配合、协调的状态，相互间不产生矛盾，一旦出现矛盾，就要及时协调。这样才能提高工作效率，减少或杜绝人力、物力和财力的浪费，保证公共关系实施的同步与和谐，提高工作效率与效果。

（5）反馈调整原则

由于公共关系实施的环境和目标公众是复杂多变的，在实施过程中，必须不断地把公共关系实施的结果与策划方案的目标相对照，发现偏差，及时对方案、实施行动和目标做出相应的调整。在计划实施阶段，这种反馈调整是始终不断地进行着，直至计划目标的实现。

2.3.3 公共关系实施的管理内容

公共关系实施过程管理是对实施中的各要素及其阶段性实施目标进行管理。在一项具体的公共关系实施中，要分析各种实施要素在实施中的重要性，将最重要的要素进行重点管理。

（1）人员管理

在人员管理中，一方面要借助相应的规章制度和激励手段去调动人们的工作热情和积极性、监控他们的工作方法、质量，另一方面要通过明确合理的分工安排及合作竞争并行的机制提高工作效率，努力营造团结、和谐、有效的工作氛围。

公共关系实施是一个不断变化和需要调整的动态过程。实施者要依据整个实施方案中的原则和自己所处的环境、面临的条件确定自己的实施策略。这个策略包括了公关人员的主动性和创造性。再者，任何一份公共关系实施方案都不可能规定除公关人员在具体实施时该怎么做该怎么说，因此，公关人员在实施时要发挥自己的创造性，遇到意外的情况，在不背离既定目标的不影响大局的前提下，自主解决。

（2）沟通管理

公共关系实施的过程实际上是传播沟通的过程。实施中的传播沟通常常会因为传播沟通工具的运用不当、方式方法不妥和传播渠道不畅而使实施工作发生传播沟通障碍。

沟通是一个包括纵向沟通与横向沟通在内的综合的、多次的过程，在现代社会，每个人不断地受到各种各样的大量的信息的冲击，受这些信息的影响。但同时，他自己以书面的、口头的、动作的形式，向外传递自己的知识、经验、观点等信息，向外界施加影响。这种相互影响，交织在一起的信息潮流，一方面促进了沟通，另一方面对沟通又形成干扰，使沟通出现障碍。

沟通障碍主要有政治障碍、经济障碍、语言障碍、文字障碍、文化习俗障碍、年龄障碍等。除此之外，研究表明，社会上很大一部分人，对社会问题和公共事务不感兴趣；公众乐于接受与他们原有认识或态度相一致的信息，而回避或不接受与其认识或态度相矛盾的信息；对于同一信息，人们记忆、理解的内容各不相同；公共关系活动企图通过传递信息，改变公众的思想或行为，但同时会受到公众原有的认识和态度的影响。因此，在公共关系实施中，一定要认真研究目标公众的生活方式、价值标准、利用大众传播媒介的习惯等，尽量避免主客观的干扰因素，并及时针对障碍产生的原因进行疏通，努力消除不良影响，使信息完整、客观、清晰地传递给接受者。

（3）进程管理

①时机与进度控制。主要处理计划进度和实际进度、时间进度和工作任务进度的关系，流程控制、时间衔接、操作时机的掌握问题，还有影响进度的因素了解与掌握。

②资金物品管理。公共关系实施中随时需要经费开支和摄影、音响、通信器材和交通工具等各种物品器材的使用，因此涉及成本控制和物品管理工作。这类工作要管理各种所需物品的选购过程、价格、质量等问题，并关注各种物品特别是贵重器材的保管、发放、使用和回收问题。一般来说应安排专人负责并及时登记在册以便有账可查，既要保证公共关系实施的需要，充分发挥财物的功效，又要避免不必要的损坏、遗失和浪费。

③突发危机事件控制。在公共关系工作中可能发生严重阻碍活动实施并影响组织形象的突发事件，公关人员应预先准备危机管理方案，并密切注意实施过程中是否存在各种矛盾和不协调因素，如实施环境有无障碍因素，新闻传媒有无不利报道，工作方法是否存在较大的风险，竞争对手有无对抗行为等，并及时加以化解与调整，以免情况恶化。

【案例衔接】

携程PK支付宝

2015年5月28日上午11：09分，携程官方网站及App全面瘫痪，用户无法登录。

针对突如其来的危机，携程在当日上午12：50在官方微博上发布并置顶了一篇微博，内容为“服务器遭到不明攻击”，短短九个字。

这九个字仅仅阐述了已经发生的事实，并没有携程任何的态度表达。危机公关最为重要的是你的态度，以及在事件发生后，你做了哪些事情包括已经采取的措施以及即将采取的措施。而且你要抓住最核心的受众，针对他们最为关心的问题，做出解答，以解除他们的疑虑或者担心。

对于携程来说，最核心的受众是在携程网上订过票的用户，他们最关心的问题，之前订票时留下的信息，包括身份信息、支付信息等，是否泄漏。携程应该告诉用户，正在采取什么措施以及即将采取什么措施，来保证信息的安全。

携程除了一开始的九个字，再也没有发表其他的声明。很快网上出现了大量谣言，比如“敌人刻意攻击”“携程内部人员报复”等。

沉默让这些谣言很快满城风雨，让携程遇到除了技术问题之外的另一个形象危机。到最后，用户也不知道携程究竟出现了什么问题，也没有收到一个正式的道歉，哪怕是一封道歉信。携程的表现，让人怀疑，它到底是不是一家走在前沿的大型的互联网公司。

危机发生之后，除了第一时间表达态度以及告知行动后，企业还应该利用微博微信等新媒体进行滚动性的信息发布，线上与线下同步进行，线下掌握多少，线上就发布多少，满足大家对于信息的知情权。

在这一点上，支付宝做的要比携程好很多。支付宝也遇到了类似的事情，他做出以下几个措施：

（1）向用户表达了歉意，并且说明了事故的原因，而且有用户的解答。

（2）就大家最关心的问题，钱的安全问题，向大家做了说明。告诉大家网站登录不上，是光纤断了，而不是被黑，钱不会受到影响；

（3）不间断通过微博向大家表决心，告诉大家正在采取的措施以及即将采取的措施；

（4）后来杭州电信发函阿里巴巴，就挖断电缆事件表达道歉。第三方站出来说话为支付宝做背书。

2.4 公共关系评估

公关评估是在公关活动的实施过程中，发挥其监控、反馈的作用。公关评估应精确地描述整个公关活动过程，简洁地概括活动所取得的主要结果及其存在的不足，科学地预测尚未解决的一些问题在今后的发展趋势，并提出相应的解决办法，为决策者把评估分析用于组织战略决策提供充分的信息根据。公关评估的目的就是取得关于公关工作过程、工作效益信息，作为决定开展、改进公关工作和制定公关计划的依据。

2.4.1 公共关系评估的意义和内容

（1）公共关系评估的意义

公共关系评估是“四步工作法”的最后一步，对公共关系活动起着总结、衡量和评估的重要作用。主要从事组织机构信息传播，关系协调与形象管理事务的咨询、策划、实施和服务的管理职能。包括初创组织的成功，降低组织失败的影响，宣布变更等。

①公共关系评估是改进公共关系工作的重要环节。

②公共关系评估是开展后续公共关系工作的必要前提。

③公共关系评估是鼓舞士气、激励内部公众的重要形式。

④公共关系评估能使组织领导人看到公共关系工作的效果，从而重视公共关系工作。

（2）公共关系评估的内容

公共关系专家学者在对公共关系评估工作进行研究的基础上，根据公共关系过程的不同阶段，提出了公共关系评估的标准及内容。

①准备过程的评估。

第一，背景材料的充分性。评估的主要任务是检验前几个程序中是否充分使用资料和分析判断的准确性，重点是及时发现在环境分析中被遗漏的对项目有影响的因素。

第二，信息的组织与项目战略的合理性。整个评估过程要紧紧围绕公共关系活动是否适应形势要求而展开，分析公共关系活动中准备的信息资料是否符合问题本身、目标及媒介的要求，沟通活动是否在时间、地点、方式上符合目标公众的要求，有没有对沟通信息和活动的对抗性行为，有没有制造事件或其他行动配合这次公共关系活动，人员与预算资金是否充分等。

第三，信息和项目的有效性。检验有关信息传递资料及宣传品设计是否合理、新颖，是否能达到引人注目，具体包括文字语言的运用，图表设计，图片及展示方式的选择等。这是对公共关系活动组织者专业技能的检验，会受到主观因素的影响。

②活动实施过程的评估。

第一，检查发送信息的数量。

第二，信息被传播媒介所采用的数量。

第三，检验接收到信息的目标公众的数量。

第四，注意到该信息的公众数量。

③活动影响效果的评估。

第一，了解信息内容的公众数量。

第二，改变观点、态度的公众数量。

第三，发生期望行为和重复期望行为的公众数量。

第四，达到的目标和解决的问题。

第五，对社会和文化发展产生的影响。

【知识链接】

互联网公关传播效果

目前网络公关传播显然已经在公关中占据重要的地位，但其效果评估一直困扰着企业和公关公司。公关公司普遍采用“广告当量”代替对互联网公关传播效果本身的衡量，这样的评估方式虽然量化上有一定的指标意义，但是对于影响力以及效果的真实说明上还是存在距离的，我们看看当前的一些评估方式有哪些？

①量：以数量作为KPI评估网络公关传播已经成为普遍方式，主要表现为主动发布篇次、被转载数、评论数、浏览量等。不过目前一般媒体平台很少对外公开浏览量，尤其对于单篇新闻，页面上也很难看出来，其他数据是比较直观，对于达成效果上是相对容易的，在对效果的意义上，以量为据的方式不是最好的评估方法，在传播中这种方法是最基础的KPI设定方式。在被转载数这个指标上，目前来看是对网络公关一个很好的评估，一篇好的文章和一个好的新闻事件，会在很长时间内会被反复转载。截止一个时间段并记录它的被转载次数是一个可行的方案。

②质：关于网络公关传播质量的评估，会有很多个维度，比如热门新闻排行榜，由于很多新闻没有浏览量来权衡，一些新闻网站会有一个根据24小时、48小时访问流量的新闻自动排序，另外一些新闻源媒体在各个频道的推荐也值得关注。

网络媒体发布的位置。网络发布的位置一般会通过两方面产生，一个是以广告形式购买的文字链或者幻灯片轮播，之后用户点击是企业的新闻，或产品推荐或者品牌植入等，这种方式一般较容易达成，不过要考虑内容的符合度。另外一种方式则是策划优秀的内容被编辑推荐，这种难度较高，需要营销推广人员在内容选题、稿件撰写上有一定功夫。

专题的影响力。带入流量、专题文章数量、评论量、文章撰写专家数量与影响力等都会成为专题评估的指标，不过目前在网络公关上，大家习惯性的进行专题制造，专题用法的重点在质，不在量的多少，一个专题输出内容是不是足够有影响力，吸引过来用户的目的是什么，如果是一个企业的产品介绍页，那不如就直接做个广告链接到企业官方网站，专题更多会是深度解读，从品牌的另一面展示品牌内涵。

③势：网络公关的真正的影响力有多大，这个“势”可以引起多少人关注，在这方面会有几个指标出现。

分享力。目前很多新闻媒体都有增加社会化媒体分享的功能，一篇文章有多少人把它分享到了微博、SNS中去，可以进行统计收集进行评估。目前这个指标虽然看起来是一个很不错的考量网络公关好坏的方法，但是并非大多数网站有此功能，且每个网站并非标准化设置，也就是位置及用户体验不同，这也决定了分享力的优劣，同时一篇文章是否真的吸引用户且能激发他分享到“自媒体”中去，这就是内容因素，后者是营销人员需要把握的，面对前者，营销人员就显得无能为力了，在KPI设定时要综合考虑。分享力统计与设定对于文章发布来说较为困难，一般网站很难开放数据，只能通过在开放的社会化平台通过新闻标题的搜索来统计汇总，然而对于我们自己制作的专题来说，可以加上分享工具，后台的数据就可以轻松查询到，如下图所示。

传播力。有些网络公关传播上会引发全行业的关注，一篇爆炸性的网络新闻发出后，引起平面、电视、广播等媒体的热烈讨论，在这时就不是“被转载数”这个指标来评估了，在成“势”之后，会有众多媒体、机构自发地将事件发酵起来，此时可以通过百度指数、Google趋势等数据进行评估，或者委托第三方调研公司，调查品牌或者产品的知名度及美誉度变化情况。这部分指标业内常用百度指数衡量传播力，一般会在推广前设定相关指标，此指标一定与传播数量、频次有关系，同时要看本品牌目前指数情况，比如一个品牌目前指数是0，希望在3个月传播期后，达到1000，传播周期内文章发布10篇，其他营销活动没有了，显然是无法通过自然的效果实现预设的KPI，我们在前期设定指标不是拍脑门，是需要通过测试测算得出，每个行业因为用户属性特点不同决定了传播力情况，如果指数的数值适当，传播的内容及营销活动加大，并且是持续性的，实现预设KPI是极有可能的，否则KPI设定就变成了摆设，毫无意义。如果落到为了KPI而营销，效果会大打折扣，营销不是为了完成任务，是要达到好的结果。所以在传播力的效果评估上，我建议是放在传播后作为项目亮点总结，对于下一阶段以及企业其他项目推广借鉴使用，如果用在前期设定KPI方面，需要企业根据以往数据或者进行测试后再做评估设定。

销售力。销售这个词是企业推广的终极目的，只是在品牌的各阶段要求会略有不同，然而在网络公关效果成“势”方面是不是就能带来销售力，我的回答是，能！从一个用户“了解、知道、兴趣、购买”的行为转化流程看，了解、知道环节都可以从网络公关上获得，用户行为的转化可以通过公关、广告、互动产生，目前通过网络广告产生很容易评估，各种监测代码随着用户跳转着陆被记录下来，然而网络公关的流程很难这样实现，如何实现网络公关对销售力的评估，我的回答是，难！很多企业对网络公关的考评已经不满足“量与质”方面，但是对于销售这样的考评很多乙方又难以接受，是乙方对自己的方案不自信么？一定不是。只是这个销售的考量很难用具体方法衡量，一般也会使用ROI的方式，但是如果一个项目同一阶段有很多传播手段，其界定就显得很模糊，除非是某一产品上市，只用了单一手段传播，考量便容易得多。

——魏家东.《数字营销战役：网络整合营销实战全解码》.电子工业出版社，2014.

2.4.2　公共关系评估的程序与方法

（1）公关评估的程序

①设立统一的评估目标。

②选择适度的评估标准。

③将评估过程纳入公关计划。

④将目标具体化和明确化。

⑤确定搜集证据的最佳途径。

⑥保持完整的计划实施记录。

⑦评估结果的使用。

⑧将评估结果向组织管理者报告。

（2）评估的方法

①自我评估法。自我评估法就是由主持和参与公共关系计划实施的人员凭自我感觉来评估工作效果。由于当事人自我心得和心境的特定作用，这种评估的结果往往是比较独特的，通常表现为别人感觉不错的地方自我感觉不好，别人感觉不足的地方自己却相当欣赏，感觉与表达不一致等。

②专家评估法。专家评估法就是聘请组织外部的公共关系专家对组织的公共关系工作进行评估。外部专家通过调查访问和分析，能对组织的公共关系工作效果做出较为客观的评价，并对组织今后的公共关系工作提出有价值的建议和意见。

③目标管理法。所谓目标管理是一种程序或过程，它使组织中的上级和下级一

起协商，根据组织的使命确定一定时期内组织的总目标，由此决定上、下级的责任和分目标，并把这些目标作为组织经营、评估和奖励每个单位和个人贡献的标准。目标管理指导思想上是以 Y 理论为基础的，即认为在目标明确的条件下，人们能够对自己负责。

④舆论调查法。此法可分为两种类型。

比较调查法。即在一次公共关系活动的前后，分别进行一次舆论调查，比较前后调查的结果，从而分析公共关系活动的效果。

公众态度调查法。即在一系列公共关系活动之后，对主要公众对象进行调查，了解他们对组织的评价和态度的变化，分析公共关系活动的效果。

2.4.3 公共关系评估报告

公共关系活动效果如何，很大程度上取决于组织决策部门的评价，作为组织内部的公共关系人员，应该定期向决策部门汇报公共关系活动的成果，将评估的结果以报告的形式加以汇报。各类传播者对接受者都会产生一定的影响、作用，这就是效果。但是效果并不都是等值的，它们有作用范围大小与作用程序深浅不同的区别。对于公共关系工作者来说，由于各类传播形式都要使用，更应该了解传播发生作用的不同层次。

（1）报告的内容

陈述公共关系活动及成果、比较实际活动与预期目标、预测今后工作。

（2）报告的形式

①非正式报告。公共关系人员通过电话、会见、简短书面报告的形式向组织负责人汇报活动的进展。这种形式占用时间不多，可以真实地反映工作状况。

②正式报告。关于公共关系活动成果的正式报告，一般有四种形式。即定期备忘录、小组或委员会议、汇报会和年度报告、公司整个会计年度的财务报告及其他相关文件。

【案例衔接】

上海申办2010年世界博览会

一、项目背景

当今社会国际商品交换的扩大和科学技术与经济发展之间的紧密联系使世界博览会这一国际经济、科技、文化的奥林匹克盛会显得举足轻重。中国正以她前所未有的发展速度和在世界政治、经济、国际事务中的影响和作用，令世人所瞩目，举办一届成功的世界博览会显得极其重要。能否成功举办世界博览会，不仅反映出一个国家的建设成就和综合国力，更显示出主办国迈向下一世纪的决心和信心。

二、项目调查

作为中国最大的经济中心城市，拥有1300多万人口的上海，2002年人均国内生产总值超过4900美元，综合经济实力达到中等收入国家水平。经过20多年不懈努力，上海的市政基础设施建设、旧区改造、产业结构调整都取得了重大进展，城市综合素质大大提高。特别是经过99财富全球论坛、2001年亚太经合组织会议的洗礼，上海举办大型国际活动的能力得到进一步增强。上海正在迈向国际经济、金融、贸易和航运中心。如果中国申博成功，对长江三角洲影响巨大。上海周边城市将迎来一个扩大对外开放，活跃人流、物流、信息流，带动相关产业发展的历史性机遇。世博会从申办到举办，整个过程长达10年，上海市初步估计要投资30亿美元，用于世博会园区建设。1美元的会展投资，将拉动5到10美元的城市相关产业投资，这对江浙两省无疑是一个极好的机遇。江浙两省作为经济大省、建筑大省，为上海发展出力，接受上海辐射，是江苏、浙江的区位优势。目前，上海进行的上万个建筑工程中，有无数的江苏人、浙江人在竭诚奉献。2010年上海世博会，预计有7000万参观者，其中30%至35%的游客将继续在华东地区游览。这意味着上海周边100千米以苏州、周庄为代表的江南水乡，150千米至200千米的无锡、杭州，300千米内的南京、扬州、镇江，乃至中国最为富庶的整个华东6省1市，都将被上海世博会直接带动。

对于公众支持度的调查，申博办委托上海城市经济调查队对全国50个城市的民意调查显示：89.4%的人认为中国有必要申办2010年世博会，94.4%的人拥护中国申办2010年世博会，92.6%的人认为中国有能力申办2010年世博会，78.6%的人相信中国申办2010年世博会会成功。一次广泛的网上调查也证明，92.3%的人支持上海举办2010年世博会。

三、项目策划

公关目标：塑造上海国际大都市形象，展现上海魅力。最终夺取2010世博会主办权。

充分发挥上海的五大优势是申博取得成功的保障，所以贯穿整个公关策划的就是突出优势、体现个性、展示魅力。

五大优势：

第一，参观人数多。如果2010年世博会在上海举行，超过7000万人次的参观者将创世博会历史纪录。2010年上海世博会将成为各国人民的盛大集会；

第二，上海为世博会选定了合适的主题，“城市，让生活更美好”的主题能得到各国广泛关注；

第三，选址符合世博会的宗旨，做好了合理的选址场馆规划。世博会场址选在黄浦江滨水区，规划控制面积540公顷，世博园区面积规划400公顷，通过场馆建设，促使旧城改造；并在举办后，使该地区成为经济、科技和文化的交流中心；

第四，上海改革开放以来积累的经济实力完全有条件举办世博会；

第五，社会稳定，秩序良好。上海举办世博会得到了公众的极大支持。据调查结果显示，上海世博会的公众支持率在百分之九十以上。

围绕这五大优势系列公关一一展开，让世界认同“上海是最好的选择”。

四、项目执行

2001年9月前以发放宣传册为铺垫，之后展开了大规模全方位的宣传。

世博会知识网络电视竞赛、举行申办2010年上海世博会新闻通气会、世博主题文艺演出、“万人支持申博网上签名”活动、“上海市民骑车申博万里行”、2010名上海市民代表宣誓、“长江三角洲申博之旅”。

征求申办徽标、口号、招贴画，通过宣传征集徽标165个，海报470幅；口号6140条。最终决定入围海报十幅，入围口号十条，入选口号“中国如有一份幸运、世界将添一片异彩”、进入社区的“世博会向我们走来——世博知识巡回展”、派遣37个组团出国访问了87个BIE成员国，其中包括9个非建交国家。

国外媒体宣传。世界各大主流媒体都对上海申博表示热切关注，分别以专题、专刊专版的形式给予追踪报道。英国《泰晤士报》、天空电视新闻频道以及星空传媒新闻频道，对上海市市长的陈良宇进行了联合采访，表示了对上海申办世博会的支持。

成立支持中国申博“企业后援团”。

活动主体：

（1）2001年6月6日国际展览局第129次成员国代表会议在巴黎举行。时任上海市常务副市长陈良宇在会上进行了中国申博首次陈述，确定申博主题以及选址。

启用申博市民代表袁鸣做诚恳的介绍，现身说法谈上海发展为人类提供实现价值的环境，以情动人，形式新颖生动。

（2）2001年11月30日国际展览局举行第130次成员国代表大会，时任上海市市长徐匡迪作了申办陈述。

瑞士罗氏制药有限公司总经理以一名外资商人角度谈自身在上海的投资回报，证实了中国政府的承诺是绝对可以信任的。

（3）2002年3月10日至16日，中国作为申办国之一，第一个接受了国际展览局代表团的考察，通过一系列的陈述报告、实地考察，与各界人士交流沟通，国际展览局充分了解到上海的优势、能力、举办条件和各项准备工作。

（4）2002年7月2日国际展览局举行第131次成员国代表大会，时任国务委员吴仪、外交部部长唐家璇、上海市市长陈良宇、中国贸促会会长俞晓松等作了申博陈述。唐家璇部长代表中国政府承诺我国将投入1亿美金支援发展中国家和地区前来参展。对参展国建立永久性展馆，中国政府还将给予建馆资金25%的补贴。此外设立用于大会各项评奖的奖励基金。

（5）2002年12月3日国际展览局举行第132次大会，时任国务院副总理李岚清、国务委员吴仪、上海市市长陈良宇进行最后一次陈述，再次肯定了中国政府对于承办2010年世博会的信心与态度。会上以一部充满上海市民热切期盼的实地拍摄申博纪录片充分展示了上海的无限魅力。

当日国际展览局成员国对2010年世博会主办国进行投票表决，中国获得2010年世博会的主办权。

五、项目评估

活动影响：

韩国YTN电视台在新闻报道中高度评价中国申办成功，认为这显示了中国经济发展的实力，提高了中国在国际社会上的威望和地位。

香港贸发局认为上海世博会将为香港带来商机。

西班牙《世界报》把上海定为2002年世界最知名城市，其中成功申办2010世博会作为其中关键一条。

法国《世界报》派发评论认为中国拿到2010年世博会主办权是众望所归。

国际展览局官员评论：今天世界诞生了一个伟大的希望。

有了北京申奥的成功经验，上海申博活动开展得相当不错，整个申博过程中，政府牵头的国际公关为上海赢得了不少加分。

首先在国际展览局成员国会议上的四次陈述形式有重大突破，给成员国代表以耳目一新的感受。其次1亿美金援助基金的提出也是史无前例的，充分表示了中国政府的诚意以及表达了上海努力办好国际性世博会的意愿。最重要的是，公关活动抓住了上海的五大优势展开，扬长避短，展示了上海开放、包容的鲜明个性，最终吸引了世界的目光。

——第六届中国最佳公共关系案例大赛“杰出公关大奖”

【综合实训】

公共关系实施实训

【实训目标】

（1）强化对公共关系活动策划相关技能的掌握，能根据企业具体的公关活动要求制定公关活动方案。

（2）能进一步熟悉公共关系形象塑造、传播沟通的要求与注意事项，深化对相关公共关系其他知识的理解。

（3）树立公共关系意识，提高组织协调、交流沟通、团队合作能力。

【实训内容】

公共关系策划的程序、方法，策划书的撰写。

【实训步骤】

（1）5~6人为一组，主动联系一家企业（最好是项目3综合实训的公关方案已经被企业采纳），获得为其进行公关活动策划的真实任务。

（2）获得企业实施公关活动的相关背景资料。

（3）对企业相关领导进行深度沟通。

（4）撰写策划方案，并向企业有关领导汇报。

【成果形式】

（1）企业实施公关活动的相关背景资料。

（2）对企业相关领导进行深度沟通的访谈书面材料或录音等。

（3）3000字以上的策划方案（企业的意见）。

（4）实训总结（PPT）。

第3章 公共关系专题活动

【知识目标】

1.了解公共关系专题活动的具体操作步骤。

2.掌握公共关系专题活动的程序。

3.理解公关活动的注意事项。

【技能目标】

1.根据实际的状况和条件，能够策划公关专题活动。

2.能组织和实施公关专题活动。

3.能在公共关系专题活动实施过程中应用传播与沟通技能。

案例导入

壳牌公司环保专题公关案例

皇家壳牌集团是全球最大的企业之一，也是全世界最大的能源公司之一，在130多个国家从事经营活动。公司的核心业务包括石油和天然气的勘探和开采、油品、天然气和发电、化工以及可再生能源。

壳牌以做负责任的企业公民（Responsible Corporate Citizen）为目标，在其有业务活动的各个国家广泛发起并参与各种类型的社会公益活动，称为社会投资（Social Investment）。

壳牌（中国）有限公司也秉承集团宗旨，积极从事社会投资，并选择了环保、道路安全与教育作为三大主题。

在我国，环保问题尤为突出。这一方面是由于政府的着力关注，另一方面也是由于环境污染已经到了“是可忍，孰不可忍”的地步。在全球大气污染最严重的十个城市中，我国就占了八个。由于这两方面的原因，环保就成为一个大众关注的问题，也成为一个企业公关的良好主题。

在确定了环保主题后，壳牌以寻找潜在合作伙伴和目标受众为主线，进行了广泛的调查分析，从中发现了一些十分有价值的线索。

以“自然之友”和“地球村”为代表的民间环保团体十分活跃，并已有了相当的影响。这两个协会已拥有数千会员，参与了从保护藏羚羊到出版环保丛书的各种活动，并与国外环保团体有着良好的合作。会长梁从诫先生和廖晓义女士还曾作为民间组织的代表与克林顿总统会谈。

环保更多地与教育结合在一起，呈现“从娃娃抓起”的势头。环保内容不但出现在中小学生的自然、生物等课程中，而且教委、团委、青少年科技馆等组成了一个立体的教育网，提供了一个良好的切入口。针对中小学生的各种书报读物中也有很多环保话题和知识。

（1）展开公关目标项目策划

在中小学生中宣传环保的迫切性，普及环保知识，提高环保意识，树立“人人有责”的责任感；更重要的是通过亲身参与增强中小学生的动手能力，建立“我能够做到”的信心，变环保意识为环保行动；依靠孩子影响家长、教师以至更广泛的大众，倡导“人人动手搞环保”；树立壳牌作为一个负责任的企业公民的形象，增强社区亲和力。

①结合环保与教育（教育也是壳牌集团社会投资的一大主题，占总投入的31%），动脑与动手，由学生自己设计环保方案，经评选获奖的方案可以获得壳牌的资金支持，由设计方案的学生自己动手实施。

②选择最佳合作伙伴，最大限度地调动各方面的资源。壳牌在北京、上海和广州分别与当地教委合作，一方面保证了活动的广泛性，另一方面也使“壳牌美境行动”的开展有了充足的人力资源保障。在北京，“自然之友”也参与了该活动的组织。

③强调可操作性，在评奖中就考虑方案的可实施性，而所有获奖方案都必须提交实施情况报告。

④把握时机，将活动的启动时间设定在“六·一儿童节”至“六·五世界环境日”前后，这样能够获得更高的媒介覆盖率，吸引大众关注，同时参与活动的中小学生可以利用暑假时间设计环保方案，经评选后获奖方案又可以较快地在秋季和寒假期间得到实施，与学年起始时间吻合，避免了组织上不必要的麻烦。

⑤充分利用媒介扩大活动的影响，传达“你也能做到”的信息。

⑥最大限度地利用活动成果。活动组织者与参加者共同想方设法，更好地利用孩子们的创造成果。

（2）细致的项目实施

三地教委和“自然之友”就组织“壳牌美境行动”达成一致，确定行动目标、方案、费用、各方权利与责任等；准备海报等物资，拟定评奖方案，通过教委将活动通知下发至各个中小学。

三地同时举行启动仪式，参加者包括教委和环保局官员、民间环保团体的代表、媒体和壳牌公司代表。启动仪式都采取了与环保活动相结合的方式，如北京是以清理日坛公园垃圾的实际行动宣布开始。

在各个中小学张贴海报，鼓励广大学生参与；对参加“壳牌美境行动”的各个中小学进行不定期的访问，了解活动进程，解决实际问题。

——王广伟等主编，《世界顶级企业公关策划经典模式》

公共关系专题活动是社会组织与广大公众进行沟通，塑造组织自身形象，扩大影响。提高声誉的有效途径专题活动的种类很多，如庆典活动、联谊会、展览会，交际舞会、记者招待会、赞助活动等，这些活动有它们共同的特点，因而也就有举办这些活动的普遍性方法，即公共关系的一般工作程序法。但是，这些活动往往有不同的具体工作，也就有了不同的具体工作步骤和方法，这就是专题活动方法。

3.1 公共关系专题活动概述

3.1.1 公共关系专题活动定义

公关专题活动是组织为塑造自身形象围绕某一公共关系主题，有计划、有步骤组织目标公众参与的集体行动，是组织与公众沟通的有效途径。公关专题活动有鲜明的目的性，以公共关系主题传播为目的。公关专题活动有清楚的诉求对象，这些对象是公关的目标公众。公关专题活动是有计划、有步骤开展的团体活动。

3.1.2 公共关系专题活动的基本特点

（1）针对性。公关专题活动是在审时度势后，根据组织或公众的某种特殊需要而举办的，这就使得它的目标明确，同时活动也比较集中，能较好地解决某一特殊问题。

（2）传播性。公关专题活动的策划者把活动作为一个信息传播的载体，通过活动内容把信息传达给活动参加者，并且进一步通过参与者的人际传播和大众传播媒介把信息传播到更大的范围。

（3）协调性。公关专题活动的协调性表现在专题活动过程的各个方面与各个环节。第一，目的与内容的协调。一个既定的目的，要通过内容来兑现，两者之间协调，策划构思才能实现。第二，内容与形式协调。第三，实施操作管理的协调。公关专题活动在实施管理过程中，管理事项纷繁复杂，各个实施项目之间要综合协调，否则专题活动不能实现既定目的。

（4）效率性。公关专题活动讲求效率，主要体现在两个方面，第一是投入与产出的概念，一个专题活动，应该研究投入了一定数量的人力和物力，能产生多少效益。第二，现代社会的人们讲究时间观念，参与活动的公众付出了时间的代价，活动策划者应该予以有效的回报。

（5）灵活性。公关专题活动方式多样，举办时间的长短也受限制，其规模大小随需要而定，活动内容也可以根据需要不定期安排，在活动过程中也可以做适时调整。

【知识链接】

社区关系的10条定律

第一，了解你的社区。

第二，制定组织的社区关系政策。对组织的需求、资源以及专门技能和社区的需求与期待进行估计，在此基础上制定政策。以下是一些目标范例：从女性和少数人中吸引更多的应聘书；增强社区对组织所做贡献的了解；改善与当地政府的关系；改进当地学校制度，使社区对潜在的管理人员和专业雇员更具吸引力；改进当地大学的质量，更有效地招聘人才等。

第三，回顾组织的政策、实践和程序是否同有效的社区关系一致？

第四，特别考虑以下问题：废物处理；员工招聘；雇佣关系（下岗、补偿、加班）；噪音或者交通问题；组织设施和用地的维护；广告、标语、营销；以及能源来源和能源的消耗。

第五，利用一切方法与社区沟通，其中包括雇员、当地媒体、开放日、当地的俱乐部和组织、当地的广告、直接邮件、时事通讯、小册子、年度报告、电影、展览等。

第六，让你的组织加入到当地组织中去。可以支持雇员资源加入市政和专门组织中去，为会议提供演讲者，为会议或者其他活动出借设备，支持为年轻人组织的竞赛和活动，支持基金活动等。

第七，根据社区关系政策和目标分配企业的捐赠。慈善事业是社区关系的重要方面。

第八，利用当地的商人、银行和保险代理商、律师与其他专业人员销售商品及提供服务。

第九，对当地政府进行帮助。通过出借雇员和原料的方法使企业资源也可以为政府所利用。

第十，评估社区关系活动。评估以测定在多大的程度上取得了预定目标。如果目前的计划并没有达到预期的效果，准备好制定出新的策略。

——［美］巴斯金等著，孔祥军等译，《公共关系：职业与实践》（第4版），中国人民大学出版社，2008年

3.1.3 公共关系专题活动的基本类型

在实际工作中，公共关系专题活动有许多不同的类型，准确区分不同类型的公共关系专题活动，有助于我们更好地掌握公共关系专题活动的策划和实施管理。根据不同的划分角度，公共关系专题活动大致有以下几种。

（1）按公共关系专题活动的规模可分为小型公共关系专题活动、大型公共关系专题活动和系列公共关系专题活动。

小型公共关系专题活动是在某个机构场所和人员范围内举行的或人数在百人以下的活动。大型公共关系专题活动是有目的、有组织、有计划地吸引众多人员参与的协调行动。系列公共关系专题活动是以同一目标为出发点，形成不同内容、不同形式、不同场所的多项活动，或者由不同机构组织众多人参加多项活动。如北京申奥系列活动。

（2）按公共关系专题活动性质可分为公益性活动、社会工作活动、专业性活动、商业性活动和综合性活动。

公益性活动主要有环保活动、慈善活动、敬老活动、救灾活动等。社会工作活动主要有文明礼貌、道德教育、公民教育等属于社会工作范畴类的活动。专业性活动主要有科技、文学、艺术、体育等专业内容十分突出的活动。商业性活动主要有与消费者沟通的活动、商业促销活动、商业推广宣传活动。综合性活动主要是集各种性质的活动为一体，例如旅游节、服装节、文化节、美食周等，在这些活动中，既有商业活动又有公益活动，既有社会工作活动又有娱乐活动，其特点是融多种活动为一体。

（3）按公共关系专题活动的内容可分为典礼型、喜庆型、会议型、展示型、新闻传播型、竞赛型活动等。

典礼型活动包括奠基典礼、落成典礼、开业典礼、签字仪式、剪彩仪式、就职仪式等。喜庆型活动包括周年贺庆、庆功会、颁奖会、节日联欢会、庆祝宴会、节日舞会、大型文艺演出等。会议型活动包括研讨会、洽谈会、鉴定会、交流会、座谈会、演讲会。展示型活动包括有展览、展销、促销、开放参观等。新闻传播型活动包括有公共关系新闻传播、谋划新闻事件、新闻采访接待、记者招待会等。竞赛型活动包括有以企业名称命名的体育比赛、歌咏比赛、摄影比赛、征文比赛、演讲比赛、绘画比赛、智力竞赛等。

公共关系专题活动的分类方法没有固定模式，也不仅仅限于以上几种。但公共关系人员参考上述分类方法，可以掌握不同类型公共关系专题活动策划的侧重点，

如庆典活动侧重喜庆的构思，会议型活动侧重会议环境和会议内容，展示型活动侧重视觉传播效果，新闻传播型活动侧重新闻的新、奇、特、真。

3.1.4 公共关系专题活动实施的程序

（1）制定实施方案，公关策划人员需要列出具体的实施方案，列出各项筹备工作的要求，列出工作计划的进度表。在拟定实施方案的同时，有两项工作是十分重要的，一是拟定财务开支的计划，二是办理公关专题活动的报批手续。

（2）筹备工作阶段，这一阶段主要的工作有三个方面：一是全面展开各项筹备工作；二是拟定应急程序计划；三是拟定具体的传播计划。

（3）活动进行，这是最紧张的工作阶段，关键是做好现场的指挥和协调，要做到有条不紊，需要优秀的综合管理能力。

（4）活动评估，每一项公关专题活动计划实施之后，都应该进行评估工作。

【案例衔接】

视觉第一，中国行动——国际狮子会长期公关案例

国际狮子总会，是世界上最大的服务性组织，总部坐落于美国的伊利诺伊州橡树溪镇。该会选择凯旋公关公司作为其全球性的公关顾问，宣传和促进它对世界各地视力维护服务活动的投入和贡献，国际狮子总会全球新闻咨询中心始创于1997年末，现在有11个国家和地区与凯旋公司的12家办事机构协同工作。在我国政府和国际狮子总会的合作项目“视觉第一，中国行动”中，国际狮子总会与各方协同努力为中国175万盲人带来光明。由凯旋先驱公关公司（香港）管理和运作的国际狮子总会香港—北京新闻咨询中心在宣传国际狮子会的努力方面成绩卓著。

凯旋公关公司展开了详尽的公关调研策划和有效的实施活动。“视觉第一，中国行动”是由港澳303区的国际狮子会率先发起的一个雄心勃勃的五年合作计划，目的是在中国31个省份的偏远贫困地区施行175万次白内障治疗手术。中国有900万盲人，其中有400万人身受白内障导致的失明之苦。由“视觉第一，中国行动”计划培训的眼科医护人员组成的国家级、省级医疗队已完成了近100次医疗任务。其成果令人叹为观止。迄今为止已有91万多例白内障手术得以实施。“视觉第一，中国行动”活动所做出的重大贡献最近得到国际防盲协会的认可。

（1）传播挑战

对于像“视觉第一，中国行动”这样的持续性项目来说，策划者需要独具匠心，才能将媒体的兴趣维系在宣传香港国际狮子会的贡献和该计划的成果上。且由于该任务和受益人都基于中国内地，要在香港本地媒体和国际媒体取得举足轻重的新闻覆盖半更是难上加难。凯旋公司的挑战就是要创造并贯彻执行宣传创意与谋划，以此吸引聚焦本地、亚洲区内乃至国际媒体和广大公众的注意，并从启动的宣

传活动中产生最大的新闻报道覆盖率。

（2）公关目标

在香港媒体（包括印刷和电子媒体）获得最高质量和有深度的新闻报道，使国际狮子总会对世界最大规模的防盲治盲计划给予支持的崇高精神和努力得以彰显，也使其执行单位——中国残疾人联合会与本国政府的合作取得成果。

（3）公关策略与实施

为强调该活动的意义和规模，凯旋公司策划了一个战略性宣传计划，其中包括邀请香港诸家大报社来报道在北京举行的重要活动，这些活动包括访问即将接受香港杰出眼科医生实施白内障手术的患者；采访来访的香港眼科医生和内地的眼科专家以及拜访那些已恢复视力的受益者及他们的家人。这些独特的经历确使受邀请记者对"视觉第一，中国行动"的恢宏与高效产生了深刻的印象，而且令他们有机会目睹"视觉第一，中国行动"是如何优于其他组织所承办的相关的维护视力计划，那些计划由于基础设施支持匮乏或缺少一套系统性的长期展开办法而无法帮助中国为数众多的盲人重见光明。当然，国际狮子总会作为致力于攻克失明顽症的世界龙头服务组织的形象和地位，通过媒体对其所投入时间和精力的理解，也得到进一步的强化。

（4）组织亲善访问团——云南之行

永远不要低估美的力量。至少对香港公众来说，影星和港姐都被看作是在当地社会颇有影响的人物，邀请香港选美皇后参加"视觉第一，中国行动"的云南之行。"视觉第一，中国行动"中，虽然每次任务的规模和工作变化不大，但当一支由各省眼科医护人员精锐组成的国家级医疗队来到偏远贫困地区为设备匮乏的县级医院患者手术时，情况就不同了。

云南之行是"视觉第一，中国行动"的主要任务之一，此行有国家级医疗队的加盟。此次云南之行的目标是完成1000例白内障手术，为了加大此行的宣传效果，凯旋公司邀请在任的香港小姐冠军和亚军参加这次任务，并召开记者招待会介绍此行的具体情况及参与此行的国际狮子总会港澳303区的亲善访问团，香港记者精英应邀报道此行并访问在昆明、漓江、楚雄彝族自治州居住的患者及其家庭，以便把亲历的所有动人时刻融入报道和特写中。

——资料来源：《中国公共关系案例评选》

3.2 公共关系庆典活动

庆典活动是各种庆祝仪式的统称，是社会组织利用节日、纪念日或一些特定的时间、特定的缘由举办的能吸引公众、开展传播、扩大组织影响、提高组织知名度的活动。它包括庆祝和纪念活动，是社会组织经常采用的专门活动方式。任何一个社会组织都有值得庆祝的事情，都有可供纪念的日子。因此，庆典活动是社会组织举办专门活动最好的体裁。

组织庆典活动有三大效应：引力效应、实力效应、合力效应。引力效应指组织通过庆典活动吸引公众的注意力。实力效应指通过举办大型庆典，显示组织强大的实力，以增加公众对组织的信任感。合力效应开展大型庆典，能增强组织内部职工、股东的向心力和凝聚力，提高公众对组织的信任感。

【案例衔接】

IBM公司的"金环庆典"

美国IBM公司每年都要举行一次规模隆重的庆功会，对那些在一年中做出过突出贡献的销售人员进行表彰。这种活动常常是在风光旖旎的地方，如百慕大或马霍卡岛等地进行。对3%的做出了突出贡献的人所进行的表彰，被称作"金环庆典"。在庆典中，IBM公司的最高层管理人员始终在场，并主持盛大、庄重的颁奖酒宴，然后放映由公司自己制作的表现那些做出了突出贡献的销售人员工作情况、家庭生活，乃至业余爱好的影片。在被邀请参加庆典的人中，不仅有股东代表、工人代表、社会名流，还有那些做出了突出贡献的销售人员的家属和亲友。整个庆典活动，自始至终都被录制成影片，然后被拿到IBM公司的每一个单位去放映。

IBM公司每年一度的"金环庆典"活动，一方面是为了表彰有功人员，另一方面也是同企业职工联络感情，增进友情的一种手段。在这种庆典活动中，公司的主管同那些常年忙碌，难得一见的销售人员聚集在一起，彼此毫无拘束地谈天说地，在交流中，无形地加深了心灵的沟通，尤其是公司主管那些表示关心的语言，常常能使那些在第一线工作的销售人员"受宠若惊"。正是在这个过程中，销售人员更增强了对企业的"亲密感"和责任感。

3.2.1　庆典活动的类型

（1）节庆活动

节庆活动是利用盛大节日或共同的喜事而举行的表示快乐或纪念的庆祝活动。不同国家甚至同一国家的不同地区都有自己独特的节日。节日又有官方节日和民间传统节日之分。常见的官方节日有元旦、妇女节、消费者权益保护日、国际劳动节、儿童节、国庆节、圣诞节、感恩节、复活节等，民间传统节日有春节、元宵节、清明节、端午节、中秋节等。还有些地方根据自身文化传统、风俗习惯、土特产等，组织举办一些具有地方特色的节庆活动，如北京地坛庙会、湖南的龙舟节、山东潍坊风筝节等。

节庆日是公共关系部门开展公共关系活动的绝好时机。所以每年6月1日前后，大小商店都会在儿童商品上绞尽脑汁；中秋节前，则会爆发一轮又一轮的月饼大战；“五一”和“十一”长假前夕，旅游胜地和饭店就会大张旗鼓地宣传和推介其优质的特色服务。

（2）纪念活动

纪念活动是利用社会上或本行业、本组织的具有纪念意义的日期而开展的公关活动。可供组织举办纪念活动的日期和时间有很多，如历史上的重要事件发生纪念日、本行业重大事件纪念日、社会名流和著名人士的诞辰或逝世纪念日；而本组织的周年纪念日、逢五逢十的纪念日及重大成就的纪念日，更是举办纪念活动的极好时机。通过举办这样的活动，可以传播组织的经营理念、经营哲学和价值观念，使社会公众了解、熟悉进而支持本组织。

（3）典礼仪式

典礼仪式包括各种典礼和仪式活动，如开幕典礼、开业典礼、项目竣工典礼、毕业典礼、颁奖典礼、就职仪式、授勋仪式、签字仪式、捐赠仪式等。在实际工作中，典礼仪式的形式多样，并无统一模式。有的仪式非常简单，如某个企业办公楼的开工典礼，放一挂鞭炮，企业老总喊一声“开工”，仪式便宣告结束；有的仪式非常隆重、庄严，如英国女王登基、国外皇室婚礼及葬礼等。

如开业典礼，是组织或企业向社会和公众第一次展现自身，以引起社会与公众关注的公关专题活动。开业典礼不同于组织平常的活动，鉴于其特殊性和隆重性，往往会引起社会公众较多的关注，因此是扩大组织社会影响的极好机会。由于开业典礼一类的活动已经司空见惯且很容易雷同，很难引起人们的注意，而开业典礼又是社会组织的第一次“亮相”，因此，举办开业典礼要精心策划，力求创新。

3.2.2 庆典活动的开展

（1）庆典活动的准备

①成立庆典筹委会。以便专门策划并落实庆典工作。

②确定庆典活动主题。以便围绕主题进行精心策划，提炼宣传口号，写出活动方案。

③进行宣传铺垫。确定宣传内容，制作并发放海报、宣传品，适当做广告、送请柬等。

④拟定出席庆典仪式的宾客名单。一般包括政府要人、社区负责人、知名人士、社团代表、同行代表、员工代表、公众代表和新闻界人士。对邀请出席典礼的宾客要提前将请柬送到其手中。

⑤拟定庆典程序。一般有签到、宣布庆典开始、宣布来宾名单、致贺词、致答词、剪彩等。

⑥事先确定致贺词人名单、致答词人名单，并为本单位负责人拟写答词。贺词、答词都应言简意赅，起到沟通感情、增进友谊的目的。

⑦确定关键仪式人员。如剪彩、揭牌、挂牌等，除本单位负责人外，还应选择来宾中德高望重的知名人士共同参加。

⑧安排各项接待事宜。应事先确定签到、接待、剪彩（或揭牌）、放鞭炮、摄影、录像、扩音等有关礼仪服务人员。这些人员应在庆典前到达指定岗位。

⑨安排必要的助兴节目。可在庆典过程中安排锣鼓、鞭炮礼花、民间舞蹈、歌舞节目等。还可以邀请来宾为本组织题词，以便留下永久纪念。

（2）庆典的操作程序

①升本组织的旗帜。

②鸣鞭炮、敲锣鼓、放彩带、飞鸽、气球等。

③剪彩、揭牌、授奖、签字等。

④致辞。宾主分别致贺词和致答词。

⑤礼成。安排助兴节目。

⑥庆典结束后，可组织来宾参观，如参观本组织有纪念性的馆室、殿堂及建筑设施、商品陈列等，增加宣传组织、传播信息的机会。

⑦通过座谈、留言等形式广泛征求意见，并综合整理，总结经验。

⑧适当安排，宴请来宾。

3.2.3 举办庆典活动应注意的问题

庆典活动绝不只是热热闹闹、吹吹打打，放几挂鞭炮，摆几桌酒席的单纯的交际活动，而是寓公关目标于庆典活动之中的专门活动形式。它并不像有些人理解的只要场面大、客人多、吃得好、纪念品丰厚就达到了目的，而是有一定技巧和艺术的活动，需要公关人员精心策划、认真组织、仔细协调。在举行庆典活动时，需要注意以下问题。

（1）明确目标

庆典活动不能只是为了制造气氛或例行形式，必须要有明确的目标。目标的选择可以是单一的，也可以是多元的。就总体而言，这类活动的目标主要是扩大影响，提高知名度和联络公众。具体而言，不同的庆典活动又有不同的目标。如庆祝活动的目标主要是加强宣传，扩大影响，而纪念活动的目标还有宣传某种观念，解释某个问题，澄清某些事实等。一般而言，每次活动必须有一个主要目标，其他目标则处于从属的地位，不要面面俱到，平均用力，冲淡了主题，影响活动的效果。

（2）妥善安排

庆典活动的内容很多。庆祝活动的内容必须是本组织发生的值得庆祝的事件，如开业、竣工、厂庆、获奖、中标、超额完成任务、新产品面世、技改成功、企业升级、节能降耗、安全生产、机构变动、组织发展等。纪念活动的内容除了是本组织值得纪念的事件以外，还可以是社会上值得纪念的事件。当然，社会纪念的事件必须是和本组织有一定联系，并且是为本组织服务的事件。否则就不是公关活动，而是政治活动或社会公益活动了。这种纪念活动，几十年前伯尼斯策划过。1929年

10月月21日是科学家爱迪生发明白炽灯泡50周年纪念日。这时，爱德华·伯内斯受美国通用电器公司和威斯门豪斯公司之托，策划了“灯光50周年”纪念活动。这一天，全世界大多数公用事业公司都在同一时刻停电1分钟，向爱迪生致敬，感谢他的发明为人类带来了光明。当时的美国总统胡佛出席了纪念活动。美国邮电局为此还发行了一枚纪念邮票。其实，这次纪念活动并不是为爱迪生，而是为了生产和推销电灯泡的通用电器公司和威斯门豪斯公司。

（3）选择时机

庆典活动的时机不能机械和呆板，庆祝和纪念活动举办的时间当然是值得庆祝和纪念的时日。如果活动时间正好与社会上某些重大活动重合，将会发生矛盾冲突。本组织的活动将会被社会上的重大活动冲淡而黯然失色，事倍功半。遇此情况，就应将时间适当调整，一般可提前进行。庆祝和纪念活动的时机要与活动的目标和内容相适应。特别是庆祝活动，举办时间完全可以由组织决定。这就要从主客观两方面来考虑。既是宣传效果最好的时间，又是所邀请的公众较适合的时间，还要让公关部门有充分的时间来准备。

（4）挖掘主题

庆典活动决不能只图形式，做表面文章，而要挖掘深刻的主题，使活动具有强烈的社会意义，以增强社会效果。挖掘主题既要与活动内容相结合，更要与社会热点问题、公众关心的问题、能引起强烈反响的问题相结合。两者的结合要自然、协调，不露痕迹，避免生拉硬套，画蛇添足。如某商场择定6月1日开业，只举行了简朴的仪式。其特邀嘉宾是聋哑学校的师生代表。庆典上，商场总经理宣布，将原来准备搞大型庆祝活动的经费节省下来资助聋哑学校和学生，赠送该校100套文具，当场举行了捐助仪式，在社会上传为美谈，新闻单位则做了专题报道。

（5）巧妙构思

庆典活动通常有较固定的程式。一般是主持人、来宾、领导讲话，剪彩或揭牌，宴请或娱乐活动。这种老一套的程式很难给人留下深刻的印象，也缺乏新闻价值。因此，要巧妙地构思一些健康向上的、富有意义的、能达到预定目标又花费不多的新颖活动。比如某汽车厂举行40周年厂庆活动时，选择了10辆不同年代制造的汽车，配上当时流行的装饰，由当年的生产工人代表乘坐，再配以彩车和鼓乐车，在市内进行了一定线路的游行。既让各界公众看到该厂发展的概貌，又在较大范围内宣传了工厂，具有强烈的社会意义和新闻价值。

（6）组织协调

庆典活动规模较大，参加人数较多，有时活动的范围也不小，协调工作就显得十分重要。会前好充分准备，如会场的地点、设备的配置、环境的布置、座次的安排、资料和纪念品的准备、程序的安排、发言人的确定、与会者的邀请、新闻单位的联系等。会议工作人员必须明确分工，各司其职，同时要有人负责联络和协调，如接待处要与主会场随时联系，报告宾客到达情况；各项目进行时要有人安排落实下一个项目的各种事宜。会议接待人员要明确自己的接待对象，并贯彻始终，不要顾此失彼，厚待一部分宾客而冷落一部分宾客。活动中要注意组织的整体形象，组织各方面的工作都要以新的面貌展示出来。

（7）加强联系

庆典活动意义重大，一般都应邀请新闻单位参加。通常的做法是两次邀请，即提前发出书面邀请，临开会前再派人或以其他形式落实新闻单位派员采访事宜。要给新闻单位人员安排座席，并给他们的工作提供方便。

3.3 公共关系赞助活动

赞助属于信誉投资，是通过为公益事业捐款捐物等形式培养广大公众与组织的良好感情。赞助比较适合于有经济实力的企业。公关赞助是指组织通过无偿地提供资金或物质对各种社会公益事业做出贡献，以提高社会声誉，树立良好社会形象的公关专题活动。公关赞助是举办专题活动最常见、最重要的形式之一，因为它既可以为社会公益事业的顺利进行提供保障，同时又可以为各类组织的不断发展创造和谐的社会环境。因此，越来越多的营利性组织纷纷以自己收益的一部分回馈社会公益事业，以示它们乐于承担一定的社会责任和义务。

3.3.1 开展公关赞助活动的作用

（1）为企业赢得良好声誉

企业通过对某些社会福利事业、社会慈善事业、社会公益活动进行赞助，可以在社会公众心目中留下关心社会、致力于公益事业的美好印象，受到社会舆论的好评，从而为企业赢得良好声誉。

（2）扩大企业的社会影响

企业在对公益事业，尤其是对体育比赛、文娱活动的赞助过程中，企业的名称和产品的商标等都会频繁出现在新闻媒介的广泛报道之中，进而形成一种广告攻势，本企业的知名度会大大提高，社会影响也会进一步扩大。

【案例衔接】

企业对体育赛事赞助成功案例——可口可乐奥运赞助案例分析

可口可乐作为当今世界最大的饮料商之一，全世界每一秒钟约有10450人正在享用可口可乐公司出品的饮料，而且规模和影响力越来越大。

纵观可口可乐百年赞助体育的历程，其一贯恪守产品质量和形象建设并驾齐驱的原则，高度重视品牌建设。在形象建设方面，可口可乐一贯坚持把它当作一个系统工程来看待，从企业文化、包装、广告、公关、促销、赞助等角度，经过精心策划和系统的、长年不懈的努力，在人们心目中定格为值得信赖的品牌。在形象和品牌建设方面，体育赞助功不可没，成了可口可乐的一大特色，也为商家树立了一个典范。

从1907年赞助美国棒球比赛开始，可口可乐赞助体育至今已有百余年的传统。1928年，1000箱可口可乐和参加第九届奥运会的美国代表团一道运抵阿姆斯特丹，揭开了可口可乐赞助奥运会的历史篇章。从那时起，可口可乐就和奥运会结下了不解之缘。从1985年国际奥委会实施第一轮4年一度的常年合作伙伴赞助计划时期开始，可口可乐就一直是这一计划的核心成员。

可口可乐和奥运会之间密不可分的特殊伙伴关系从下列这一插曲中也许可以证明：

哈佛大学学生保罗·奥斯丁是美国1936年第11届柏林奥运会赛艇队成员。后来于1962年加盟可口可乐。在奥运情结的驱使下，他一帆风顺，于1970年飙升到可口可乐董事长的位置。此外，从1930年举办第一届世界杯足球赛开始，可口可乐就一直是其热心的、从未间断过的赞助商。从1974年国际足联建立长年赞助商制度起，可口可乐一直是国际足联的长期合作伙伴。除此之外、可口可乐还是其他许多美国和国际体育组织及赛事的热心赞助者。其体育赞助时间之长、影响之大、金额之多、力度之强、效益之高，在全世界首屈一指。纵观可口可乐百余年赞助体育的发展历程，有四大成功经验值得人们研究。

一、坚定不移的赞助理念

可口可乐是世界上最先把赞助当作企业营销组合来看待和运作的企业之一。它之所以特别重视赞助，是因为它特别推崇行为学家罗尼茨的名言："说了，不等于就听；听了，不等于就理解；理解了，不等于就同意；同意了，不等于就会照着做；照着做了，绝不等于就持之以恒。"

这表明，企业沟通的最终目标应该是通过别出心裁、引人入胜的诉求，让更多的人来听你，理解你，同意你，购买你的产品，直至长期坚持下去，成为你的忠诚顾客。可口可乐通过多年实践，充分意识到欲达到此目标仅仅依靠传统的沟通手段已经远远不够，必须建立一种能够和沟通对象直接对话的机制和通道，其最有效的办法莫过于赞助。特别是以赞助为龙头，联合广告、促销和公关等其他传统沟通手段协同作战，形成一个优势互补、相得益彰的高潮，其效果就更好。所以，可口可乐一直把赞助看成既是和目标沟通对象进行直接对话的重要途径，又是和传统沟通组合的重要补充手段，始终予以高度重视，列为企业沟通的重中之重。因此，可口可乐的赞助预算在营销预算中一直占据重要位置。在诸多的沟通手段和赞助种类中，可口可乐特别看中体育赞助和音乐赞助。其中又把体育赞助放在首位，奋斗目标是"哪里有体育，哪里就有可口可乐"。

这是因为可口可乐认为：

（1）体育具有全民性和世界性，而且永远是朝阳产业。只要牢牢把握住了体育，使可口可乐成为美国体育和世界体育的一个组成部分，就等于把握了全人类、全世界和无穷无尽的未来。所以体育赞助具有重大的、永久性的战略意义。平心而论，经过他们长期不懈的努力，可口可乐和体育之间确实建立起了一种良好的、可靠的伙伴关系。而且这种关系已被越来越多的消费者和公众所接受。在他们的心目中，体育和可口可乐相结合是值得信赖的。

（2）体育贴近人民，贴近生活，非常适合开展“生活形态和事件式的沟通”。通过这类创意可以在体育、产品和公众之间建立一种直接有机的联系，促进三者之间的沟通。

（3）可口可乐的形象追求和体育的形象特征之间存在着一种几乎是百分之百的对应关系。通过赞助体育，可以成功地把活力、生活愉快、青春和力量等体育形象特征转移到可口可乐的形象上来，十分有利于可口可乐的形象建设。

（4）运动者喜爱不含酒精的软饮料，作为软饮料的可口可乐和体育之间有着一种天然的亲和关系。

二、锁定三大目标沟通对象

可口可乐认为，对一个成功的沟通战略来讲，除可沟通内容和方法外，目标沟通对象的选择更具有举足轻重的作用。因此，他们多年来一直把目标沟通对象锁定为下列三种人。

（1）经销商。他们是销售可口可乐的商人，遍布世界各个角落，是连接可口可乐和消费者的桥梁。只有通过他们，可口可乐才能接触到更多的消费者。因此必须首先加强和他们之间的沟通，取得他们的信任和支持。

（2）消费者。他们是可口可乐的顾客，其中特别强调运动员和广大体育锻炼者和爱好者、新闻界以及舆论界。因为他们或是可口可乐的衣食父母，或是可口可乐形象的传播者。

（3）代理商。他们是代理生产、推广和批发销售可口可乐商品的厂商。可口可乐实行的是代理制，代理商遍布世界许多城市。代理商从总部或分公司获得可口可乐浓缩液和基本原料后，按统一标准进行分装和推广、批发销售。因此可口可乐也非常看重代理商。对可口可乐这样遍布全球各地的大型跨国公司而言，这三部分人构成了一个庞大而严密的沟通对象网络。笼络住了他们，可口可乐就会无所不在，无往不胜。

三、坚持体育赞助三大目标

对可口可乐来讲，提高知名度已经不那么重要了，因为它的知名度已经够高的了。它把赞助的主要目标放在如何不断提高经销商、消费者和代理商的忠诚度上，特别是如何让消费者时刻感到可口可乐无所不在，随时随地能看到它的标志，买到它，感受到它时时处处都在为他们着想。为此，可口可乐多年来也一直坚定不移地把体育赞助的目标对准下列三个方面：

（1）独家现场销售权。独家现场销售权是和广大消费者进行直接对话的最好途径，是可口可乐所有体育赞助都必须争取到的首要目标。他们认为每一次活动，不管是体育比赛，还是做礼拜、党派活动和公众节日，首先是一次销售和沟通相结合的机会。可口可乐人经常诙谐地讲：只要有5个以上的人在一起，他们当中就会有人口渴，可口可乐就应该到场为他们服务。因此，只要是可口可乐看中了赞助的体育活动，不管大小，首先都要取得独家销售权。

此外，无论是赠送，还是销售都必须坚持独特而一流的销售设备和技术。这些设备尽管花样不断翻新，技术精益求精，但是基本格调不变，总是一眼就能看出可口可乐固有的形象特征，因而实际上也是一种无声的广告，既扩大了销售，又进行了沟通。可口可乐在独家销售的同时，还坚持对参赛运动员、新闻记者和工作人员无偿提供可口可乐饮料。这同样是一箭双雕。既表达了可口可乐的好意，美化了其形象，又是一次绝好的免费广告机会。

（2）将体育形象成功地转移到企业的形象中去。就是说把所赞助的运动项目的形象转移到可口可乐自身的形象上去，以此来美化可口可乐的形象，并把体育融化到整个营销任务中去。可口可乐之所以特别看中体育的形象转移效应，是因为如前所述可口可乐的形象追求和体育的形象特征之间存在着极大的共性。在所有已对应的特征中，可口可乐最看中的是“快乐”和“刺激”。因为这两点也正是人们特别是青少年对生活的最大追求。为了确保自身的形象能和体育赞助有机地、紧密地结合，可口可乐为自己的赞助对象和活动做出了一系列明确的规定，并且有一套严格的审批制度。

（3）坚持接待经销商的制度。如上所述，经销商是可口可乐的第一沟通对象。因此可口可乐坚持，凡是他们所赞助的赛事，都要取得设立接待帐篷的回报，以利用这一机会，有目的、有选择地分发一些请柬，邀请一些重要的经销商和重点联络对象到休息厅聚会，当地或上级代理商将和客人们在优雅舒适、轻松愉快的气氛中互相沟通、交际、联络感情。客人们还可以享受一日三变的冷饮。经验表明，在这样的场合和经销商们进行一次年度商业会谈以外的接触很有必要。这是可口可乐和重要客商建立感情、商谈业务的一个重要方式。

四、不断创新

创新是可口可乐赞助的一贯追求，也是其赞助取得巨大成效的一大法宝。特别值得一提的是，2001年7月13日晚，萨马兰奇宣布北京为2008年奥运会举办城市，可口可乐北京分公司就立即生产特别纪念金罐装的可口可乐，第二天一早就在北京许多超市出现。该罐以代表喜庆的金红两色为主调，加上长城、天坛等北京标志建筑以及各类运动画面，此外，罐身图案中央可口可乐液从古典弧形瓶口飞溅而出，上端印有“为奥运选手，为中国喝彩”等字样，下端则强调“从1928年起即为奥运会全球合作伙伴”的光荣历史。行动之快、寓意之深远、情谊之绵长，都令人感叹不已。纪念金罐装的可口可乐限量市场3万箱共72万罐，由于其有很高的纪念意义和收藏价值，上市后不几天就一抢而空。

自1928年赞助阿姆斯特丹奥运会至今，可口可乐可以说是奥运会最长期和最坚定的合作伙伴。奥运赞助也是可口可乐在其众多的品牌增值方式中最为得心应手的方式之一。它们的合作是一部历史，一部精彩的关于体育营销的商业史。

从核心理念上看，可口可乐"乐观奔放、积极向上、勇于面对困难"的核心品牌价值与奥林匹克运动所传达的"更快、更高、更强"的积极进取，追求公平公正的人类梦想吻合。从商业角度分析，奥运会是全球关注人数最多的大聚会，它所吸引的消费者最多。通过奥运会赞助商的角色，可口可乐和消费者紧紧联系在一起。

在1926年可口可乐诞生40年后，时任总裁的罗伯特·伍德鲁夫决心将公司发展为国际集团，因此成立了外国销售部。可口可乐迈出了征战国际市场的第一步。1928年金秋之际，可口可乐与奥运会相识于阿姆斯特丹的第九届奥运会上，1000箱可口可乐与美国奥运代表团一起出现在奥运赛场，这开启了可口可乐的奥运之路。

此后每一届奥运会上，人们都可以看到可口可乐的身影，它以不同的方式参与到奥运会的赞助活动中：在加拿大卡尔加里冬季奥运会上赞助创建了第一家官方奥林匹克纪念章交换中心；赞助建立第一个奥运会纪录指示板和饮料，并将300多万印有奥运标志的纪念品分发给儿童；首次赞助火炬接力活动，将火种传递到奥运会赛场等。在80年的赞助生涯中，可口可乐也像奥运健将一样，一次次地创造了体育赞助史上的诸多第一。

这些赞助活动，不仅为可口可乐带来了上百亿的无形资产，同时也使其成为奥运会上颇受尊敬的赞助商。历届的国际奥委会高层，对可口可乐的赞助都给予了很高的评价，认为可口可乐不仅仅是奥运会的赞助商，更是奥运会亲密的合作伙伴。

可口可乐的营销霸气让人震撼，它牢牢地把握住了奥运会的契机，将营销理念与奥运精神巧妙地融合在一起，有效地实现了品牌价值的增值。某种程度上可以说，奥运会因可口可乐而更加精彩，可口可乐因奥运会而更加辉煌。

（3）博得社会公众的好感

开展公益活动首先是能使企业赢得与赞助项目直接相关的组织与公众的好感，同时也能使企业赢得其他社会公众的好感，从而产生一种口碑效应。

（4）提高企业的社会效益

开展公众活动之后，企业赢得了社会公众的普遍好感，知名度与美誉度高了，企业的整体形象也好了。这些虽然不能直接取得经济效益，但却为企业的生存、发展创造了一个良好的外部环境，提高了企业的社会效益。

【案例衔接】

英特尔引领企业社会责任创新

英特尔是计算创新领域全球领先的厂商。1968年创立以来，英特尔以持续不懈的技术创新，不断突破科技极限，将梦想变成现实，深深地影响了全球IT产业的发展进程。英特尔的愿景是在未来十年，创新和扩展计算技术，连接世界上每一个人，让其生活变得丰富多彩。

自1985年在北京设立代表处以来，英特尔公司已经成为在华最大的外国投资企业之一，而“芯心相印共成长”则是英特尔在华的发展战略。多年来，英特尔一直致力于和中国IT产业合作，促进本土自主创新，推动产业持续发展。同时，英特尔积极投身环境保护、教育和社区公益事业，履行企业社会责任，做优秀的企业公民。面向未来，英特尔正努力成为技术创新的引领者、优秀的合作伙伴和社会创新的贡献者。

四大领域践行企业社会责任

推动社会创新是英特尔实现企业社会责任的主要目标之一。对英特尔而言，社会创新实践就是与政府、企业和社会组织共同合作，致力于使用创新技术推动教育创新、公益创新、环境创新、中小企业创新，最终实现企业社会进步和和谐发展。

在教育创新方面，英特尔坚信教育变革是培养创新人才、成就创新经济的动力。英特尔积极通过各种形式，积极与教育展开持续的合作与对话，分享英特尔的先进理念和成功模式，做中国教育创新的参与者和积极的产业合作者，携手共建创新人才培养的社会平台。

在公益创新方面，英特尔希望搭建一个有政府、基金会、企业和学术研究机构广泛参与的公益创新合作平台，扩大影响力，摸索发展创新的公益生态系统。英特尔员工也积极参与公益社区活动，通过不同的项目从各个角度帮助这些社区提升创新能力，协助社会实现社区和谐。

在环境创新方面，英特尔参与发起了“数字化能源解决方案倡议”，促进以ICT推动企业的节能减排和可持续发展。在中国，我们与相关部门和非政府组织专门召开了以ICT实现节能降耗的研讨会，发布了由英特尔参与的研究报告，旨在促进并推动产业链的节能环保措施实施。

在中小企业创新方面，英特尔始终将知识产权视为企业发展的生命力。

——中国网（http：//www.china.com.cn/news/gongyi/2011-03/22/）

3.3.2 公关赞助活动的类型

（1）赞助教育事业

有远见的企业家，应该注重企业精神，培养企业的爱心，有长远眼光，关心中国教育事业的发展，这既有利于自身发展和对未来人才的选择，又能为社会带来效益。企业可以出资投入希望工程，也可以资助某些中小学或大学。

（2）赞助体育运动

这是赞助活动最常见的一种方式，因为体育活动是广大群众喜闻乐见的活动，也是许多公众热心的活动，涉及的公众层面宽、范围大，赞助活动影响的广度和深度都很大。

（3）赞助文化活动

文化活动吸引的公众层面较宽，影响较广，品位较高。赞助的文化活动主要有音乐会、电影电视节目、文娱演出、书画展、摄影作品展览等。

（4）赞助科研学术活动

这类赞助活动的影响面虽然不大，但意义重大而深远。一是可推动与本组织性质、产品和服务有关的研究深入发展，为组织发展提供基础研究理论和技术支撑；二是可以提高本组织在同行中的知名度和影响面。

（5）赞助社会福利事业

这类赞助活动有助于组织与社区、政府搞好关系，也可向社会表明其所承担的义务和责任，更能体现组织对社会公益事业的关心，这类赞助人情味最浓，商业味最淡，最易博得公众的好感。赞助对象主要是社会需要救济的对象，有具体困难的公众和社会弱势群体等。

（6）赞助各种竞赛奖励活动

如赞助电台、电视台、报社、杂志举办的各种有奖知识竞赛、摄影比赛、小发明小创作等。

（7）赞助环保事业

环境保护是功在当今，利在千秋的公益事业，涉及广大公众的切身利益，是公众和媒体关注的热点，赞助环保事业能收到经济效益、社会效益和生态效益的三丰收。

（8）其他赞助活动

如赞助制作宣传用品、旅游图、日历等。

3.3.3 公关赞助活动的策划与实施

（1）选好赞助对象

选择赞助对象应该从企业的公共关系目标和经营政策入手，从被赞助的公益事业的具体情况出发，从而确定企业的赞助对象，赞助政策及具体办法。企业开展赞助活动最根本的要求是使企业和社会同时受益，必须防止出现赞助与企业的公共关系目标和企业的整体目标相脱离的现象。首先，要考虑所赞助的活动与本组织能否很和谐自然地使公众联想在一起，能否对本组织产生有利的影响。其次，要考虑所赞助活动的社会影响，如媒介报道的可能性、报道频率和报道的广泛性，受益人是谁，受影响公众的分布情况，影响的持久程度，活动本身能否引起人们的注意，能否产生“轰动效应”等。第三，要考虑本组织在活动中与公众见面和直接沟通的机会有多少，以及赞助费用的多少和赞助的形式。第四，应考察赞助活动对本单位的产品销售有无赞助价值。如果发现值得赞助，便可着手落实赞助。

（2）制定赞助计划

在选择赞助对象的基础上，由负责赞助工作的机构，根据企业的赞助方向和政策，制定出切实可行的赞助计划。赞助计划一般包括赞助宗旨、赞助的对象、赞助的费用预算、赞助的形式、开展赞助的组织管理等。

（3）评估赞助项目

对每一项具体的赞助项目，赞助工作机构都应进行评估。首先对赞助项目进行总体评估，检查是否符合赞助方向；其次对赞助效果进行质和量的评估。

（4）实施赞助方案

赞助方案的实施应由赞助机构指派专人负责落实。要与接受赞助的组织联系赞助事宜，有的赞助还需要签订赞助协议书或合同。在实施的过程中，公关人员应该充分运用各种有效的公共关系技巧，使企业尽可能借助赞助活动扩大其对社会的影响。

（5）检测赞助效果

赞助是企业的一次重大公关活动，因此在活动结束时，应该进行效果检测。在检测过程中，大量的工作是调查，收集各个方面如公众、新闻媒介、受赞助组织对此赞助的看法、评论，看是否达到预定的计划？与评估的内容是否相符？完成了或达到了哪些预定指标？还有哪些差距？原因是什么？并把这些写成总结，归档储存，为以后的赞助研究提供参考。

3.3.4 应注意的问题

首先，要优先考虑赞助社会福利事业、教育事业及公共设施，这样容易获得社会各界的好感，而且意义深远。

其次，要注意保留一部分机动款项，以备遇到临时性赞助机会时使用。

再次，面对当前社会上盛行的摊派之风，组织或企业应保持清醒的头脑，对各种明显不符合企业赞助政策的征募者应拒之门外。如果对方无理取闹，必要时可以诉诸社会舆论或者法律。企业的社会赞助活动不是一个人说了算，也不能头脑发热就拍板，而是要努力做到有章可循，有的放矢，有条不紊。

【案例衔接】

奥运会赞助商——三星

1938年，三星成立，主营食品杂货贸易和面条生产。之后的几十年，三星几次转型，涉足过制造、电子、机械及消费品行业。20世纪90年代后期是三星至为关键的一段时期。1997年亚洲金融危机后，三星再次进行了变革，在研发上投入了更多的资金，对设计和创新也更加重视。其从本土贸易公司到全球一流品牌的转变被广泛地记载在商业案例中。1997年，三星成为奥运会的赞助商，该举措帮助三星巩固了其作为世界一流品牌的地位。当时，三星董事长李健熙说，“我们制定了可以提高品牌价值的策略，品牌是最主要的无形资产，是企业竞争力的来源。三星决定赞助奥运会，以加强其在全球的企业形象和品牌价值，我们已经以奥运会和奥林匹克运动为主题开展了全球性的营销活动”。

不断增长的品牌价值

赞助奥运会给三星带来了极大的价值，根据英特品牌公司的统计（世界上最大的品牌咨询公司），三星的品牌价值从1999年的3.1亿美元上升到2010年的19.5亿美元。三星自1997年以来发展十分显著，不仅在2005年超过了竞争对手索尼成为世界上最具价值的电子消费品品牌，并在卓越品质和创新上享有世界级的声誉，还成为包括移动电话在内的几个行业的领导者之一。

奥运会赞助商

三星对奥运会的赞助计划在不断地改变，它越来越多地将奥运会作为品牌定位的战略平台，而不仅仅是拉动销售的手段。三星对此策略极有信心，2007年它宣布，三星将会继续赞助奥运会，包括2016年的里约热内卢奥运会和该奥运会之前的所有冬奥会和夏季奥运会。三星坚信奥运会将给它带来全球性的影响力，并对它的品牌价值的增长，特别是移动电话品牌价值的增长至关重要。公司的官方声明甚至称：“对奥运会的赞助，意味着无限的增长潜力。”

2008年北京奥运会

2008年北京奥运会，三星依靠它的赞助关系，开始了它最雄心勃勃的营销计划。三星的计划着重于手机和手机应用的推广，并计划让自己的明星产品F480成为奥运会的指定产品。F480是一个有着500万像素的摄像头（在当时而言，绝对是领先技术），并且具备脸部识别功能的触屏手机。这款手机还有一个微笑拍照功能，每当人们微笑时，摄像头就会自动拍照。F480有多种颜色，包括呼应奥运主题的金色。不仅如此，它还有奥运主题铃声，奥运主题壁纸，奥运主题歌曲。三星计划在奥运开幕前几个月推出此款手机，主打非洲、欧洲和亚洲市场，推广手段包括大量的电视广告。

2010年温哥华冬奥会

三星希望温哥华冬奥会成为另一个平台，来推广它移动电话创新者的品牌声誉。但是全球性的金融危机让人们对三星能否继续赞助温哥华奥运会产生了疑问。三星副总裁兼三星全球体育营销负责人权桂贤回应，“三星遭受过比这次更为严重的金融危机，三星不会放弃对奥运会的赞助。我们会从其他地方削减成本，并让我们的体育营销达到其最佳的效果”。

此外，为了继续打造其企业社会形象，三星加拿大公司招募了10位加拿大青少年，让他们利用新媒体记录他们的经验和奥运会。通过博客、微博等社交媒体和数字媒体，这些加拿大青少年制作的内容在YouTube、Facebook和三星官网上进行了病毒式的传播。另外，三星还在温哥华发起了一个活动，叫作“发现你的每一个WOW的时刻”，来拓展其手机和移动业务。“WOW”是Wireless Olympic Works（无线奥运）的缩写。无线奥运是一个新的技术平台，旨在向用户即时传递奥运会赛事进程和赛果。为体现出奥运所倡导的合作精神，三星公司联合同是奥运会赞助商的源讯公司和欧米茄公司，共同传递赛果。此举意在向人们昭示三家公司的技术能力以及他们对资源的无缝整合。三星还为温哥华奥运会设计了标志，将温哥华的标志嵌入一个手机的图案中。其他的营销计划还包括在奥林匹克公园建设一个外形类似其最新移动设备的建筑物，邀请加拿大著名的冬季奥运会的运动员伊真那和哈里·维肯海塞尔出席三星的客户晚餐，利用名人效应和加拿大公众对曲棍球的热爱，来吸引球迷和各种社团。三星还请伊真那和哈里·维肯海塞尔拍摄了专为加拿大市场设计的电视广告。本杰明·李，三星加拿大公司总裁说，“曲棍球是加拿大的民族运动，对曲棍球的热爱让加拿大人民团结在一起。能赞助加拿大男子和女子曲棍球以及温哥华冬奥会，三星感到非常荣幸。我们期待和加拿大的冰球英雄伊真那和哈里·维肯海塞尔一起，共同庆祝奥运盛事，并向2010年温哥华冬季奥运会积极进发”。

伦敦2012年奥运会

三星再次成为2012年奥运会火炬传递的赞助商。2011年6月，三星为2012年奥运会火炬传递设计了新的赞助标志。该设计由伦敦著名艺术家Kate Moross完成。该标志与温哥华的设计类似，看起来像一个手机，但加上了展开的双臂图案，象征着伦敦奥运会的口号“英国，有你参与”。三星还通过努力，利用自己奥运赞助商的身份，强调三星作为伦敦奥运会官方无线通信合作伙伴的独家地位。鉴于苹果的非凡的实力和其他竞争对手的快速增长，三星强调其作为伦敦奥运会官方无线通信合作伙伴的地位，这对于三星能否成为消费者的首选，显然是非常重要的。权桂贤说，“当我们开始赞助奥运会时，三星的品牌的知名度是非常低的。现在我们营销方向已经从打造品牌知名度转向塑造消费者对三星的品牌偏好”。

三星对伦敦奥运会的赞助活动计划依然是雄心勃勃的。这次，三星与Visa联合，在以奥运为主题的独家移动设备上开发了手机支付业务，供来自世界各地的奥运会观众使用。两家公司还表示将在伦敦奥运会后继续维持合作伙伴关系。这也许意味着奥运赞助商之间的合作上升到了一个新的阶段。如果合作成功的话，将对赞助商和奥运会都产生积极的影响。此次合作反映了移动支付的使用趋势，移动支付方便的特性无疑是吸引消费者的一个重要原因。对于三星和Visa来说，此次合作无疑抓住了有利时机。Visa移动业务的高层领导说，“伦敦奥运会为Visa和三星建立合作伙伴关系提供了一个绝好的机会，使我们在移动支付的战略，技术和奥运会赞助关系上又前进了一步。三星和Visa都在积极地拓展移动支付业务，而移动支付方兴未艾，时机刚好”。

1997年以来，奥运会赞助商身份给三星带来了许多价值，三星的形象已经发生了极大的转变，其管理层持续强调奥运会给三星带来的璀璨光环。关于三星对奥运会赞助关系的信心，三星董事会成员和三星的数字媒体和通信业务总裁崔志成简单地说，“我们的品牌形象（在奥运会）已经得到了提升”。

3.4 新闻发布会

新闻发布会又称记者招待会，是政府、企业、社会团体和个人邀请各新闻机构的有关记者，宣布某一或某些重要消息，并让记者就此进行提问，然后由召集者回答的一种具有传播性质的特殊会议。社会组织召开新闻发布会可以达到两个目的：一是广泛传播有关本组织的重要信息，二是与新闻界保持一种密切的联系。

3.4.1 新闻发布会的特点

（1）权威性强。社会组织以记者招待会的形式发布组织信息，其形式比较正规、隆重，而且规格比较高，有极强的权威性。

（2）针对性强。新闻发布会上，答问是活动的主要形式，在活动中记者就自己感兴趣的话题进行提问，针对性强；同时，在提问中，记者们还可相互启发，能更深层次地掌握信息。

（3）较高的价值性。举办新闻发布会一般在组织急需的情况下进行，要求紧迫，这样导致召开新闻发布会的信息必然具有较高新闻价值，值得新闻媒介和广大公众广泛重视和报道。

（4）难度大、要求高。召开新闻发布会不仅成本高，而且占用组织者和与会记者的时间也较长，对组织发言人和主持人的要求较高，如要求发言人和主持人头脑清晰、思维敏捷、逻辑性和应变能力强，因此举办记者招待会与其他专题活动相比，难度较大。

（5）有利于感情交流。在新闻发布会上，主持人或主要发言人与记者进行面对面的交流，可就一些问题达成共识，加强了组织与新闻记者的相互沟通。

【知识链接】

新闻发言人制度

组织机构的新闻发布制度是从国家的新闻发言人制度中衍生出来的。新闻发言人制度是当今世界大多数国家推行的一种基本的信息发布制度。这项制度的首创者是美国总统富兰克林·罗斯福。1933年，罗斯福执政后为挽救严重的经济危机而采取了被称为“新政”（the New Deal）的施政纲领。此后罗斯福为了推动“新政”的顺利实施，就“新政”的推行情况定期约请广播电台的记者到自己的办公室或寓所，以“炉边谈话”的形式向社会发布新闻，从而开创了新闻发言人制度的先河。

我国政府于1983年4月开始设立新闻发言人制度，国务院设新闻办公室和新闻发言人。此后每年的全国人大会议和全国政协会议期间和举行其他重大活动时都要举行大规模的中外记者招待会。这一体现公开性和透明度的政治制度也在工商企业界和其他社会服务领域得到了普遍的推广。

与国家的新闻发言人制度一样，组织机构新闻发布制度的实施，不仅为组织的信息传播开辟了一个更具有权威性的途径，而且对促使工商企业和其他社会组织由传统的封闭型经营方式向现代开放式经营模式的转变具有特别重要的意义。

3.4.2 新闻发布策划

与其他的公共关系专题活动相比，谋划新闻的策划和操作都比较难，没有固定的模式可以套用，这就需要公共关系人员开动脑筋，寻找时机，大胆创新。如果说有什么经验可寻，那么，一要以组织发生的真实事件为基础，二要使其具有新闻价值。具体说来，可参考以下几点做法。

（1）根据热门话题策划新闻事件

不同的公众群体关注的话题不同；不同的时期，同样的公众群体关注的话题也不同。所以，公共关系人员应深入了解公众心理，了解传播对象在当时最关注的话题。

2001年7月13日晚，当北京申办2008年奥运会成功之时，北京可口可乐的生产线同时启动，立刻生产金光灿烂的申奥成功特别纪念罐。7月14日一大早，北京市所有的麦当劳餐厅和主要超市的可口可乐包装全部穿上了“喜庆装”。可口可乐“喜庆装”纪念罐，以金黄、红两种颜色作为喜庆欢乐的主色调，巧妙加入了长城、天坛等中国和北京的代表建筑以及各种运动画面，将成功的喜庆、体育的动感、更快更高更强的奥运精神以及中国文化有机地组合起来。北京可口可乐饮料有限公司精心谋划的申奥成功特别纪念罐与人们关注的热点相吻合，因此具有很好的新闻价值，得到了新闻媒介的广泛报道，广大消费者更是争着去购买、收藏。由此也可以看出，公共关系人员为了提升企业形象谋划的新闻事件不是无源之水，无本之木，而是巧妙地利用外界信息，再结合本企业的实际情况进行创造的产物。

（2）抓住“新、奇、特”谋划新闻事件

在激烈的企业形象竞争中，要想成功地为企业谋划新闻事件，引起大众传播媒介的关注和报道，公共关系人员必须独出心裁，使公共关系活动具备“新、奇、特”的条件，成为记者们争先报道的新闻事件。

晚餐在人们看来是再普通不过的小事，一般人们的晚餐通常不会有什么新闻价值。但是，2001年8月3号晚在人民大会堂宴会厅举办的世界拳王爱心慈善晚宴就引起了新闻媒介的报道和广大公众的关注。此次活动由中国慈善总会、长城国际体育传播有限公司等主办，北京生命之星医药集团独家承办。据主办者介绍，晚宴邀请到的客人有迈克尔·杰克逊、斯皮尔伯格、道格拉斯等国际名人，还有包括成龙、刘德华、周润发、林忆莲、齐秦、苏芮等众多港台明星。当然还有唐·金、霍利菲尔德、鲁伊兹、拉曼、刘易斯等拳坛名流。此次晚宴的入场凭证是各种爱心慈善卡，每卡售价从2600元到6万元不等。全球有17个国家的电视台联合播放这次晚宴。

（3）巧妙地利用各种信息和时机谋划新闻事件

精明的公共关系人员应该善于搜集信息，使用信息，把信息转变成价值。还要善于寻找有利时机，利用“天时”来开展公共关系活动。例如，某企业在建国纪念日聘请在人生和事业方面取得成功的新中国同龄人来做报告，并且表彰为本企业做出突出贡献的新中国同龄人。因为把表彰先进与建国纪念日联系在了一起，所以使这次表彰活动具有了新闻价值。

（4）利用名人效应谋划新闻事件

有意识地把新闻事件与某些权威人士、社会名流联系起来，或者在新闻事件中请名人唱主角。例如，在美国总统艾森豪威尔67岁生日时，法国人民向美国总统赠送的两桶陈酿了67年的白兰地酒，由于赠送礼品与名人联系在了一起，这次赠送被世界各地记者写成各种形式的文章广泛传播。

（5）与新闻媒介联袂谋划新闻事件

公共关系人员在谋划新闻事件时，应努力与报社、电台、电视台联合行动。由于有新闻媒介的参与和支持，一方面能使活动进展顺利，达到事半功倍的效果，另一方面能结交新闻媒介的朋友，加深新闻媒介对本企业的深刻印象。

【知识链接】

吐槽的力量

社交媒体的一大贡献，就是绵绵不绝的吐槽。

相比于传统宣讲与主动推送，吐槽有着天然的生命力和传播快感。人们对于吐槽内容有着不可理喻的信任，他们不再像平时一样谨慎、戒备或抗拒，反而积极充当再传播、再扩散的角色，进而形成近乎裂变的自传播效应。

说到互联网传播，一飞冲天的小米堪称爆款型玩家。近日，小米掌门人雷军貌似幽怨地谈起了吐槽。他感慨：周末开放购买，被上班族吐槽；工作日开放购买，被学生吐槽……6月份产能和需求达到平衡不用抢了，被吐槽卖不出去了；7月降价促销，需求量大增，又被吐槽抢不到；有按键灯，被吐槽晚上晃眼；没有按键灯，被吐槽夜里找不着；跑分第一，被吐槽我们是参数党；一年后别的新手机跑分上来了，又吐槽我们性能不够高了……

别被雷军这种表面的幽怨迷惑，实际上雷军以及他的小米深谙吐槽之道。他的这番诉求，不过证明了他骨子里的骄傲。在看似糟糕且槽点密布的“吐槽小米”浪潮中，隐现在背后的是小米近乎变态的关注度。不得不说，小米在手机市场火力全开，“全民吐槽”做出了巨大贡献。这种吐槽不仅将人们的眼球转移到毫无手机根基的小米品牌，而且聚焦于小米产品的每一个细节以及其生命周期全程。由于没有伤及根本的重大故障，看似汹汹的吐槽其实并无碍于小米的口碑，反而在品牌与粉丝之间形成了一种微妙的关联。雷军本人其实对此也心知肚明，他表示：“如何面对众人的嬉笑怒骂，保持和用户之间的良性互动，是当今每一个创业者的必修课。

至于大家的吐槽，在这个社会里，每个人都很艰难，如果吐槽一下能让他感觉生活变得美好一些，随他去吧。”

事实上，小米在吐槽术上更进一步。他们不仅展现了对于被吐槽的宽容，某种程度上还在鼓励或纵容吐槽。小米论坛之所以有着让业内人士震惊的高活跃度，正在于论坛管理上对于“言论自由”的坚持。只要不涉及无中生有的诽谤或抹黑，任何抱怨、愤怒，都可以在此留存，我甚至在小米论坛上看到一篇大讲华为荣耀完爆小米手机的帖子。这种生态下，人们会觉得这里草根气息浓郁，信息真实可靠，自然愿意在这里畅所欲言，与此同步，小米高管甚至齐齐披挂上阵，有时候在微博主动吐槽，引来围观。

与小米相比，阿里巴巴同样也算吐槽公关术大咖。双十一期间，天猫官方微博抢发一条战绩播报的帖子，被人吐槽算术不精。“内裤1.5米长”成为人们竞相传播的槽点。有意思的是，天猫官微并没有做任何辩白，而是发了一条以官微小编与老板马云对话实录为内容的长微博。其富有灵气的自黑与吐槽，瞬间冲淡了人们对其失误的不满。马云以及天猫小编的形象变得和我们普通人一样栩栩如生，人们甚至要对其自吐槽点赞了。

当然，任何事都有正反面。内部员工或亲友的爆料式吐槽，堪称现代企业危机的重要源头。所以对于企业而言，首先要分析槽点的杀伤力。如果伤及企业根本，就要严阵以待；反之，则可以柔道战略待之。或笑而不语，或“与民同乐”，化吐槽为嬉戏、调戏、自嘲，甚至自虐，即可轻松反转。而主动的吐槽，建议传统企业还是尽量不要涉足，因为掌握尺度是一方面，更重要的是要熟悉互联网特性，吐槽语言也要接地气，否则只会徒增笑料。

——黄明胜　中国公关网（http：//www.chinapr.com.cn/）

3.4.3 新闻发布计划的内容

（1）确定主题，选择时机

记者招待会是既严肃又正规的公共关系专题活动，因此，举行记者招待会一定要选择适当的理由和时机，不能随意召集记者，否则后果不堪设想。

社会组织举行记者招待会可以选择开业典礼、庆祝活动、组织喜获殊荣、导入CI工程、质量认证、企业面临重大转折、新产品试制成功、重大突发事件发生等时机。

在选择了恰当的时机之后，就要确定记者招待会的主题。一般来讲，记者招待会的主题可归纳为以下四种类型：一是宣传组织的整体形象；二是宣传组织形象并宣传某项产品；三是宣传某项活动、某种技术、某种新观念；四是说明突发事件、平息舆论风波。记者招待会的主题应清晰明了，切忌含糊不清，体现招待会主题的标语口号应准确精练，便于记者报道。

（2）选择媒介单位，落实邀请范围

一个成功的社会组织应该有自己的个性，一个成功的记者招待会也应该有目的地选择媒介单位和与会记者。

在选择媒介单位和与会记者时应考虑以下几个因素：一是记者招待会的规模；二是准备花费多少费用；三是本次记者招待会将要影响的区域；四是对信息传播内容和速度的具体要求。

选择了媒介单位之后，再进一步落实参会记者名单，每一家请几位，请谁，都要提前确定。请柬要在两周前发出。请柬内容应包括记者招待会的主题、主要发言人姓名、举办时间、地点以及联系电话。记者招待会正式举行的两三天前，再给被邀请的记者打电话，确定一下他能否来参加，是否要车接。

（3）挑选发言人，确定会议主持人

在记者招待会上，一般首先由会议主持人发布或介绍情况，随后由主要发言人做详细发言。记者招待会能否开得圆满成功，能否达到事先预定的公共关系目标，在很大程度上取决于会议主持人和主要发言人。

会议主持人一般由社会组织的公共关系部负责人担任。主持人应该具有庄重的仪表，高雅得体的举止，高超的语言表达力，善于活跃气氛，随机应变、驾驭会议发展趋势的能力以及丰富的主持经验。

记者招待会的主要发言人原则上应安排社会组织的主要负责人。因为只有他们才能准确全面地回答有关本组织的方针、政策、经营、生产等重大问题。而且领导人在记者招待会上的发言具有权威性、可信性。

如果记者招待会是为了公布某项新成果、新产品、新技术或是公布面临的重大突发事件，那么主要发言人除了领导之外，还可以选择分管这方面工作的部门负责人。不论是组织领导还是部门负责人担任记者招待会的主要发言人，都应做到掌握情况，对答如流，头脑灵活，思维敏捷，最好还要宽容随和，豁达幽默。

（4）策划报道提纲，准备宣传资料

记者招待会的宣传资料主要包括：主要发言和报道提纲。在记者招待会之前要充分准备好宣传资料。

主要发言是记者招待会的中心内容，应具备实事求是、资料全面、严谨深刻、生动具体等特点。主要发言不仅要有专人负责起草，而且还要通过本组织有关领导人审阅，最后交给主要发言人熟悉。

报道提纲指的是记者招待会宣传内容的要点和背景，有条件的话可以附加照片。要有专人事先把这些资料理顺好并打印若干份，并且在记者入场时分发给他们，以便记者们在会上提问或会下写报道时做参考。报道提纲要简洁、系统，用事实说话。注意千万不要出现漏洞或错别字，否则会引起记者反感。除了准备好主要发言和报道提纲外，还要准备好回答记者提问的策略，以供主要发言人做参考。

（5）精心准备，认真接待

举行记者招待会要善始善终地做好一系列事务工作，其主要有以下几个方面。

一是邀请记者参加记者招待会，应该把正式的请柬提前送到他们手中。为了表示对记者的尊重，应该以举办记者招待会组织的名义或组织领导人的名义邀请，并且派专人呈送，切忌随意让别人捎过去。

二是准备好交通工具，安排专人负责接送，并且做好服务接待工作，使记者感到一种热烈、诚恳、友好、亲切的气氛。在接待服务中应注意对所有来参加招待会的记者一视同仁，不能厚此薄彼。如果有特殊的记者参加，在正式开会时应为其安排一个能够听清楚所有来宾讲话的位置，这并不是搞特殊，而是为了方便工作。

三是布置会场，准备视听辅助工具。记者招待会的会场应突出招待会的主题和对新闻媒介朋友的欢迎。可以用悬挂条幅、张贴标语、摆放鲜花、开放音响等方法烘托会场气氛。另外，还要预先准备好与招待会有关的图表、画片、地图、放大的照片、实物、产品、模型等视听辅助工具。

四是在会前或会后，可以请记者们参观实物展览、图片展览或进行现场参观。并且允许记者在参观时自由采访、拍摄照片等。记者招待会的会场内要准备一些纸张和笔，以方便记者使用。另外，还要准备好签名簿、留言簿、会前请记者签名，会后请记者挥毫题字或书写留言。

记者招待会的会场内应保持灯光柔和，空气新鲜，温度适中。会场内应摆放舒适的座椅，要安静而无噪音。为了避免干扰，会场内不放电话。大型记者招待会应选用长方形桌子，主要发言人与记者面对面而坐，就像教学课堂一样突出庄重、严肃的特点。小型记者招待会最好选用圆形桌子，大家围圈而坐，显得气氛和谐，主宾平等。

五是策划纪念品。为了感谢记者光临，为了更好地与记者交朋友，可以向记者赠送纪念品。在策划纪念品时应考虑以下因素：第一，突出本组织特色，例如，在纪念品上印上本组织的标志，经营宗旨，典型的广告等；第二，为本组织做宣传，例如，某煤矿向记者赠送乌黑发亮，光洁美观的煤雕，记者一看见这特殊的艺术品，就会想起煤矿；第三，纪念品应新颖、小巧、具有艺术观赏价值，保存价值或具有实用价值；第四，纪念品不同于奖品，其造价应便宜，不应太昂贵，在策划纪念品时应考虑少花钱，多办事，尽量为本组织节约钱财；第五，纪念品最好是特制的，其做工应精益求精，千万不能把残品、次品、假冒产品赠送给记者。否则会起反面作用。某工厂曾经把本厂生产的手提包赠送给记者，结果，由于产品质量差，记者们在返回报社的路上，就惊奇地发现手提包的拉锁坏了，随后就打电话批评该厂，该工厂在记者的脑海中留下了不良印象。即使是购买其他厂家的产品赠送给记者，也应注意产品质量，千万不要买处理品，最好买质量靠得住的优质产品或名牌产品。

在现代社会，人们称新闻媒介记者为“无冕之王”，他们是社会组织与广大公众进行沟通的桥梁。一个社会组织与新闻媒介的关系如何，直接关系着社会组织的发展。因此，公共关系人员在接待新闻记者时应做到情意周至，滴水不漏，事无巨细，追求完美。利用接待新闻记者的机会为组织塑造良好形象。

（6）制定经费预算

经费预算可按记者招待会不同的规格和规模去进行制定，预算时应留有余地，以备急需，其经费预算一般包括：场租费、会场布置费用、印刷费、饮食费、礼品费、文书用具费、音响器材费、邮费、交通费、电话费、传真费、上网费等。

【知识链接】

从马航失联报道看媒体清晰“分工”

马来西亚MH370航班失联事件，由于其扑朔迷离，导致在早期报道中各种真假消息满天飞。这一事件带给我们很多新闻思考，诸多媒体的表现可圈可点，而且传统媒体和社交媒体之间出现了界线清晰的“分工”倾向。

突发事件报道呈现形式转向关注过程

长期以来，我们在突发事件的信息发布和新闻报道中，官方和传统媒体习惯提供结论形式的新闻，特别是相关部门要统一口径后才敢对外公布信息。这么做的好处是信息较为全面、准确，坏处是在时效性上往往失去了一个“快”字。在突发事件报道“快”与“准”的考量中，传统媒体无疑会果断地选择后者。但是，有没有两全其美的办法呢？

英国危机管理专家罗杰斯特曾提出著名的危机沟通“三T”原则，即主动沟通、充分沟通和及时沟通。“三T”原则可以帮助突发事件发生国或者机构争夺话语主动权。这一原则同样适用于突发事件的新闻报道中。突发事件发生后应及时发布信息，不要等一切都搞清楚了再发布，也不要因害怕出错而错失第一时间的信息发布。

在马航失联事件之前，很多突发事件报道的真实性是以结论形式呈现在公众面前的；而在马航失联事件之中，这一真实性是以过程形式呈现的，这是一个不断发现、甄别、剔除、确认的过程。在马航事件报道中，如果能够迅速采访到参与航班的搜救人员，可以在很大程度上缓解公众由于信息饥渴带来的焦虑。但是由于我国媒体在马来西亚等地缺乏核心报道资源，因此很难获得一手消息，只能援引外媒报道或者等待马方召开新闻发布会，在探究真相方面显示出来能力不足，但是我国媒体在素材分析方面下的功夫比较大，电视台、电台、报纸纷纷采访专业人士，迅速展开各种解释或者预测式报道，从飞机性能到机上人员情况调查，不一而足。

社交媒体“传递”功能突出

无论是传统媒体时代，还是社交媒体时代，时效性永远是最关键的新闻要素。

在MH370失联事件中，马方最新进展的发布平台是马航官方推特，我国传统媒体同样使用官方微博发布获悉的最新消息。在这场新闻战中，社交媒体不断证明自己正在成为不可忽视的力量，传统媒体与社交媒体的合作，已成为一种趋势。

MH370失联初期，各种消息满天飞，真假难辨，连波音中国总裁马爱仑都误发了一条微博称，飞机已经找到，技术团队会协助官方调查。此条微博瞬间被知名官微转发，然而在不到一小时后马爱仑就删除了原微博，并重发微博表示搜救仍在继续。据相关人士推测，波音总裁引用了错误的媒体消息，从信息的获取者到发布者，进而又成为媒体上的信息源。当时因为马来西亚官方没有结论性消息，因此选择了“不及时发布信息”，而公众的信息诉求日益膨胀，于是就出现了一些编造的“消息”，并不断被复制、粘贴、发送。

碎片化的真假信息满天飞主要出现在社交媒体上，这一切都是因为社交媒体的多信息源和高传播速度，而大多数主流媒体保持着审慎的态度。社交媒体可以在“黄金一小时”内表现出强大的移动传播和移动表达能力，不过，由于传播速度过快，信息过于密集，信息来源真实度不高，公众仍然需要从传统媒体上求证，帮助进行选择。这意味着公众对于信息的内容高度关注的同时，对信息的首发者并没有太多关注，这时候，传统媒体就显示出其不可替代性。

在马航失联事件报道过程中，传统媒体谨慎地报道核心事实，社交媒体负责实时传递、海量转发。这一新情况突出展现了一个事实：社交媒体正在积极而自然地参与到突发事件报道中来，虽然乌龙不断，但展现出其勃勃生机。

优秀传统媒体表现出强大调查能力

社交媒体在传播突发事件信息方面发挥了重要作用，但也引发很多问题，尤其是某些用户通过自己分析就断言并发布结论性的消息。事实证明，这些没有事实依据的消息，不仅影响了官方的调查，还迫使后者不断发布辟谣信息。而传统媒体发布消息则谨慎得多，而且以其深入的调查研究在突发事件报道中树立了权威形象。

比如在马航事件报道中，MH370失联被宣布后的24小时里，未经确认的消息伴随着不断被挖出的事实一同在社交媒体上大量滋生，而相比之下，传统媒体在发布信息上则显得慎重得多。比如CNN（美国有线电视新闻网）确认一条消息的基本标准是至少要从两个消息源交叉求证真伪，消息源必须是可靠的，如果是官方机构，或者是有一定级别的人，一定要官方确认才会用，宁可慢，也不能不准确。因此，CNN和路透社等媒体发布的一些关键文章，不断在社交网站转发和传递，几乎所有与航班相关的信息和最新的调查进展都发布自这些老牌媒体。可以说，在此次事件中，传统媒体担任了主要内容提供者的角色，新媒体和社交媒体则成为这些重要内容的传播渠道。

这是因为在马航失联事件中，没有任何现场消息提供者，消息源非常受限，真实信息由航空公司、军方和政府掌握，自媒体的优势因此难以发挥。这时候，传统媒体开始取代社交媒体用户，成为真正的新闻资讯生成者，开始了报道力量与新闻实力的比拼。

政府机构和大型企业仍然更习惯于和传统媒体打交道，这显然增加了传统媒体的信息采集优势。事件发生后，各大媒体纷纷调遣记者赶赴事故现场以及各个发布会，开始后续新闻报道。上层的关系、线人的帮助、深入的调查、资料的积累……这些无不需要大量的资金和优秀的人才，只有运行良好的资深媒体才能承担这样大规模的集团作战任务。这是一些来自新媒体的独立记者望尘莫及的。

突发事件是一块“试金石”，检验着媒体对新闻的掌控能力和报道能力。社会政治文明、经济文明不断发展，人们对于信息的知情权被提到首要的议事日程，互联网全球开放、传播迅捷、海量信息、匿名登录、互动交流，极大地改变了以往信息传播的格局。从马航失联事件报道过程中可以看出，传播通道正在逐渐被社交媒体占领，传统媒体不能满足于等待官方新闻发布，充当“新闻搬运工”，而是要凭借集团作战优势，通过深入调查，在内容开发上多下功夫。

——刘扬　中国新闻出版网/报

3.4.4　新闻发布会的注意事项

（1）所发布的信息必须是准确无误的。

（2）发布会的主持人与新闻发言人代表组织出现在记者面前，应维护好组织的形象。

（3）发布会的主持人应充分发挥主持和组织作用。既要调动记者提问的积极性，又要控制好会场。使发布会的整个过程不偏离主题，掌握好发布会的节奏。

（4）发言人发布的信息和回答的问题必须准确无误，并且主要发言人和其他发言人的口径要统一，防止因口径不统一而引起记者猜疑和会场秩序的混乱。

（5）对于不愿发表的意见和不便透露的信息，应婉转地向记者解释，希望记者理解，不要吞吞吐吐，否则便会使记者追根究底，造成难堪的局面。

3.4.5　新闻发布会的程序

（1）签到。在接待处设签到处，最好有组织方的一个主要人物出面迎宾，一方面表示主人的礼貌和会议的郑重，另一方面也可以通过问候加强了解，建立感情。

（2）发资料。在会议正式开始前，要将准备好的资料有礼貌地分发下去，让记者对会议有一个粗略的了解，以便在发言人发布信息时对会议主题有更进一步的认识和理解。

（3）会议开始。由主持人说明召开会议的目的，所要发布的信息和有关情况的介绍、说明。

（4）发言人讲话。发言人就事件的内容做详细、准确的讲述。

（5）答问。

（6）会议结束。

3.4.6 新闻发布会的会后工作

（1）尽快整理出新闻发布会的记录材料，对发布会的组织、布置、实施、主持和回答问题等方面的工作进行评估，总结经验，吸取教训，并将总结材料归档备查。

（2）对照会议签到簿，看与会记者是否发表了与本次新闻发布会有关的稿件。搜集已经发表的新闻稿，进行分类登记，并对记者所发稿件的内容及倾向做一分析，检查是否达到了举办新闻发布会的预定目标。

（3）若出现不利于本组织的报道，应做出良好的应对策略。若出现不正确或歪曲事实的报道，应采取行动，说明真相，向新闻机构提出更正要求；若报道的虽然是正确事实，但不利于本组织，则应通过该报道的媒体向公众表示歉意，并续以改进的措施，以挽回企业声誉。

（4）搜集与会记者及其他来宾对新闻发布会的反应，看看他们对本次会议有什么意见，以便今后改进工作。

【知识链接】

公关、广告与媒体变革

媒体环境的深刻变革，带给公关人和广告人的，其实是相同的一场思维和业务重塑的挑战和机会，而这场挑战的核心就是“互联网思维”。如果要总结互联网思维在营销上的体现，我觉得是找到目标人群的兴奋点，通过深度互动来与他们打成一片、共建品牌。

探讨互联网思维如何重塑公关和广告之前，先来看两个例子。

案例一：路牌是一种静态的广告形式，当奥迪的“创领潮流，重塑未来”路牌上方出现了宝马的“新BMW7系，领袖总在巅峰”的广告牌，就引发了一场“嘴仗”，奥迪在微博上回复宝马时用一句“领袖，不能只会领‘秀’；巅峰，不能成为‘疯’巅”，这就成了一个话题，从而被关注和讨论。

案例二：媒体测试是一种常规的公关手段。凯迪拉克提供一辆ATS给媒体做对比测试，媒体用这辆ATS跑赢了运动王者宝马3系，随后凯迪拉克就开始了微博、微信上的各种挑衅，让这场战火搞得尽人皆知，同样成为一个话题而被关注和讨论。

这两个案例说明了一件事，公关和广告都可以制造挑动情绪的话题和故事，关键在于内容和创意。而话题生存的最佳土壤在网络和新媒体，因为它们可以让受众参与、互动、分享，让一切话题得到了快速的传播与扩散。至于是广告手段还是公关手段，那不重要。

这么说来，是不是意味着广告就能替代公关，或者公关就能终结广告了呢？我觉得不可能，但彼此业务的边界确实变得越来越模糊，预算的争夺在加剧。比如

"微电影"，只要有好想法，广告公司、公关公司、数字营销公司甚至是活动公司都能做。分工的平衡被打破，竞争随之而来。但在这场竞争游戏里，发牌的是客户，最终决定竞争走向的也是客户。而个人认为对客户最有利的模式，应该是策略融合、执行细分。

策略融合似乎比较容易接受。无论公关公司还是广告公司，提出的方案已经越来越有整合思维，都能提出策略思考和大创意，甚至在互联网思维的基础上组合不同的传播手段、媒介形式和平台，开放地呈现一个方案的完整性，增强方案的说服力。这样一来，客户可以从不同机构获得不同的策略和创意，如果客户还能愿意为此而付一笔服务费，世界就更加完美了。

但说到执行的细分难免会有反对的声音。刚开始有很多机构都不信邪，有广告公司里养一支公关团队的，也有公关公司挖一个广告团队的，都希望这就开始挣起整合营销的钱，但最后却大都以失败而告终。广告和公关都琢磨过跨彼此的界，但后来发现跨界的专业门槛不低，根本原因是公司的基因不一样，业务文化不一样，资源优势的积累也不一样。大多数客户都是一群善于利用不同机构里各自专业与优势的聪明人，明白执行越专业，结果才会越极致。

在新媒体环境下，广告执行的机会除了传统优势的创意和视觉呈现之外，还在于基于大数据的精准投放。而公关执行的机会则在于新媒体和新平台，提供了很多讲故事的新方式。公关和广告的配合可以很紧密，比如用公关吸引注意力来撒网，用广告精准投放来钓鱼。

如果公关公司和广告公司能早早地在互联网思维大潮之下，实现思维和业务的重塑，并融入新技术的支持，我觉得也就没有什么数字营销公司的存在了。今天很多数字营销公司之所以活得不错，不得不说是因为很多公关人、广告人的保守与惰性，对传统优势抱有太多的依赖，而对新技术和新环境缺乏太多的勇气。世事往往就是如此，创新的颠覆大都是由新生的角色促成。

——桑德拉　中国公关网（http：//www.chinapr.com.cn/）

3.5 展览会

展览会是一种综合运用各种传播媒介、手段推广产品、宣传组织形象和建立良好公共关系的大型活动，它通过实物、文字、图表来展示成果，图文并茂，给公众以极强的心理刺激，从而加深公众的印象，提高组织和产品在公众心目中的信誉。

3.5.1 展览会的特点

为了成功地举办展览会，首先应该了解展览会的特点，一般的展览会有以下5个特点。

（1）展览会是一种复合性的传播方式。所谓复合性传播方式，指的是同时使用多种媒介进行交叉混合传播。一个展览会通常会同时运用多种传播媒介，包括声音的媒介，如讲解、交谈和现场广播；文字的媒介，如印刷的宣传手册、介绍材料；图像媒介，如各种照片、幻灯片和录像等。

（2）展览会是一种非常直观、形象和生动的传播方式。一个展览会通常以展出实物为主，并进行现场的示范表演，如纺织品展览会上的时装表演。

（3）展览会能给组织提供与公众进行双向沟通的机会。展览会上，一般都有专人回答参观者的问题，并就他们感兴趣的东西进行深入的讨论。

（4）展览会是一种高效率和高度集中的沟通方式。

（5）展览会是一种综合性的大型活动，往往能成为新闻媒介追踪的对象，是新闻报道的好题材。

3.5.2 展览会的类型

（1）从展出的商品种类来看，可分为单一的商品展览会和混合商品展览会。单一商品展览会也称纵向展览会，是指展出的商品品种单一，具有连续性、发展性。例如，同一产品，不同牌号、年代、功能、质量。也可以是来自各个不同厂家的同一产品，例如，汽车展览会，其型号和牌子琳琅满目，因此竞争十分激烈。混合型商品展览会也叫横向展览会，展出的物品或商品种类繁多，使人们眼花缭乱，便于比较。例如，广州商品交易会可展出各种类型的商品。

（2）从展览的性质来看，有贸易展销会和宣传展览会。贸易展销会的目的是大做实物广告，促进商品的销售，这种展销会的展品主要是实物产品。而宣传展览会的目的是为了宣传某一成果、思想或知识，或者让人们了解某一段史实。例如，交通安全展览会、中小学生思想品德教育展览会就是宣传展览会。这种展览会通常展出图片资料、图表和有关的实物来达到宣传效果。也有的展览会具有展销和宣传双重性质。

（3）从举办的地点来看，有室内展览会、露天展览会、流动展览会。室内展览会是较常见的一种方式，较为正规、隆重，布置要经过精心设计，较为复杂，所需费用也较大，优点是不受天气影响，适合于长时间的物品、文字和图片的展出。露天展览会布置较为简单，所需费用较少，接待观众方便，参观人数多，适合短时期的物品、文字和图片的展出。缺点是容易受天气影响，不适合展出较为精致、价值高的小物品。流动展览会是以船只或车厢为流动场地。

（4）从展览规模上来看，可分为大型、小型展览会。大型展览会参展的项目多，参观的人多，需要专门单位举办，需要较高的技术，要由有经验的人统一筹划、统一指挥，还需要各方面的具体工作人员做很多细致的工作。小型展览会参展项目少，规模小，组织内部的公共关系人员即可策划和组织。

（5）按照展览会的展出时间，可分为长期展览或固定形式展览，如中国故宫博物院；定期更换部分内容的展览会，如武汉展览会；一次性展览会，结束后即行拆除。

（6）按照展览会的内容可分为以下几种形式。①专业展览会。如汽车、服装、家具展览会等。②购买周展销会。利用各大商店的橱窗、柜台陈列布置进行展销。时间为一周。③内部展览会。就是在组织本部或租借场地举办以其发展历史为内容的展览会。④国外展览会。参加政府在国外的商品展销或国际性商品展览。

3.5.3 展览会的设计与操作

要办好一次展览，需要精心设计并认真实施以下内容。

（1）设计展览主题和展览目的

一个展览会的内容可能有很多项，但主题只有一个。主题在展览会中起着提纲挈领的作用。突出主题，围绕主题的展览才会成功。如果把参展物品、图表、照片、数字比作散乱的珍珠，那么，主题便是串连这些珍珠的锦线，用这条锦线串连起来的珍珠，才能形成一条美丽的项链。主题鲜明的展览，能给观众留下明确、清晰的印象，形成一定的思想观点，从而实现为组织传播信息、在公众中树立企业知名度和美誉的目标。

与此相反，如果展览会的主题不明确，就必然造成展品和版面的混乱，观众抓不住要点，也不会形成完整的印象，这就不会达到展览会的目的。

（2）确定参展单位和参展项目

如果不是本组织独自举办展览，那么应采用广告或发送邀请等形式吸引参展单位。广告和邀请信应写清楚展览会的宗旨、展出项目类型、估计参展者的人数和类型、展览会的要求及费用预算等，以便给潜在的参展单位提供决策所需的资料。

（3）选择展览会类型

根据展览会的主题及客观条件来选择合适的展览会类型也是十分重要的。

（4）规定展览的时间、地点

有些展览要顾及时间性、季节性，如农副产品的展览、花卉展览等。选择展览地点要考虑到参观者方便、环境适宜、辅助设施易配置等因素。我国的展览会一般都选在闹市区举办，而国外一般选在郊外，因为闹市区很难解决大量停车问题。

（5）构思整个展览的结构

展览是实物、版面、解说词之间的合理组合。所以，任何展览都应指定一名展览主编，由他负责构思整个展览结构、设计会标、制作主题宣传画、撰写前言及结束语，并向各分部的编辑或负责人交代布局及处理各部分之间的衔接。主编还应设计围绕展览会的其他活动，例如，设计传播活动、设计展览会效果评估标准以及收集反馈信息的方法。

（6）写出前言、解说词和结束语

展览会的前言要有信息性；解说词要真实客观、生动具体、朗朗上口；结束语要有概括性、总结性、前后呼应、加深印象。

一个展览会如同一篇生动活泼的大文章，这文章从前言开始，吸引观众步步深入。开头说什么，中间的版面和实物如何设置，最后如何收尾都要精心设计。要做到主题突出，层次分明。

（7）准备展览会辅助宣传资料

展览会辅助宣传资料是必不可少的，如录音、录像、幻灯片、各种宣传小册子、展览会目录表、招贴画等。

（8）成立专门向外发布新闻的机构

不论是宣传型展览会还是产品促销型展览会，都要有专人负责向外宣传。所以，在筹划展览会时就要考虑成立专门对外发布新闻的机构，负责和新闻媒介进行联系的一切事宜。要制定新闻发布的计划，如确定发布的内容、时机、形式等。公共关系人员应发掘展览会中有新闻价值的东西，写成宣传材料，以扩大展览会的影响。

（9）培训展览会的工作人员

展览会工作人员的素质对整个展览效果影响很大。因此，必须对展览会的工作人员（如讲解员、接待员和服务员等）进行专门培训。使他们具有现代公共关系意识，表现出对工作、对观众的极端热情，尤其是讲解员应该有知识、有修养、有口才，在讲解时应仪态大方、发音清晰、语速适当。

（10）做好辅助工作

准备展览会的辅助设施和相关服务。如交通运输、食宿、门票、接待、信息反馈、安全保卫、停车场等。展览会是立体式的综合传播，涉及的方面较多，所以要经过精心的策划和细心的准备。

（11）预算展览会的费用开支

一个展览会的费用通常包括场地费用、设计和布置费用、工作人员的费用、联络费及交际费、广告费、印刷品费、运输费、保险费等，要对这些费用进行预算，根据展览所要达到的效果来考虑花费的标准。

（12）检测展览效果

设计评估展览会的标准、设计有关展览会的知识测验题、召开参观者座谈会、会后登门访问或发出调查问卷、整理观众留言等。

【知识链接】

展台设计十要素

展示是一场视觉盛宴。但是在有限的时间与空间之内设计出一个优秀的展示作品无疑是一项挑战。展示既要有新意，又要充分体现展品，而且不能喧宾夺主。那怎样才能设计出又有新意，又不喧宾夺主的展览呢？

众所周知，展会设计是一门综合的设计艺术，是一种实用的、以视觉艺术为主的空间设计。是一种对观众的心理、思想和行为产生影响的创造性设计活动。通过在会议、展览会、博览会活动中，利用空间环境，采用建造、工程、视觉传达等手段，借助展具设施，将要传播的信息和内容呈现在公众面前。所以在展会设计时，设计师要考虑的因素有很多，我们认为设计师在设计时做到以下十大要求是很重要的。

要有醒目标志：与众不同的标志能吸引更多的参观者，便于参观更容易识别寻找，使走进展台的参观者留下印象，并在会后被触及回忆。展会设计要独特，但是不要脱离展出目标和商业形象。

从目标观众的角度做设计：传统的设计，特别是庙宇、宫殿、银行等，强调永恒、权威和壮观。但是在竞争的展览会上，展出成功与否在很大程度上靠观众的兴趣和反应。因此，展会设计要考虑人，主要是目标观众的目的、情绪、兴趣、观点、反应等因素。从目标观众的角度进行设计，容易引起目标观众的注意、共鸣，并为目标观众留下比较深的印象。

要考虑空间：设计人员还要考虑展会工作人员数量和参观看数量。拥挤的展会效率不好，还会使一些目标观众失去兴趣。反之空荡的展会也会有相同的效果。因此，展会面积是主要因素。

要考虑人流安排：参展企业也许希望在展台内有大量的能自由走动的观众，也许希望吸引大量的观众，但是只让经筛选的观众走进展台；也许希望记录每一观众的数据，也许希望只记录经筛选的少数观众；或者甚至不考虑此工作。展台安排对人流控制管理是关键因素。因此，设计人员在开始就要了解参展企业希望何种人流。

要和谐，不要杂乱无章：展会的展台是由很多因素，包括布局、照明、色彩、图表、展品、展架、展具等组成。好的设计是将这些因素组合成一体，帮助参展企业达到展出目的。

要简洁不要复杂：一般人在瞬间只能接受有限的信息。观众行走匆忙，若不能在瞬间获得明确的信息，就不会产生兴趣。另外，展台复杂也容易降低展台人员的工作效率。展品要选择有代表性的摆设，必须有选择，有所舍弃。简洁、明快是吸引观众的最好办法。照片、图表、文字说明应当明确、简洁。与展出目标和展出内容无关的设计装饰应减少到最低程度。

要有突出焦点：展示应有中心、有焦点。展台的焦点能够吸引注意。焦点选择应服务于展出目的，一般会是特别的产品、新产品、最重要的产品或者被看重的产品。通过位置、布置、灯光等手段突出重点展品。

要明确表达主题，明确传达信息：主题是参展企业希望传达给参观者的基本信息和印象，通常是参展企业本身或产品。明确的主题从一方面看就是焦点，从另一方面看就是使用合适的色彩、图表和布置，用协调一致的方式以造成统一的印象。

展台要易建易拆。设计要慎重，不轻易更改。设计时，要考虑周到、全面，设计方案一经讨论通过就不要轻易更改，尤其不要在后期更改，更改可能拖延施工、增加费用、甚至影响开幕。预算常常是矛盾之源。预算和设计之间可能有很大差距。作为设计人员，必须现实地接受预算，在预算内尽力做好设计工作。如果预算不清楚，并不意味没有限度。这很可能造成很多麻烦。如果设计施工开支过多，设计人员应承担责任。因此，要坚持弄清楚预算标准，控制开支，事先安排所有项目及标准，在预算内做好设计施工工作。

——中国会展网（http：//www.expo-china.com）

3.5.4 企业如何参加商品展销会

目前，名目繁多的商品博览会、商品展销会、交易会层出不穷，企业经常接到这方面的邀请函。那么，企业应该怎样对待这些商品展销会呢？是否应邀参展呢？企业如何去参加商品展览？

一般来说，企业应该主动、积极地参加有关展销会。因为参加有关展销会能使企业全面分析市场动态、掌握市场趋势；还能摸清竞争对手的情况。“在为期几天的交易会上，你所接触到的客户，比你所有雇员在一年内所见到的顾客还要多”。因此，任何一个企业都不会轻易放过比较重要的交易会。如果不去参展，无形之中会给别人留下该企业不景气的感觉。香港商品展览会执行主席德瑞克·狄更斯提醒说：“展览交易会将给企业开辟新的渠道，寻找新的代理商和发展新的客户提供机会。”那么，企业如何参加展销会呢？

（1）了解并选择

由于各种展销会层出不穷，参加展销会费用较高且不能保证立刻带来经济效益，所以并非所有的展销会一定要参加。企业公共关系人员应想办法了解展销会，并且有选择地参加。判断一个展销会是否值得参加，需了解以下情况。

第一，了解展销会的历史和组织者的成绩。一个经常性的展销会能吸引更多的参加者；一个经验丰富的组织者，更能妥善处理交易会过程中出现的问题，以保证展销会的成功。

第二，了解参展者数目。了解有多少参展者是你的权力。有信誉的组织者会提供这方面的细节。

第三，了解是否有国际参展者。一般较大规模的展销会都应有15%～30%的国外参展者。

第四，了解展销会的信誉。展销会是否被国际机构认可，这是展销展会信誉的保证。而要获得“国际联合商品博览会”的认可，必须具备三个条件：其一，是同一展销会在同一城市连续举行三次；其二，是提供一套完整的产品检测系统；其三，是吸引一定比例的外国参观者。

（2）明确参展目的

参加展销会的目的是什么，缺少经验的参展者往往只关注订单的多少，而有经验的参展者，则更注重在展销会上宣传和提高企业形象，巩固原来的贸易关系，挖掘潜在市场。

（3）主动适应展销会特点

一些地区性展销会，会使企业赢得地区性的潜在市场。日本的商品展销会适合展销精品，而稍次级的产品放在东南亚的交易会上则能获得成功。新加坡的交易会虽然不能给企业提供一个巨大的地方性市场，但它能给企业带来印度尼西亚、马来西亚、泰国和菲律宾的买主。香港的交易会主要是面向大陆市场，广州的春、秋两季商品交易会则是中等厂商们的主要活动场所。

（4）精心布置展台

参加展销会，一般需要搭展台、布置展台。展台必须提前布置好，切忌在临开幕前才草率完工。展销会的规模越大，你的展台就越要醒目。

如果在外地参展，应认真听取当地人的意见，或是雇佣一个当地代理人布置展台，都会对企业有利。不过有一点要注意，自己请的本地代理人，虽然便宜，但往往只能办简单的事。他们常常把一些关键性的工作转包给别人。要解决这个问题并不难，就是找展销会组织者帮忙。一般大会组织者都会提供一些官方的展台代理人，他们熟悉环境，熟悉程序，而且有优先于其他代理人提前进入展厅布置展台的权利，他们比较可靠。

（5）积极促销

不要在展台前坐等客来，应该积极主动地促销。例如，组织一个研讨会，宣传本企业的最新产品；准备一些宣传资料，诸如精美的样品画册、小巧的馈赠礼品；也可以举行新闻发布会等，还可邀请潜在的主顾共进晚餐。

3.5.5 展览会举办效果评估

展览会举办效果的评估是对实施展览工作所带来的社会效益的测量和评估。它主要体现在参观者对展品的反映，对组织的认识和对整个展览会举办形式和效果的看法等方面。其评估方法主要有以下几种。

（1）参观者留言的形式。举办者或参展者在展览厅出口处设置参观者留言簿，主动征求参观者意见。

（2）召开观众座谈会。在展览会过程中，随机找一些观众座谈，谈论一下对展览会的观后感，并要求提出其看法和意见。

（3）记者采访的形式。在展览会期间，记者活动在展览会上，随时随地提出一些双方感兴趣的问题让观众回答，来收集观众意见。

（4）问卷调查的形式。展览会结束后，向观众分发调查问卷，了解展览会举办的实际效果。

（5）当场举办有关展览会内容的知识竞赛，当场提问，当场解答，当场发奖。

【案例衔接】

“宝格丽——125年意大利经典设计艺术展”案例

【项目背景】

宝格丽（商业）上海有限公司市场部是公司内部的重要职能部门之一，负责宝格丽在中国的产品推广战略定制及其产品品牌的产品策略制定，并统筹宝格丽在中国市场的策划事务实施。

宝格丽的设计历史

意大利的宝格丽，是继法国卡地亚和美国蒂芙尼之后的世界第三大珠宝品牌。这个品牌源自希腊，创始人索蒂里奥·布尔加里是希腊伊庇鲁斯地区的一个银匠。1879年，索蒂里奥举家移民到意大利的那不勒斯，1884年他在罗马开了一家银器店，专门出售精美的银制雕刻品。

20世纪初，在欧美珠宝界中，以法式风格最为盛行，首饰的题材和选料都有一定规矩。到了20世纪40年代，来自意大利的宝格丽率先打破了这一传统。它在首饰生产中以色彩为设计精髓，独创性地用多种不同颜色的宝石进行搭配组合，再运用不同材质的底座，以凸显宝石的耀眼色彩。为了使宝石的色彩更为齐全，宝格丽首先在它的首饰上使用了半宝石，如珊瑚、紫晶、碧玺、黄晶、橄榄石等。宝格丽产品色彩之丰富，常常令人叹为观止。

为了使首饰上的彩色宝石产生浑圆柔和的感觉，宝格丽开始研究改良流行于东方的圆凸面切割法，以圆凸面宝石代替多重切割面宝石。这对当时的欧美传统首饰潮流来说，算是一次有冲击性的革新。此外，宝格丽开创了心型宝石切割法和其他许多新奇独特的镶嵌形状，这在当时是惊人之举。到今天，这些已经逐渐发展为首饰生产的标准。

自20世纪40年代开始，宝格丽步入多元化发展阶段，推出了精美的腕表作为时尚配饰，并配合珠宝、银器系列，三线发展。第二次世界大战结束后，为了满足当时人们多样化的生活需求，宝格丽再接再厉，将其精品范围扩大到了眼镜、皮件、香水、瓷器等产品。不过即使到了今天，宝格丽还一直保有作坊形式生产，这使得其作品既有精致的手工感，又兼备深厚的艺术工艺气息，具有颇高的收藏价值。

从1970年起，宝格丽加快了进军国际市场的步伐。这期间，纽约、巴黎、日内瓦和蒙地卡罗等世界各大都市的宝格丽精品专卖店纷纷开张。这个意大利品牌经过四代人的努力，俨然已经成为精致生活品位的标志。它是不折不扣的意大利顶级精品，在每年的各类时尚排名中，一直稳居全球知名品牌的金榜。

宝格丽——125年意大利经典设计艺术展背景

传统意义上的奢侈品展览，通常以包括名人出席、大型媒体活动以及派对形式体现。然而，根据当前市场营销活动和公关推广宣传的发展状况来看，以上提及的方式不能满足品牌声音扩大的全部需求。首先，名人出席对于受过教育的消费者，尤其是收入较高的消费者的影响力不如从前。其次，潜在消费者接受和获取信息的途径发生了巨变。互联网络在中国的迅速发展，已成为人们共享信息的主要载体。同时，传统媒体的影响力衰减，网络宣传开始体现出其重要价值。

由此，作为意大利经典珠宝设计品牌，宝格丽在北京的展览采用了传统营销与网络宣传结合的方式，成功地打开了在中国的品牌知晓度并巩固了中高端客户的品牌忠诚度。

【项目调研】

宝格丽在中国

宝格丽是Bulgari在中国的名字，十分有明星色彩。事实上宝格丽的珠宝以及配件在世界各大颁奖典礼上早已成为明星们佩戴的首选。宝格丽CEO Francesco Trapani先生认为，宝格丽身上集合了一种“现代经典”的特质，既有古典的优雅，又有现代的创新元素，这个特征让宝格丽一直以来备受推崇。2003年底，宝格丽进入中国，对于中国的众多时尚消费者来说，这个来自意大利的顶级珠宝品牌还略显陌生。如何将宝格丽品牌的文化内涵传递给中国消费者至关重要，而开设全资投入的专卖店是一种很重要的了解方式，中国内地的专卖店也被纳入了宝格丽全球的销售体系中，在中国内地的消费者可以与世界其他国家的消费者同步看到宝格丽的最新产品。

目标人群

高端珠宝消费人群

年龄：35~55岁　教育：中等到高等教育水平

生活态度：思维开放，热爱时尚，注重形象，追求生活品质、有奢侈品消费习惯

职业：高级管理人员、知名艺人、商人、企业家

珠宝设计艺术爱好者

年龄：18~35岁　教育：高等教育水平

生活态度：追求时尚，专业，热爱设计及艺术

职业：专业学生及教师，艺术爱好者

项目可行性分析

“宝格丽——125年意大利经典设计艺术展”的全过程中，数字平台的应用成为中国消费者直接与宝格丽官方交流接触的主要媒介。采用数字营销，其目的在于发展有规模的整合营销，增强与消费者的互动性，让消费者可以通过网络平台阐述自己对意大利经典设计艺术的诠释。

本次活动最大限度地应用了微博平台作为与消费者沟通联络的最佳途径。借此与中国年轻一代建立起联络，有效地向他们传递宝格丽的历史和品牌价值。与此同时，传统媒体渠道的跟进和展览的现场体验以更为具象的形式向消费者传递宝格丽的艺术与设计理念。

宝格丽希望在这次展览中凸显中意文化交流以及意大利经典设计艺术在中国的推广，并让媒体和消费者深切感受宝格丽在珠宝设计方面所积淀的深厚文化。

【项目策划】

传播目标

通过“宝格丽——125年意大利经典设计艺术展”创造大量口碑传播、媒体宣传从而有效提升品牌知名度，保持并强化消费者对宝格丽品牌的关注；将宝格丽在顶级珠宝工艺方面的卓越成就和深厚的品牌文化底蕴传递给中国消费者。强化中国消费者对宝格丽品牌在珠宝行业绝对领导地位的认知；巩固宝格丽作为最受中国消费者青睐的顶级珠宝品牌声誉，同时积极引导并挖掘更为广泛的潜在客户群体，尤其是接受高等教育的年轻消费者。

传播战略

认知：充分了解中国宏观社会文化环境以及目标消费者具体的消费行为和习惯，优选各个可能的接触点，将展览讯息和宝格丽的品牌信息有效传递给重点目标消费群体。

解读：加强宝格丽品牌与中国消费者的关联性。

创新：通过极富新意的活动形式和接触方式，凸显宝格丽品牌的独特设计和深厚历史底蕴，从而将其与其他品牌区分开来。

影响：充分利用中国国家博物馆的影响力以及展览本身的深远意义强化宝格丽作为顶级珠宝行业领导者的形象。

【项目执行】

第一阶段：预热

在展览正式发布前，邀请媒体介绍宝格丽和策展人Amanda Trossi女士及其价值主张，打响知名度，引起公众兴趣，树立良好的口碑。

策展人专访

在展览进入中国之前，Amanda Trossi女士受邀来到中国，接受了中国主流时尚、艺术和综合类媒体的采访，同时也作为“宝格丽——125年意大利经典设计艺术展”的官方信息公布。

媒体大片拍摄

针对宝格丽的主要受众邀请时尚杂志进行系列大片拍摄，为这次展览提供更多媒体曝光。

媒体稿件发布

在展览即将开始前的8月底发布系列采访稿件和新闻稿件，以增加中国观众的期待度。

第二阶段：开幕式

盛大活动引发海量曝光，进一步提高知名度，深化消费者对宝格丽品牌的认可和支持。同时展览能直接提升目标受众对宝格丽产品本身的认识，使他们得以亲身体验宝格丽在珠宝手工艺制作方面的完美之处。

宝格丽——125年意大利经典设计艺术展开幕式

北京“125年意大利经典设计艺术展”为中意两国文化交流开启了一页新的篇章。本次展览以代表意大利艺术设计最高成就的约600件宝格丽珠宝为个案，解析了意大利艺术设计的风格特点以及发展脉络，同时也展示了意大利人的审美趣味和生活方式。这些代表着意大利设计艺术和珠宝发展历史的稀世瑰宝。此次在北京的展览是它们首次走出欧洲，为中国观众演绎的一场流光溢彩的文化与艺术盛宴。

意大利共和国驻华大使Attilio MassimoIannucci先生特地为此次展览的目录册作序。他在序言中提到，追溯宝格丽的历史，此次展览不仅为我们提供了一次沉浸在优雅艺术审美海洋中的机会，同时，这更是一场规模宏大、水平极高的文化艺术展览，是一场促进中意两国文化艺术交流的宏伟盛会。

“宝格丽——125年意大利经典设计艺术展”按时间顺序依次分成七个章节，精美的珠宝，腕表与艺术杰作将为中国观众讲述这一全球知名珠宝品牌的传奇故事。观众首先观赏到的是创始人Sotirio Bulgari于19世纪后期打造的银器饰品。Sotirio Bulgari是位希腊的银匠，才华横溢且具有敏锐的商业意识。年轻的他只身前往罗马，并于1884年在此奠定了坚实基础，后来成就了全球瞩目的珠宝王国。

在接下来的20世纪20—30年代展区，观众可以欣赏到一系列从Art Deco装饰艺术时期获得设计灵感的钻石珠宝。当时，此类设计风格得到了品牌创始人的两个儿子，Giorgio和Costantino的充分理解与演绎，宝格丽品牌自此开始走向巅峰。20世纪40—50年代，宝格丽的作品设计虽然深受法国珠宝风格的影响，在设计上仍呈现出别样风格。20世纪60年代成为宝格丽品牌充满变革的十年，更是品牌核心价值逐渐形成的鼎盛时期。宝格丽在这一时期呈现出独特的品牌气质——设计大胆、风格鲜明、造型隽永、色彩绚丽，其与众不同的设计理念沉淀出真正意义上的“意大利学院派”珠宝风格，与此前的经典法式珠宝风格形成强烈对比。

紧随其后展出的是20世纪70年代创意作品，该时期作品深受波普艺术影响，并因此备受艺术大师安迪·沃霍尔的盛赞，成就了宝格丽品牌历史中另一华彩篇章。20世纪80年代开始，意大利文艺复兴元素再次风靡，宝格丽的整体设计因而呈现出更为大胆新颖的风格。20世纪90年代以来，宝格丽对宝石材料的重组再次为人们带来超乎想象的惊喜，珠宝的“成品佩戴”理念也在这一时期逐渐为更多人所接受。

进入2000年，宝格丽珠宝依然延续着其顶级奢华的独特风格，这一理念通过几件精心甄选的精品得到诠释，其中包括一条镶有重达321克拉的缅甸蓝宝石而惊艳全场的项链。此次展览特设主题展厅，专门展示宝格丽时尚风格发展进程的重要里程碑，诸如以古钱币取代珍贵宝石进行创作的Gemme Nummarie（或称：钱币宝石）系列，该系列设计曾在古罗马甚为风靡。

在珠宝与腕表展品之外，此次回顾展还展示了一系列文献资料，其中很多内容均系首次对外公布，包括来自各个时期的设计图纸以及大量艺术家、贵族和社会名流的珍贵图片。他们自宝格丽创建以来便深受其珠宝奢华魅力的感染。作为对Dolce Vita（甜美生活）年代的致敬，整个展区布满了当时明星的画像和语录、富有传奇色彩的女演员于银幕上佩戴过的珠宝草图以及其他许多展现宝格丽和电影制作艺术紧密联系的图片文件。宝格丽与电影行业的合作始于20世纪40年代，至今依然延续这一传统。

第三阶段：晚宴

人民大会堂晚宴

来自世界各地的约300位尊贵嘉宾受邀参加开幕当晚的人民大会堂晚宴。

媒体晚宴

来自中国的200余家媒体和海外的70余家媒体一同参加了开幕当晚的媒体晚宴。

第四阶段：125年意大利经典设计艺术研讨会

在“宝格丽——125年意大利经典艺术设计展”拉开帷幕的第二天，以中国与意大利两国经典设计艺术的历史与发展为主题的“125年意大利经典设计艺术研讨会”在中国国家博物馆学术报告厅成功举行。

研讨会主讲人为中国国家博物馆副馆长陈履生先生以及两位来自威尼斯Ca’Foscari大学的教授Sabrina RastellI女士和Fiorenzo Lafirenza先生。同时，策展人Amanda Triossi女士也围绕中意两国在经典设计艺术领域的沟通交流以及125年来BVLGARI宝格丽在珠宝设计领域的历史发展特点进行深入阐析，同时与参会观众和各类专业媒体就相关问题进行沟通问答。

“125年意大利经典设计艺术研讨会”是一场在经典设计艺术领域的高质量研讨会，它以中意两国在设计艺术领域的不同视角，借助宝格丽“125年意大利经典设计艺术展”的绝佳契机，从历史与发展等方面深入、全面介绍了百年来意大利珠宝艺术的璀璨发展历史，对中国观众了解意大利艺术文化和促进中意两国更加深入全面的文化艺术交流有着重要意义。

【项目评估】

项目亮点

诸多明星出席。新闻发布会、开幕仪式、晚宴和研讨会等系列活动持续了两天。这期间，共计超过200家中国媒体和65家海外媒体参加活动。

相关数据

· 新闻发布会：209家中国媒体；65家海外媒体。

· 开幕仪式：18位明星；5 000位嘉宾。

· 研讨会：400位观众。

· 晚宴：10位明星；276位尊贵嘉宾。

· 展览观众：

共计约10万观众参观“宝格丽——125年意大利经典设计艺术展”，体验宝格丽自1884开始的顶级珠宝手工艺。

· 媒体报道：

共计162家平面媒体、16家电视媒体对活动进行报道，同时网络上有28段网络视频以及105篇来自各大门户网站的报道。媒体报道的广告价值超过客户预算的66倍，达到11 392 037美元。

——中国公关网（http：//www.chinapr.com.cn）

3.6 开放参观活动

开放参观实际上是一个组织的公开展览。它有助于提高组织经营管理的透明度，增进外界公众对组织的了解和认同，形成组织良好的公共关系。开放参观活动，指的是社会组织邀请内外公众（主要是外部公众）参观本组织的工作条件、环境设施、成就展览等。是公关实务中经常使用的一种团体性专项公关活动。其目的是增进组织与某类重要公众之间的双向了解；消除某些公众对组织的一些偏见和误解；亲善社区或邻里关系，增强组织与公众的联系。

3.6.1 开放参观活动的作用

（1）提高社会组织的透明度

社会组织对外开放参观，无疑是主动把自己暴露在公众的视线下，让公众直接了解组织各方面的情况，大大提高组织的透明度。

（2）增加社会组织的“人情味”

组织对外界开放，通过对来宾的礼貌接待，可博取公众对自己的好感，缩短组织与公众之间的距离，促使感情互动，增添组织的人情味。

（3）为组织与公众直接沟通提供机会

开放参观的过程就是组织领导人与工作人员同各界参观者直接接触的过程。通过演讲与座谈，介绍组织的情况，回答和解释参观者提出的问题和疑虑，倾听参观者的意见和建议。

（4）形成一种压力，促使组织总体素质的提高

组织要对外开放参观，就必须注意自己的环境形象，人员素质形象，以便给观众留下一个好的印象。所以，无形中会对组织产生一种压力，促使管理者努力提高管理水平，促使全体员工注意自身的言行，使组织的总体素质得以提高。

（5）消除公众对组织的误解或疑虑

一个组织难免会由于某些客观或主观因素的影响，让某些公众产生误解或疑虑。在这种情况下，对外开放参观就是一剂消除误解，排除疑虑的良药。例如，靠炸药起家的杜邦公司最初生怕新闻媒体找麻烦，因而层层戒严，绝对不让记者进门，更不能采访报道。但是，在公众中传播的谣言却越来越多，最后，社会上甚至形成了一种可怕的印象：杜邦杀人。杜邦心想，自己搞炸药，本是一项化学工业，

也是为民造福，怎么偶尔有砰砰声，就成了杀人犯了呢？为此杜邦好不苦恼。一位在报界工作的朋友告诉他与其“闭关锁国”，不如“对外开放”。杜邦听此妙言，茅塞顿开。不仅采纳了这一建议，遇事干脆让记者进厂参观，介绍情况，由他摇动笔杆，将真相告诉公众，很快，杜邦公司纠正了过去由于各种爆炸事件和遮遮掩掩给人们造成的坏印象，开始得到公众的好评。

【案例衔接】

伊利开放工厂：用真诚揭开乳业神秘面纱

深受重创的中国乳制品行业，面临的早就不是品质与质量的问题，而是如何重塑消费者的信心。

有业内人士认为，随着国民生活水平的提高，乳制品已成为大众最为普遍的消费品，关注度也不断上升，任何一件安全事故都会引发消费者的高度重视。而近年来，中国乳业也确实发生了一连串的行业事故，导致消费者对国产乳制品信心下降。

但是可以见到的是，国产乳制品品牌越来越将食品安全放到工作的第一位，加大各种投入，以确保和提升产品品质。“其实，国产乳制品的品质在高透明度的监督下，与国际品牌并无差距，现在国产品牌唯一要做的就是恢复消费者的信心。”该业内人士说。

产品质量和品质，可以通过加强管理、改善工艺来实现，而消费者信心，却不是几句“相信我”就可以做到的。所以，很多乳品企业扯去自身的神秘面纱，邀请消费者到工厂参观，切实感受乳制品的生产过程。“眼见为实，让老百姓放心”，伊利公司相关负责人表示。

持续打造“透明工厂”。

伊利“开放工厂”活动一直如火如荼地进行着。此次活动并非一次心血来潮，而将作为一个长期的项目持续进行。

该活动将作为伊利品牌今年的一项重要工作推进。另外，此项目也在伊利全国工厂推行，北至黑龙江肇东，南至广东佛山，西起宁夏吴忠，东到江苏苏州，让全国各地的消费者都可以走进伊利，了解伊利。

“伊利诚邀消费者走进工厂，接受来自社会各界的审视和监督。作为企业，我们会充分保证消费者的知情权和监督权。”伊利集团相关负责人表示，伊利将以务实获得信任，靠开放寻求发展。对此，有乳业营销专家分析称，中国乳制品企业原来都只是在做自己的事情，很少对外说些什么，即使是出了问题，也是一味地自己整改，而不对外表态，这样就给整个行业蒙上了一层面纱，消费者对行业知之甚少。也就形成了当前中国乳业失去消费者信任的局面。所以，中国乳制品企业要试着向消费者开诚布公，要让消费者了解自己到底做了些什么。开放工厂活动，就是可以让消费者了解乳业生产全过程，揭开这层神秘面纱。

——华西都市报（http：//www.wccdaily.com.cn）

3.6.2 开放参观活动的对象

参观活动的对象既要考虑参观者的代表性，又要重视特定的目标公众，同时也要考虑组织的承受能力。如果参观者像潮水般涌来，组织就可能疲于奔命和应付，因此参观对象要仔细选择和确定。参观活动的对象主要包括：

（1）目标公众：包括客户、经销商、消费者、原材料供应者、生产协作者、运输部门等。

（2）一般公众：包括社会团体、学校、文化单位、研究机构、社会各界代表、职工家属、社区居民等。

（3）股东公众：包括股东、证券商、证券专家和从业人员，证券主管部门等。

（4）党政部门：包括各级党政部门、主管部门、上级部门等。

（5）其他相关部门：包括银行、金融机构、保险公司、新闻媒介、司法部门、环保部门等。

（6）社会名流：包括专家学者、各类明星、新闻人物等。

（7）国外投资者、外国客商等。

（8）各类慈善组织和社会福利团体等。

3.6.3 开放参观的组织

要使开放参观活动取得良好的公关效果，必须做好周密的组织工作。

（1）开放参观前的准备工作。

①确定开放参观的时间，注意开放参观时间的合理性。

②准备好宣传资料。主要是供参观用的小册子及说明书，内容应简明扼要，可介绍参观的一般过程及本单位的基本情况。小册子要带有纪念意义。还须准备好介绍组织情况的幻灯片、录像和电影资料等。

③准备好展览用的实物和模型。展示一些实物可以起到引导参观的作用。

④准备好辅助设施和纪念品。如停车场地，休息场所，会议厅等。

⑤挑选和训练工作人员。主要是挑选和训练接待人员、陪同人员和讲解员。

（2）参观过程中的接待工作。

①先给参观者放映介绍组织情况的幻灯片、录像和电影资料等，分发说明书、宣传小册子，并请组织负责人讲话，帮助观众了解组织的概况。

②引导并陪同参观者沿预定路线参观，同时作必要的介绍、解说，回答提问。

③时间较长的参观，中间要安排适当的休息。

④参观结束后，可与参观者座谈，最后分发纪念品。

⑤在参观过程中，如果参观者提出特殊要求，工作人员要先与有关管理人员或负责人商讨后再作答复，以免妨碍正常工作或发生意外问题。

3.6.4 开放参观的规模与时间

组织或企业为了让公众更好地了解自己或为消除对本组织的某些误解，通常由公关部门负责组织和邀请有关公众前来本组织参观。对外开放参观这种公关活动有时会起到意想不到的效果。

任何一次对外开放参观活动都应有明确的目的。公关人员要搞清楚通过参观活动可以达到怎样的效果，让观众留下怎样的印象，是否有真正值得报道的材料。

（1）对外开放参观的规模

参观活动开展之前要确定规模的大小，从而做出相应的安排。如果只是少数几个人参观，可以陪同他们到几个部门去，并介绍情况，赠送资料和纪念品等；如果是较大规模的团体参观，最好制订一个计划，安排好接待次数、每次参观人数和开放时间等。一次接待15个人比较恰当。每天接待2～3次，有专人伴随进行讲解介绍，回答参观者所提出的问题。

（2）对外开放参观的时间

不但要考虑开放参观的时间，也要考虑整个参观活动所需的时间。开放参观的时间最好安排在一些特殊的日子，如周年纪念日、企业开工日等。如上海电视台每逢元旦、中秋节、春节便邀请本台职工家属来电视台参观，让他们为自己亲属在这里工作而感到骄傲，使他们支持并协助本台职工的工作。

要有足够时间准备对外开放参观活动。规模较大的开放参观活动需要3～6个月的准备时间，如果还要准备大规模的展览会，编印纪念册或其他特别节目，则需要的时间更多，这时就需要注意时间安排的合理性，要尽量避开假期，并考虑好天气、季节的变化等。

3.6.5 开放参观的注意事项

（1）人员安排

从有开放参观的构想起一直到活动的结束，都应有高层主管人员参与其事。组织大型的参观活动，最好成立一个专门的活动筹备委员会。委员会成员应包括：企业领导、公关人员、行政和人力资源管理部门人员等。还要根据参观的不同目的，选择不同的人参加，如果参观的目的是强调服务或产品，还要请销售部门的人员参加。

（2）准备宣传材料

要想使开放参观获得成功，最重要的是做好各种宣传工作，准备一份简单易懂的说明书或宣传材料，发给参观者。

（3）划分参观线路

提前划好参观线路，防止参观者越过参观所限范围，出现不必要的麻烦和事故。有些组织的主管人员往往担心开放参观活动会使某些秘密技术或某些制造过程的细节泄露，其实，只要安排得当、向导熟练，就可以防止泄密事件。因此，不必在这方面有过多的顾虑。

（4）做好接待服务工作

对参观者应热情周到地做好接待工作，如安排合适的休息场所和备好茶水饮料；需要招待用餐的，也要事先做好安排；如果邀请的对象有儿童，更要特别小心，要准备点心、休息场所、必要的盥洗设备等，也可送一些印有介绍组织材料的玩具。

【案例衔接】

奔驰开放北奔研发试验室　讲述产品背后的故事

北京梅赛德斯–奔驰销售服务有限公司高级执行副总裁李宏鹏认为，以往奔驰在新产品方面就介绍产品，认为把产品亮点说透，公众就会理解这个产品。从一年前奔驰意识到公众更需要了解产品背后的故事。而选择开放新一代C级车研发生产基地，李宏鹏认为，这也可以向外界证明北京奔驰现在的制造工艺和生产能力完全能够胜任这样的任务。“我们也已经为未来打下了非常好的基础。新C级车的技术含量、制造工艺、质量控制和全新一代S级车有很多相通的地方，能够把C级车造好，也能够胜任未来更多奔驰新产品的制造。”

李宏鹏认为，奔驰在中国市场的发展靠的就是改变，而改变则体现在产品、思维和行动三个方面。“销售公司的成立实际上是一种改变，把国产车和进口车分割式的管理合成一个管理渠道、同一网络实体。在过去一年半的时间里充分证明了这个做法非常正确。”

此外，奔驰在销售、公关、网络、售后服务方面的一系列的测试都是具体行动上的改变；产品方面则会每年有新款车型投向市场。李宏鹏强调，尤其在产品方面的改变，不是产品照搬，而是倾听中国的声音。

李宏鹏介绍说，为新C级车上市，奔驰提前将近八个月以上的时间启动全新一代C级车的培训工作。首先增加了最具中国特色的销售技巧的培训。其次，针对不同级别的人员提供不同的差异化培训。

他具体解释，“我们设计出针对经销商总经理的培训，第一他要去开去感受，第二他要知道如何将产品用简短的几句话提炼出来，第三如果人家问你一些非常有针对性的问题，你应该如何回答。”

——腾讯网（http：//auto.qq.com）

课后练习——案例分析

百度“公益一小时”

一、摘要（Summary）

1个小时内，1家互联网公司、联合60万家联盟合作伙伴网站，借助互联网平台的巨大影响力，帮助了一大批特定弱势群体。2012年公益一小时诞生，1小时内，36万网友送出祝福，为偏远山区学童共捐出36万份午餐，价值108万元；2013年公益一小时延续，1小时内，58万网友送出祝福，募集保额58.6亿元保额的大病医保，为四川雅安灾区儿童捐出近3万份“大病医保”，价值220万元。

二、目标（Objective）

（1）通过互联网，让弱势群体得到广泛关注和帮助，让公益触手可及；

（2）体现百度“平等地成就每个人”的CSR理念。

三、议题（Issue）

随着社会的进步、人们生活水平的提高，公益活动开始频繁地出现在公众的视野中，越来越多的普通人愿意加入到公益事业中。为了降低参与门槛，公益活动正从传统的企业型公益、事业型公益向平民公益转移。因此，以百度“公益一小时”为代表的“微公益”，已成为时下被广泛使用的一种公益形式。

四、洞察（Insight）

（1）网民倾向于更“简单可依赖”、门槛低的公益行动，尽可能让网民在PC端和移动端均可参与，便能改变以往只有社会名流和慈善机构才能作为公益主体、普通人只能袖手旁观的状况；

（2）公益活动的监管应该更加透明和及时，不仅可以提升公益活动的效率，更增强宝贵的信任，进而提升品牌美誉度。

五、创意/策划（Idea）

（1）发挥百度庞大的媒体平台资源优势：百度整合首页文字链、贴吧、知道等资源，并联合60万联盟合作伙伴网站，使公益活动得到最大程度的曝光和关注。

（2）打造触手可及的互联网公益新模式：利用互联网在移动端和PC端的双向力量，提高公益活动过程和结果的透明度，网友可以随时随地参与和监督。

六、实施（Implementation）

（1）2012年推出“公益一小时”概念，通过社交平台新浪微博+百度首页Logo+百度网页专题+60万联盟伙伴网站广告展示的形式进行传播，吸引网民1小时内爆发式参与；

（2）在2013年“公益一小时”活动，除沿用去年的展示形式外，1万个主流APP应用也同时推广发布。由于移动端高到达率的特性，用手机做公益，进一步拓宽了网友参与的渠道。

七、效果（Impact）

（1）传播效果层面

①明星和社会名人力挺："公益一小时"活动每年都会获得众多中国最具影响力的明星及社会知名人士的支持，他们通过微博等方式给予活动高度评价。

②媒体高度关注，网民积极参与：2012年微博活动总转发数超过10万次，总评论数超过2.5万条；成为新浪微博1小时热门话题，登上新浪风云榜话题。2013年《北京日报》《京华时报》《人民政协报》等近10家平面媒体发布报道；湖南卫视、第一财经日报、经济观察报等40家权威媒体微博参与转发。

③荣获行业内多个奖项：如中国广告长城奖，媒介营销奖，2012年获第五届金投赏奖，2013年获第五届金网奖网络营销公益类"评委会特别奖"。

④公益界认可：中国扶贫基金会负责人，"百度一小时给公益界带来了一种全新的启示，新的互联网技术，正在催生出公益2.0。所谓的公益2.0（微公益），主要较传统公益行动更加便于参与、形式更加多样化、过程也更加透明、更容易引发社会化共鸣与监督。"

（2）公益成果层面

①2012年公益一小时之免费午餐，共捐出36万份午餐，可解决3000个乡村小学一天的午餐问题；每分钟捐出5000份午餐，相当于200个孩子一个月的午餐；参与活动的网友达400万，广告展示量6亿，相当于每个中国网民看到1.2次。

②2013年公益一小时之大病医保，网友提交祝福量58.6万余份，募集保额58.6亿元；联合捐款220万元，覆盖10000个主流APP应用；覆盖网友数超过2亿人。

——蓝色光标公司网站（http：//www.bluefocus.com/solutionDetail.php?caseid=11）

（1）根据案例分析该公关专题活动。

（2）根据上述案例，阐述在公共关系专题活动传播与沟通技能的应用。

第4章 公共关系组织形象设计与管理

【知识目标】

1.了解形象塑造的内容和方式。

2.了解CI设计的基本原则和发展历史。

3.理解组织形象的含义与基本特征。

4.掌握组织形象识别系统的内容及导入程序。

【技能目标】

1.能够熟练介绍CI的发展历史。

2.能对特别企业的组织形象进行科学性点评。

3.能设计简单的组织形象。

4.能对企业形象识别系统进行合适的导入。

案例导入

麦当劳的CIS

麦当劳（McDonald’s）公司是世界上最大的快餐集团。它的创始人是两个犹太人——麦克和迪克兄弟俩。1961年公司所有权转到美国人克罗克（Clarke）手中。克罗克是公认的快餐业的鼻祖，他第一个将产品推出市场，第一个把速食观念介绍给大众。到1965年，麦当劳股票上市，从此几乎扶摇直上，在全球创建起了汉堡王国。

麦当劳的MIS

麦当劳企业文化中深层的精神文化即企业理念很明确：Q、S、C、V的企业理念。作为麦当劳的经营者必须忠实的推行Q、S、C、V的经营理念。

Q（Quality）即品质。麦当劳的品质管理非常严格，汉堡包出炉超过10分钟，炸薯条超过7分钟就舍弃不卖。

S（Service）代表服务，包括店铺建筑的舒适感，营业时间的设定和服务态度等。所有店员都要面带微笑，活泼开朗的与顾客交谈，工作，让顾客身心得到放松。

C（Cleanness）代表清洁。在麦当劳的员工行为规范中，有一条“与其背靠墙休息，不如起身打扫”。为了吸引顾客，麦当劳快餐店把场地清理、纠正，以努力改变公众那种“廉价餐厅不清洁”的偏见。

V（Value）代表价值，传达了麦当劳“提供高价值的高品质物品给顾主”的观念，也即“物超所值”。

为了彻底贯彻麦当劳的企业经营理念，麦当劳在芝加哥的总部派出“巡回地区督察团”，每月不定期地到各地经销店、公司直销店巡视若干次，对全世界13000家连锁店一视同仁。督察团巡回完毕后，再把审查结果向总公司或该地区的总部汇报。如果审查结果不良，则该店的店长考核成绩就会受到影响。

麦当劳的BIS

麦当劳的企业行为和企业理念具有一贯性。麦当劳公司有一套准则来保证员工行为规范：营业训练手册、品质导正手册、管理人员训练，即“小到洗手消毒有程序，大到管理有手册”，以保证QSCV的贯彻。

麦当劳在BIS上的主要手段有：

外部行为识别：

（1）广告

麦当劳的经营者认为麦当劳并非典型的消费事业，亦非一般的餐厅。在他们看来“麦当劳不是餐饮业，而是娱乐业”。麦当劳独特的快速服务和厨房设计，使麦当劳亦有了娱乐方面的价值——消费者得以亲眼看见商业厨房的内观。

（2）参加公益活动

这也是引起公众注意的好方法之一。麦当劳总公司要求连锁店主参加当地的公益活动——这样比较容易成为地方新闻。在麦当劳给加盟店主的公关手册中，提到在各个不同的市场应采取不同手段。

（3）“麦当劳叔叔”

麦当劳叔叔的形象非常商业化：帽子是一顶顶着汉堡、奶昔和薯条的托盘，鞋子像两块大面包，鼻子上装了一双麦当劳杯子。麦当劳每年花费大量的广告费用于“麦当劳叔叔”的宣传，大笔的广告费用终于使这个人物尽人皆知。

（4）麦当劳餐厅乐园引人遐思

麦当劳认为我们不只是卖汉堡，也希望多付出一些关怀，多传达一份信息，告诉大家有多一份的温暖和魅力。麦当劳广告也与之配合，几乎都是以一个简短而温馨的小故事说服观众，到麦当劳来是一件多么愉快的事情。同时现在全球30%的麦当劳餐厅中，均设有儿童游乐区。

内部行为识别：

每项工作都做到标准化、规范化，概括地说，麦当劳的行为规范包括如下几个方面。

（1）麦当劳营运训练手册（Q&T manual）

麦当劳营运训练手册极为详细地叙述了麦当劳的方针、政策，餐厅各项工作的运作程序、步骤和方法。多年来，麦当劳公司不断丰富和完善营运训练手册，使它成为指导麦当劳公司运作的指导原则和经典。

（2）岗位工作检查表（SOC）

麦当劳公司把餐厅服务系统的工作分成20多个工作站。例如，煎肉、烘焙、调理、品质管理、大堂等，每个工作站都有一套“SOC”（Station Observation Checklist）。按照SOC的详尽规定，员工进入麦当劳后将按照操作流程逐项实习，表现突出者晋升为训练员，然后由训练员负责训练新员工，训练员中表现好的可以晋升到管理组，也就是说从最基层的实践培养起，台阶式的逐级提升。

（3）袖珍品质参考手册（Pocket Guide）

见本章第三节的内容。

（4）管理发展手册（MDP）

公司对餐厅经理和员工的培训极为重视。所有的经理都从员工做起，也就是说没有当过战士不能当指挥员。上一级经理将对下一级经理和员工实行一对一的训练。通过这样系统的训练，使麦当劳的经营理念和行为规范深深地渗透到麦当劳员工的行为之中。

麦当劳的VIS

在麦当劳的视觉识别中，最优秀的是黄色标准色和M字形的企业标志。黄色让人联想到价格普及的企业，而且在任何气象状况或时间里黄色的辨识度都很高。M型的弧形图案设计非常柔和，和店铺大门的形象搭配起来，令人产生走进店里的欲望。从图形上来说，M型标志是很单纯的设计，无论大小均能再现，而且从很远的地方就能识别出来。标准字也设计得简明易读，宣传标语是“世界通用的语言：麦当劳”。这个标语没有设计成“美国口味，麦当劳”，实在是麦当劳成功之处。

——中国大学创业网（http://chinadxscy.csu.edu.cn）

塑造组织形象是公共关系的核心，它通过整合组织资源，寻求真诚与沟通，信任与合作，系统与协调地展开公关职能，建立社会与组织的和谐关系，为组织在社会公众中，全面塑造良好的形象。组织形象是指在一定的环境背景下，公众对社会组织的总体评价，是社会组织的内在精神与外显特征在公众的感知中相对稳定的整体映像。

4.1 组织形象

组织形象之所以引起人们的重视，关键在于它的巨大价值和巨大的作用。研究组织形象的价值和作用有助于确立它在公共关系中的战略地位。

4.1.1 组织形象的含义

（1）组织形象的定义

组织形象是社会公众对于组织的总印象和总评价，是主客观的统一。其含义包括三个方面：第一，组织形象是一种总体评价，是各种具体评价的总和。具体评价构成局部形象，总体评价组合总体形象。第二，组织形象的确定者是公众，社会公众是组织形象的评定者。第三，组织形象的好坏源于组织的表现。社会公众对组织的印象和评价不是凭空产生的，也不是公众强加给组织的，而是组织的特征和表现在社会公众心目中的印象。

（2）组织形象的划分

①自我期望形象和社会实际形象。自我期望形象是指一个组织希望在社会公众中的形象。它往往是理想化的，但它是组织发展不可缺少的内在动力。因为这种理想往往驱动组织规范自己的行为，并促使组织开展各种有效的公共关系活动。一个组织的自我期望形象越高，自觉做出努力的可能性就越大。实际社会形象是指社会公众对一个组织的真实看法和评价，是组织形象的客观存在。了解组织的实际形象是制定公共关系目标的基本依据。

②整体形象和特殊形象。组织的整体形象是指社会公众心目中对组织的全部看法和评价。组织的特殊形象是指与组织有特殊利益关系和对组织有特殊要求的公众对组织的看法和评价。这是特殊公众从特定的角度对组织形成特定的看法和评价。组织必须善于处理特殊公众和其他公众的关系，使特殊形象和“整体形象”达到平衡统一，以保证组织形成良好的生存和发展环境。

③外观形象和内在形象。组织的外观形象是指社会公众对组织的名称、标记、环境、建筑、设备、设施、组织行为等方面的看法和评价。这些外观形象因素是可以通过公众的感官直接感受到的组织有关实体形象。

组织的内在形象是指通过组织的外观形象表现出的内在品质给公众留下的印象。如组织的信誉、职工的精神风貌、企业的特征与风格等。组织的外在形象和内在形象是统一的。组织的内在形象必然反映到组织的外在形象上，而组织的外在形象是组织内在形象的客观反映。

4.1.2 现代组织形象的构成要素

组织形象主要由组织理念形象、组织行为形象、组织视觉形象和组织的知晓度与美誉度等要素组成。

（1）组织理念形象

组织理念形象由组织哲学、宗旨、精神、发展目标、经营战略、道德、风气等精神要素构成的组织形象子系统。这些要素反映在人们的感知认知中无形地形成了该组织的形象。

海尔集团经营管理理念形象：海尔定律（即斜坡球体论），企业如同爬坡的一个球，受到来自市场竞争和内部职工惰性而形成的压力，如果没有一个止动力它就会下滑，这个止动力就是基础管理。以这一理念为依据，海尔集团创造了“OEC管理”，即海尔模式。在此基础上，海尔倡导“敬业报国，追求卓越”的企业精神和“迅速反映，马上行动”的工作作风，坚持“用户永远是对的”服务理念，并把“创中国的世界名牌”作为海尔发展目标，矢志不渝，这些理念使海尔逐渐形成了个性鲜明的组织形象。

（2）组织行为形象

组织行为形象由组织及组织成员在内部和对外的生产经营管理及非生产经营性活动中表现出来的员工素质、组织制度、行为规范等因素构成的组织形象子系统。

（3）组织视觉形象

组织视觉形象由组织的基本标识及应用标识、产品外观包装、厂容厂貌、机器设备等构成的组织形象子系统。

（4）知名度与美誉度

知名度与美誉度是组织形象的基本标志。评价组织形象最基本的指标有两个：①知名度，是指一个组织被公众知晓、了解的程度，它是评价组织名气大小的客观尺度；②美誉度，是指一个组织获得公众信任、赞许的程度，它是评价组织社会影响好坏程度的指标。知晓度与美誉度分别从量和质两个方面评价组织形象，它们是组织树立良好形象的目标。

在组织形象的子系统中，理念形象是最深层次、最核心的部分，也最为重要，它决定行为形象和视觉形象；而视觉形象是最外在、最容易表现的部分，它和行为形象都是理念形象的载体；行为形象介于上述二者之间，它是理念形象的延伸和载体，又是视觉形象的条件和基础。

4.1.3 现代组织良好形象的价值和作用

良好的组织形象是组织一笔宝贵的无形资产。组织形象的积累，实际表现为资产的积累。良好的组织形象之所以成为宝贵财富，主要在于它的巨大价值和作用。

良好的组织形象是一种无形的财富。品牌和企业名称是企业形象的重要载体，品牌的价值虽然不完全表明企业形象的价值，但它在一个方面肯定了企业的价值。

在市场经济不断发展，市场日趋繁荣，竞争手段越来越巧妙的经济世界中，良好的形象具有无法替代的作用。组织形象之所以有巨大的价值，根本原因是它能为组织带来巨大的好处，也就是由它的巨大作用决定的。

①良好组织形象可以创造消费信心。

组织一旦被公众所认可、信赖，它生产的任何产品、提供的任何服务也就同样被公众认可、信赖。即可以为具有该组织名称的任何一种商品和服务创造出一种消费信心。美国的堪农毛巾公司做了一个实验：这家公司与商店合作，在自己的产品出售时一部分加上堪农商标，另一部分则不加任何商标。结果，尽管毛巾质量完全一样，但售价相同时有商标毛巾的销售量是无商标毛巾的三倍；将有商标的提价4美分后，销售量仍为无商标的两倍。最后，将有堪农标记的毛巾提价10美分，两者销量才算拉平。由此可见，名牌可使组织扩大产品销路，增加盈利，其知名度越高，含金量就越大，自然销售量也越大。组织形象的作用还促使我们认识到，在当今世界，并非都是物有所值，即并非是一分钱一分货。

②良好的组织形象是组织产品在市场上无形的“通行证”。

良好的组织形象在公众心里有一种延续作用，留下深刻的“烙印”，会在长时间内发生作用，长期地影响顾客的消费心理和消费行动。如果组织有了良好形象，那么组织产品就会赢得广大客户和消费者的信赖，保证销售渠道畅通，并使企业不断地开拓新的市场。这种美好形象的延续作用，促使顾客产生对组织偏爱并持续地保留着消费的渴望，因而不断涌现出新的消费需求。日本家用电器在市场之所以占有很大份额，靠的就是松下、索尼、三洋、日立几个名牌。由于他们一开始进入中国就树立了良好的形象，所以消费者爱屋及乌，信任他们生产销售的任何一种产品。他们出了新产品，公众会很快地接纳。因为消费者信赖的不是新产品，而是生产这种产品的企业。

③良好的组织形象优化了组织的生存环境。

有人说，如果可口可乐公司遍及全世界的工厂一夜之间被大火烧光，那么，第二天的头条新闻是各国银行巨头争先恐后地向它贷款，以尽快让它恢复生产。这是因为人们相信可口可乐“世界第一饮料”的良好形象，也是因为它有巨额的无形资产。

在现实生活中，一些知名度、美誉度甚高的企业，其社会地位都比较高，政府和主管部门器重，同行们信赖，金融企业支持，往往振臂一呼，同行响应，有关单位纷纷向它靠拢，心悦诚服地拥戴它。那些有很高信誉的企业，各种投资团体也对之充满信心，愿意慷慨解囊，客户愿意预先付款，社会大众也愿意踊跃掏钱买它的股票。这种社会的理解、信赖和支持，使企业增加了价值和分量，成了企业无形的资产和财富，为解决企业各类难题，争取更有利的外部条件提供了极大的便利。此外，良好的组织形象还对社会上的人有强大的吸引力，对内有强大的凝聚力，是现代组织竞争的法宝。

正因为组织形象的巨大作用，所以不少企业步步为营，一点一滴、辛辛苦苦地构筑良好的企业形象，创出名牌，保住名牌，以不断充实自己的竞争实力。现代企业家必须清醒地认识到企业形象在今天的企业角逐和激烈的商战中举足轻重。可以说，今天的商战已转向为一场异彩纷呈的“形象战”。“形象战”是当今商战的主要形式。因此，拿起“形象”这个市场竞争的利器已是刻不容缓。

【知识链接】

2014年全球企业品牌价值100强排行榜

全球著名品牌咨询公司Interbrand公布“2014年全球企业品牌价值排行榜”（Best Global Brands）。“苹果”品牌价值1188.63亿美元名列榜首，“谷歌”以1074.39亿美元名列第二，“可口可乐”以815.63亿美元名列第三。4至10名的品牌依次为IBM、微软、通用电气、三星、丰田、麦当劳和梅赛德斯奔驰。中国“华为”品牌价值43.13亿美元，名列第94位，成为首次闯入百强的中国品牌。

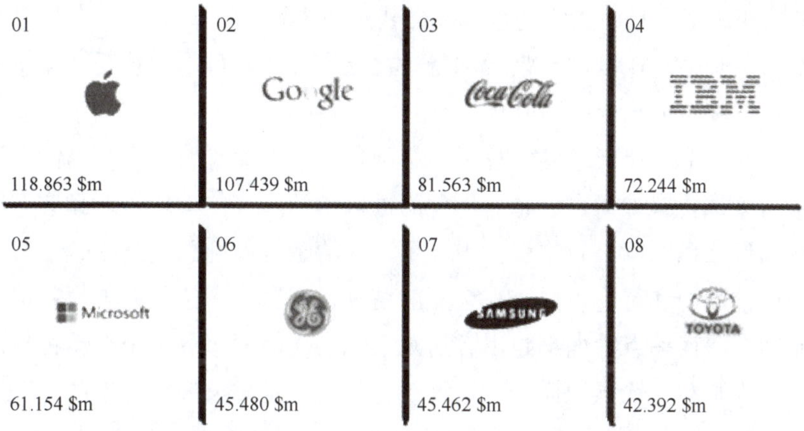

——网易财经（http：//money.163.com）

4.1.4 现代组织形象的特征

在我们研究了企业形象的概念、价值和作用之后，再进一步研究组织形象的特性，目的在于更好地把握组织形象这个课题。

组织形象的特性，即组织形象的性质。只有了解它的性质，才能更好地塑造企业良好形象。

（1）现代组织形象具有独特性

世界万物都有自己的形象。千人一面的形象很快就会被人遗忘；风格各异的形象会深刻留在人们的脑海之中而经久不衰。良好的组织形象应该具有区别于其他企业的特性，也只有组织形象的个性化、独特性，才使人们产生强烈的印象，从而提高竞争能力。现代企业随着技术的不断进步，彼此之间在竞争“硬件”，包括财力、人力、技术、产品等方面的差别越来越小，从这方面寻找突破口和竞争优势的难度越来越大。组织要想脱颖而出，就必须依靠塑造与众不同的良好企业形象来实现。因此，凡是良好的企业形象都有鲜明的独特性。组织形象的差别不但有利于消费者的识别，也有利于表现企业的产品服务差别，有利于企业赢得顾客，保持信誉，击败或避开竞争对手，也只有具有独特个性的组织形象才价值无量。

（2）现代组织形象具有整体性

良好的组织是一笔无形资产，它的树立与传播必将为企业带来巨大的效益。但是，树立一个完美的让人难以忘却的良好形象，必须付出不懈的努力。这种努力应该是全方位的，因为组织形象具有整体性特点。

组织形象的整体性包括三个方面的含义：

第一，组织形象是由组织的全部活动决定的；

第二，组织形象是由组织全部管理过程决定的；

第三，组织形象是由组织的全部成员共同塑造的。

组织形象是指企业素质、宗旨和行为在社会公众心目中的感受、印象和地位。如一个企业，其企业形象的树立体现在每一个员工的行为上，贯穿于企业的每一项活动之中。在塑造企业形象的过程中，必须贯彻人人关心、人人参与的方针，要求每个员工时刻都要有维护自己企业形象的进取精神。一位售货员对顾客态度恶劣，整个商场的形象在顾客心目中就被破坏了。很清楚，人们总是从一滴水看大海，从一个人的精神面貌和行为可以透视企业的精神、理念。一位住在上海新锦江大酒店的日本旅客在深夜一点钟悄悄走出客房观察，发现前厅服务员个个精神抖擞地站在服务台，大为感动，钦佩地说：“这种敬业精神不是靠金钱能买来的。”这家酒店依靠每一位员工的努力，建立了闻名全国的服务行业形象的“锦江模式”。

企业形象是由企业精神、企业文化、经营哲学、员工形象、产品形象、服务形象等多种要素组成，或说是各种形象要素的综合，体现了它的整体性。这些形象要素无论哪个失误都会对企业形象的整体性产生影响。

（3）现代组织形象具有识别性

企业形象既是公众对企业的总体的、抽象的、概括的认识和评价，又是组织现实的再现。由于组织形象的整体性和独特性，包含了形形色色的具体内容，因此组织形象必定会被公众所认识、所识别。这就形成了组织形象的识别性。无论人、事、物有多么深刻的内涵，都可能从言、行、举、止、形、姿中被他人感受、识别。良好的组织形象必定具有可识性和易识性。尤其组织形象若被公众迅速接受，易识性则至关重要。北京世界公园每一个景点都是选自世界各地最鲜明、最突出、最有代表性的建筑和景观。因此你走进公园无须多问，便知道是哪国的景观和建筑，这就是易识性强的缘故。

（4）现代组织形象具有深刻性

良好的组织形象实际包含了组织内在特征与风格和外在特征与风格。外在特征与风格是内在特征与风格的直接表现。塑造组织形象是一项创造美的事业。评价任何事物的美都从两个方面进行，一是外在美，二是内在美。花之美表现为“色、香、姿、韵”四个方面的美，其中“色、香、姿”属于外在形式美，“韵”则属于花的内在美，灵魂美。牡丹大而艳丽是其外在美，富贵神韵是内在美；荷花娇艳固然令人赞叹，但主要还在于它冰清玉洁的精神令人敬仰。“花美在颜色，人美在心灵。”黑格尔说：“心灵美才是人的形态中本质的东西。”对人来说，心灵美才是内在美；对于花来说，风韵美是花的内在美；对于组织来说，真正的美在于组织的精神和文化。

良好的组织形象实际包含了很深刻的东西，其向外展示的似乎仅仅是经营状况、市场占有率等。其实，任何一家企业通过自身的行为或可识别的标志都在展示企业的经营作风、精神风貌及企业风尚。良好的企业形象必然反映了其企业文化是善良高尚的，体现先进的思想，健康的感情，优秀的品德，开拓进取的精神。因此，企业形象必然是真善美的结晶，具有外美而内慧的特征。健康的企业文化是深层次的企业形象。企业文化涉及企业的各个部门，渗透在各项工作之中，它包括企业哲学、企业精神、企业民主、企业道德、企业风尚、企业目标、企业制度，以及全体员工对企业的责任感和荣誉感等。企业形象的深刻性，决定了企业形象塑造的艰巨性和长期性。建设企业文化是树立企业形象的百年大计。

【知识链接】

2014年中国品牌10强

2014年6月25日，北京，世界品牌实验室（World Brand Lab）主办的“世界品牌大会”上发布了2014年（第十一届）《中国500最具价值品牌》排行榜。在这份基于财务分析、消费者行为分析和品牌强度分析而获得的中国品牌国家队阵容中，工商银行以2562.19亿元的品牌价值荣登本年度最具价值品牌榜首。占据榜单前五名的还有国家电网（2415.62亿元）、中国石油（1795.86亿元）、中国移动通信（1789.28亿元）、中国人寿（1745.36亿元），从品牌价值角度分析，这些品牌已经迈进世界级品牌阵营。

排名	品牌名称	品牌拥有机构	品牌价值	主营行业
1	工商银行	中国工商银行股份有限公司	2562.19	金融
2	国家电网	国家电网公司	2415.62	能源
3	中国石油	中国石油天然气集团公司	1795.86	石油、化工

续表

排名	品牌名称	品牌拥有机构	品牌价值	主营行业
4	中国移动通信	中国移动通信集团公司	1789.28	通信服务
5	中国人寿	中国人寿保险（集团）公司	1745.36	金融
6	CCTV	中国中央电视台	1716.85	传媒
7	中化	中国中化集团公司	1425.39	石油、化工
8	中国一汽	中国第一汽车集团公司	1236.75	汽车
9	腾讯	腾讯控股有限公司	1206.39	互联网
10	联想	联想集团	1168.25	通信、电子、IT

——世界品牌实验室（http：//brand.icxo.com/htmlnews）

4.1.5 组织形象塑造的原则

组织形象塑造的原则是组织制订、实施组织形象战略必须遵循和贯彻的指导思想，是塑造组织形象的行为准则。

（1）以质量为本的原则

企业组织的产品形象是树立企业良好形象的关键。除了形象独特的产品商标外，还必须靠产品过硬的质量，合理的价格，周到的服务取信于公众。当代企业之间的竞争是产品质量、价格、服务和信誉的全方位竞争。企业如果不注重产品开发，不注重产品的质量管理，不注重优质服务，即使是名牌、老牌也会倒掉。经营者永恒的主题就是以质量取胜，以质悦人。

（2）视信誉为生命的原则

良好组织形象核心指标是信誉，欲塑造良好形象的企业必须视信誉为生命。人留名，树留影，信誉比金子还宝贵。信誉好的企业和名牌商品在消费者心目中树立了牢固的形象基础。真正的企业家宁可承受经济上的损失，也不会放弃信誉。

英国航空公司所属波音747客机008航班，准备从伦敦飞往日本东京时，因故障推迟起飞20小时。为了不使在东京候此班机回伦敦的乘客耽误行程，英国航空公司及时帮助这些乘客换乘其他公司的飞机。共190名乘客欣然接受了英航公司的安排，分别改乘其他公司的飞机飞往伦敦。但其中有一位日本老太太叫大竹秀子，说什么也不肯换乘其他班机，坚决要乘008号班机。出于信誉，原拟另有飞行安排的008号只好照旧到达东京后再飞回伦敦。这样东京至伦敦008号航班只载一名乘客，航程达13000千米。大竹秀子一人独享该机的353个座位以及6位机组人员和15名服务员的周到服务。有人估计说，这次飞行使英航至少损失约10万美元。从表面上看，英航的确是损失不小，但从深层来看却换取了一个用金钱也难以买到的良好企业形象。

信誉，是企业的生命，是无可替代的财富。企业及一切组织塑造形象，首先要坚持“信誉高于一切”的原则。当然，企业要取得信誉绝非一日之功，需要长时期的重视质量。既要有优质产品，又要有优质服务；唯此才能塑造良好的企业形象。

（3）注重全局的原则

对于一个组织来说，建立良好的组织形象是一项全方位的工作，这是由组织形象整体性特点决定的。它主要包括四个方面：一是组织形象的目标具有全面性；二是组织形象涉及各方面；三是组织形象的塑造需要全体人员共同努力；四是塑造良好形象应运用多种方法。

正因为塑造良好的组织形象涉及组织的许多方面，所以要求组织必须注重全局，切忌各自为政，一定要从全局出发，制定统一的公共关系政策来协调组织内部的公共关系活动；若需要对外开展公共关系活动，组织公关部门应事先争取各有关部门的支持、配合，求得协调一致，以防止出现相互重复，甚至自相矛盾的做法，导致不良后果，甚至毁坏组织的整体形象。

（4）注重传播的原则

一个良好的组织形象，首先来源于这个组织的行为，来源它的实力和努力。但是，仅靠这一点是不够的。良好的公共关系活动必须有有效的传播。这就是说，必须通过适当的渠道宣传自己，使本组织的形象尽可能在更多的公众心目中留下好的影响。因此，可借助于必要的传播渠道，把真实、美好的自己介绍给公众。那种不注意传播的组织根本谈不到公共关系。

【知识链接】

城市品牌塑造的四种模式

中国社会科学院发布蓝皮书《形象危机应对研究报告2013—2014》指出，中国省市形象危机是现阶段矛盾积聚的爆发点。报告根据2013年公开报道的2074个典型案例，整理出“风险地图”，直指各地形象危机根源，为转型期如何改善省份形象问诊把脉。由此可见，未来城市形象的改善将成为各地政府的主要工作。

世界正在品牌化，城市竞争力、城市品牌正紧紧地交织在一起。越来越多的城市正在品牌塑造方面进行积极的探索，城市正在成为品牌营销的主体。同时，中国社会科学院2010年《城市竞争力蓝皮书》报告强调，城市品牌与城市竞争力密切相关，城市品牌化是城市管理的一项重要议题和任务，也是提升城市竞争力的有效手段和战略性杠杆。

因此，国内众多城市的品牌运作将是必然，而这也是未来全球化趋势的潮流。那么，怎么去打造一个城市品牌呢，有什么方法能够快速有效地实现城市品牌的塑造呢？纵观国内外的城市品牌运作，城市品牌塑造的模式可以归纳为四种。

一、广告模式，依靠强大广告攻势塑造声誉

广告是塑造品牌的基本手段，简单直接，但需要有大量的资金做支撑。因此，在城市品牌运作中应用也非常广泛，是最常见的一种模式。这一模式就是采用传统的广告传播手法，通过各种媒体投放广告，将城市信息传递给受众，以此提升城市的品牌知名度和影响力。继而带动城市的招商引资，带动城市的特色产业走出去，吸引全国其他城市的消费者走进来。

广告模式，核心是对城市的广告进行重点打造，对当地的特色、优势等各方面深入挖掘，总结出当地的差异化卖点。同时在广告创作过程中，赋予城市恰当的定位、广告口号，拍摄城市形象广告片，或设计出创意的广告画面。随后在众多媒体中，甄选最契合、最有影响力的权威媒体平台进行广告投放，面向全国观众发布。近年来，国内城市品牌运作越来越被重视，广告也越来越普遍。采用广告模式塑造城市品牌，央视已经成为核心媒体平台，且效果也非常明显。

二、名企模式，将龙头企业打造成品牌代表

名人能够让人记住一个地方，吸引全国各地的人去那个地方，名企也能起到同样的作用。当一个城市没有明显差异化的竞争卖点时，那么这个地方的龙头企业就可以承载这个城市的社会形象价值。名企模式，就是通过对当地的龙头企业重点打造，让龙头企业成为城市对外沟通交流的载体，成为这个城市的品牌代表。当地政府着力支持鼓励当地企业的发展，推动龙头企业走出去，让人们通过对企业的了解，从而增强对这个城市的了解。

进入2000年后，中国向世界打开了大门，随着国内经济的持续增长，很多本土大型企业集团也逐渐走出国门，走向海外，并成为享誉全球的企业。随着大型企业的知名度提升，在当地政府的全面支撑下，这些企业也成为城市的形象，成为城市的名片。

三、景点模式，主推城市知名文化历史景点

近年来，国民生活水平不断提升，带动了国内旅游业的空前发展，国内旅游人数惊人增长。每逢节假日全国各地大多数知名景点都是人满为患，而且年年如此。因而在国内也形成了一个独特现象，某个景点在全国消费者中的知名度远远超过了该城市。由此，产生了一个新的城市品牌塑造模式——景点模式，旅游景点成为城市影响力塑造的载体。而这一模式的核心就是全力主推城市的知名景点，包括山川河流、名胜古迹、文化遗产等。原本有些城市不太知名，但当地的景点很出名，广为人知，成为了大众对这个城市唯一认知，这就大大降低了城市品牌塑造的难度。尤其是一些主打旅游的城市，采用这种模式非常有效。

黄山，是中国最美的、令人震撼的十大名山之一，位于安徽省南部黄山市境内（景区由市直辖）。黄山市，以境内山岳“黄山”之名设立地级市，因黄山而为全国人民所认知，黄山也是黄山市多年来一直主打品牌核心卖点，是该市的核心品牌形象。咸阳的秦始皇陵，泰安市的泰山，九江的庐山和鄱阳湖，还有很多类似案

例，这些知名的景点带动了城市品牌的形成。

四、活动模式，借助举办大型活动传播城市

随着城市之间的竞争愈演愈烈，广告、名企、景点三大模式在应用也非常普遍。但对于一些没有特色产业，也没有著名景点的城市来说，要想在众多城市中脱颖而出，可谓是难上加难。因此，谋求新的差异化出路成为了必然，没有条件创造条件也要去塑造城市品牌，很多城市就开始通过举办大型的会议、营销等活动，借此推广城市。这就是城市品牌塑造的活动模式，借助活动带动城市知名度的提升，从而积累城市品牌影响力。通过举办面向全国，甚至是面向全世界的大型营销活动，将城市的核心卖点凝聚在活动上，借助活动的媒体关注度和知名度将城市传播出去。随着活动的广泛报道，全社会的高度关注，城市也就被广泛认知，而活动本身也就成为了城市品牌的核心竞争力。

达沃斯（Davos）位于瑞士东南部格里松斯地区，靠近奥地利边境。这个小镇举世闻名，倒不全是因为它是个滑雪胜地，而是因为一年一度的世界经济论坛在这里举行。达沃斯论坛是以研究和探讨世界经济领域存在的问题、促进国际经济合作与交流为宗旨的非官方国际性机构。通常在每年年初，世界经济论坛都要在这里召开年会，因此世界经济论坛也被称为“达沃斯论坛”或“冬季达沃斯”。国内也有类似案例，成都的春季糖酒会，昆明的傣族泼水节，这些活动的举办给城市注入了新的活力，更带动了城市的品牌传播。

面向21世纪的城市是一个充满创新精神、积极面向未来的城市，它的品牌化更多的是在建立自己一种新的城市形象，以长久保持自己在国内甚至在全球不可替代的独特地位。城市品牌的建设，并不是一个简单的名称和城市形象塑造问题，而是城市在发展进程中角色转变和战略重新定位的调整。一向注重实用和商业价值的社会，通过政府的力量来统筹策划城市的新品牌形象，实质上是在进行一个城市的品牌营销。一个城市选择为自己建立一个品牌，等于选择了一个时代，找到自己的精髓，就找到自己在国内和世界上的地位。

——邹凌远　品牌中国网

4.2 CIS系统

4.2.1 CIS的含义与特性

（1）CIS的含义

CIS是“Corporate Identity System”的英文缩写，一般译为企业识别系统，或者称为企业形象战略。所谓的CIS系统就是一个企业为了塑造自身的形象，将企业的经营理念、经营行为、视觉形象、听觉形象以及一切可感受的形象实行统一化、标准化与规范化的科学管理体系。CIS系统是公众辨别与评价企业的依据，是凸显组织

（企业）的个性和精神，在经营和竞争中赢得公众认同的有效手段。

CIS作为企业形象识别系统，是一种高级的管理系统。在公众面前和国际交往中，CIS代表了企业的现代化程度，凸显了企业规范的管理和值得信赖的经营作风。所以，CIS是企业的一种“身份牌”。当今企业界普遍把有无导入CIS作为一个企业是否进入高级管理层次的判定标准之一。

（2）CIS的特性

CIS与以往的企业形象战略有很大的差异。

第一，它将市场营销与企业形象设计提高到经营哲学的高度。并使它见之于具体行动，变成可观、可闻、可感知的系统，而不是架空的经营理论与策略。

第二，其职责不单作用于广告、宣传部门，而且作用于企业所有部门和全体领导与员工。

第三，企业信息传达对象不单指向消费者，而且面向内部员工、社会大众、机构团体等。

第四，企业信息传达媒介，并非专门注重大众传播媒介，而是动员与企业有关的所有媒体。

第五，不是短期的即兴之举，而是长远规划，并定期监测，具有管理控制的组织性，操作实施的系统性。

4.2.2 CIS的形成与发展

（1）CIS的创立期

CIS最早源于第一次世界大战前的德国。1914年著名建筑家彼得·贝伦斯（Peter Behrens）为德国AEG电器公司设计商标，并应用在公司的所有便条纸和信封上，这可以说是CIS的雏形。CIS作为一种理念被应用是在20世纪50年代。当时美国IBM公司产品很多，而销售额只在1亿美元左右徘徊。小托马斯·沃森（Thomas Watson Jr.）接替其父担任总裁后采纳公司设计顾问的建议，于1955年正式导入CIS，聘请世界著名设计师保罗·兰德为其设计出一套完整的企业识别系统，以传达统一的IBM形象。

保罗·兰德为IBM公司设计的标志是由几何图形造型的IBM三个大写字母并列组合而成，“M”字母的大小是“I”与“B”两者大小之和，名称、字样、图形三者合为一。IBM是公司全称International Business Machines Corporation（国际商用机械）的缩写。该企业识别系统简洁、明了、流畅、美观，很好地反映了IBM的品质感和时代感。

到20世纪70年代，IBM公司深深体会到企业经营哲学的重要，于是在1976年的提出在企业标志的设计上，要把经营哲学列为首先表现的东西。于是保罗·兰德又为IBM设计了8条与13条两种变体条纹标志，其标准字是“前卫、科技、智慧”的代名词，其蓝色条纹构成的IBM标志成功地建立起IBM高科技的“蓝色巨人”的形象。

1924　　1947　　1956　　1972

日本导入CIS比美国整整晚了十多年。日本TDK公司，从1966年导入CIS，当初也只是作为类似一种“装饰”的想法，还不是从根本战略上来考虑问题。

我国台湾地区的台塑集团于1967年首次导入CIS，由从日本回国的郭叔雄一手策划、设计出波浪形外框的台塑集团统一化的识别系统。该系统深刻反映了该企业一体化的发展战略，从根本上将台塑集团与其他企业区别开来。

这阶段的特点：一是仅有为数不多的企业认识和导入CIS；二是从内容上来看，CIS设计仅局限于视觉识别领域，在统一企业标识，并突出企业的个性上下工夫；三是CIS主要在美国推行，直到这个阶段的末尾，才有我国台湾地区和日本加入。

（2）CIS战略的全盛时期

20世纪70年代是世界CIS领域发展的全盛时期，也是CIS战略从幼年走向成熟的重要过渡阶段。

1970年，可口可乐公司选择美国CIS专业公司Lippincott&Margnlies（简称L&M公司）参与和设计，革新了世界各地的可口可乐标志，一改当时其标准字和标志设计位于圆形或四方形之内，有红色、也有黄色的形象混乱状况，采取红色和富有特征的可口可乐字体。这一改进与统一使可口可乐名声大振，销售红火，利润倍增。可口可乐的成功震惊了世界，50年代出现的CIS很快在美国、日本等地迅速发展和普及，在世界上掀起了一股CIS热潮。

从美国来看，1982年纽约的科布康服务公司（企业信息传达顾问机构）在《幸福》杂志中以21300家企业为对象，进行CIS问题调查，已实施CIS计划的占66%，约70%的企业是1970年至1980年间导入的。关于导入的理由，为提高市场效率的占55%，为提高在金融界知名度的占37%，为改善公司信息传达的占8%。对“CIS计划为企业产生什么功用”的问题，认为产生好印象的占58%，会带来好的视觉与联想的占19%。日本70年代CIS的形成风潮。1977年日本广告研究所调查的546家上市股票公司中，直接或间接引入CIS的比例达44.3%。日本的CIS导入可分两个阶段：第一阶段从1971年至1975年，基本上是参照美国的具体做法和风格，强调视觉统一的美化，局限在VI范围内。第二阶段从1976年至1979年，除仍注重VI视觉识别外，开始探索企业深层次的东西。1978年，松屋百货公司导入CIS时，总结了“创造松屋新文化”概念。日本的银座松屋（Matsuyagin）原名为“松屋百货店”。该店总裁曾一度悲观地说：“松屋这间公司，如果什么都不去做，它必然会垮，做了之后，也不能保证它不会垮，但我还是想试试。”在绝望之中，松屋请来了CIS专家进行全面诊治，最终使之成为银座最著名的购物场所。两年内营业额增长118%。松屋老店焕发活力，引起日本百货店的CIS热潮。小岩乳业公司导入CIS，销售量在五年之内增长270倍。

我国台湾地区的台塑开CIS风气之先，味全公司导入CIS。大同企业、和成企业、声宝公司、光男企业、建弘电子企业也在适当时机导入CIS，再加上外贸协会的推波助澜，亦促进了我国台湾地区CIS时代的来临。

我国台湾地区的CIS发展与日本相似，两者都始于20世纪60年代，发展于70年代。在CIS导入中更善于融入中国的文化和环境，开创了中国台湾式的CIS。

20世纪60年代末70年代初，CIS也传播到了欧洲。意大利著名品牌Oliretti（沃乐惠特）打字机和电子计算机、最大的汽车公司FIAT、英国的LOCAS等纷纷导入CIS。瑞典高必特公司（Swedish Cooperative）是一家拥有300个分支机构的集团组织，其销售额约达全国食品零售额的27%，该公司导入CIS。第一年全国调查表明，新形象广告刊出两周后，其知名度已达42%，2个月为57%，4个月为71%，9个月为82%，一年后为86%；在瑞典国内消费者的购买率达54%。

（3）CIS战略的完善期

进入20世纪80年代，世界CIS逐渐进入成熟期和完善期，不仅表现在加入CIS战略的企业越来越多，更表现在对CIS体系的理论上有了突破性的发展。这主要反映在日本式CIS战略的出现。

在70年代，日本较早实行CIS的公司，如大荣、MAZDA均接受美国式的CIS，主要在沟通企业观念的标志、标准字、商标上下工夫，专注于视觉统一的作业，以此作为CIS战略的核心。但有些企业和专家认识到，单单局限视觉效果，无法达到预期目的，于是对CIS的体系进行重新变革。

第一，在CIS的定义上重新定位。美国从CIS战略创立起，一直把CIS定义为“CIS是以标准字和商标作为沟通企业理念与企业文化的工具”。日本的山田理英在其《新CI战略》一书中则把CIS定义为“CI是一种明确认识企业理念与企业文化的活动”。并指出“当美国的CI制作者仍固守视觉设计的同时，企业理念及文化所展示的CI战略效力，已经在日本开花结果，成为一种不可动摇的事实了”。

第二，从CIS的目标和结果看，美国式CIS主要侧重于设计，设计完成便大功告成。而日本的概念是“作为生存的CI”。企业的经营者可以变化，但继承者培育这种企业经营的宗旨不变。并将其视作企业生存的根本。因而日本型CIS更注重长期的培育和发展。

第三，在操作重心和步骤上，日本也与美国的做法不同，即把企业理念的开发作为CIS战略的核心所在。日本型CI操作一般可分六个步骤：①制定明确的企业理念及企业战略。②设定一流的形象概念，使公司内外人员达成共识。③“形象概念”具体化。将制定完成的企业理念应用于标准字及商标设计中。④视觉识别的应用。把标准字与商标的推广应用于公司事务用品及各式广告中。⑤编写CIS指导手册。⑥

企业行为配合。员工按企业战略行动，按指导手册行事。

日本式CIS择取美国式CIS的优点，结合本国特点，形成适合日本具体环境的CIS，这是对CIS的重大发展。

20世纪80年代，我国台湾地区的CIS也进入了成熟的完善期。这表现在导入CIS的企业急剧增加，更重要的是具备中国的民族特色，并形成完整的体系。

1988年，广东太阳神集团有限公司导入CIS并取得巨大成就。经过十多年的发展，许多著名企业也都导入了CIS并获得了巨大成功，如广东健力宝、四通、联想、方正、海尔、三九集团等。

就CIS的发展趋势而言，CIS理论的实践必然向前发展，呈现出境界更深远，系统更完善的趋势，CIS的实施应以创造企业良好的品质为目标，那种徒具形式的CIS应该被禁止。

【案例衔接】

Legend联想改名Lenovo

联想的换标，浮出水面的不过是冰山一角，其背后是联想集团的转型。这家历经了27年风雨的IT公司，从“Legend”到“Lenovo”品牌转换和推广，所经历的过程纷繁复杂。重新包装的联想，终于找到一个“有品位、稳重、关爱、具有战略眼光”的中年男人的感觉。

联想陷入品牌困局

“Legend联想”不得不改。1984年11月1日，11人开启了“联想”的梦想，当时的名称为“中国科学院技术研究所新技术发展公司”。1985年，随着第一款具有联想功能的汉卡产品“联想式汉卡”的推出，“联想”品牌也由此诞生。1988年香港联想开业，采用英文名称“Legend”（传奇），“联想”第一次成为公司的名称。

联想叫“Legend”（传奇）的时候，完全没考虑到“国际化”的问题。公司发展到现在，“国际化”已经成为联想两代人的梦想，换标的代价必然要付出。联想“国际化品牌”的解释是，三至五年内，联想销售额中的25%～30%要来自于海外市场。要实现这一目标，联想首先需要排除的是品牌障碍。“Legend”在海外市场被注册的太多，“Legend”这个名字在欧洲几乎被所有国家都注册了，注册范围涵盖了计算机、食品、汽车等各个领域。联想要想在国外发展就一定要有一个能受到法律保护、能合法销售产品的商标，而联想进军国际市场时，“Legend”竟成为绊脚石。

由“传奇”走向“创新”

联想在计划向国际化发展时发现标识“Legend”成为海外扩张的绊脚石。最终联想标识落在了自己创造的单词上——“Lenovo”。Lenovo由Le和novo组成——“le”取自原先的“Legend”，承继“传奇”之意，“novo”是一个拉丁词根，代表“新意”，整个单词寓意为“创新的联想”。打江山时需要缔造“传奇”，想基业常青则需要不断“创新”，在品牌标识更迭的过程中，联想将“Legend”更名为“Lenovo”，成为进军国际的第一步，象征着联想从“传奇”走向“创新”的里程。伴随“Lenovo”的推广，公司又提出主打口号“只要你想”。

联想品牌标识的更迭让人联想到“日本索尼”的更名。50年代末期，日本“东京通讯工业公司”创始人盛田昭夫平认为，原来的公司名称外国人不容易念，决定将其改名为“Sony”，同时希望改变日本产品在国际品质低劣的形象。

回头再看品牌标识，会觉得它并不简单。离开业务和产品的支持，离开全体员工点点滴滴的努力，品牌什么都无法代表。品牌是标识加信誉，绝不是简单的标识。联想消费IT群组市场部经理杨洁做出如此判断：“大家想到麦当劳的时候想到的是快乐，全家分享，而不是想到一个汉堡包和一个标识。如何在业务中承接公司的品牌战略至关重要。”

——《中华合作时报》

4.3 CIS的构成要素与设计

企业的识别系统由理念识别系统（MIS）、行为识别系统（BIS）和视觉识别系统（VIS）三个子系统综合构成。其中，理念识别系统处于主宰和支配的地位，是整个形象识别的关键，而行动识别系统和视觉识别系统则是理念识别系统的延展和推广。

4.3.1 理念识别系统（MIS）

MIS是CIS战略运作的原动力和实施的基础，是CIS系统的最高层次。完整的企业识别系统的建立，有赖于企业经营理念的确立。企业理念有其丰富的内容和构成要素，主要包括企业使命、经营宗旨、经营哲学、经营战略、经营方针、行为准则、企业价值观等。这些内容和要素构成了理念识别系统。例如，国际商用机器公司（IBM）把“以人为核心，并向用户提供最优服务”确定为企业精神，从而把该公司的基本风貌、传统习惯、经营方针等方面的基本特色以及获得成功的基本经验画龙点睛般地概括出来了。

（1）企业理念的定位

企业理念是企业的灵魂和核心，是企业运行的依据。因此企业理念定位是否准确，不仅直接影响企业行为识别系统、视觉识别系统的开发与实施，而且最终影响企业运营成功与否。企业理念的定位可采用以下7种模式。

①目标导向型：采用这种定位模式，企业将其理念规定或描述为企业在经营过程中所要达到的目标和精神境界。它可分为具体目标型和抽象目标型。具体目标是指企业要达到的销售、利润或市场目标，而抽象目标往往是指企业所要达到的一种社会目标或所要实现的一种精神境界。现实中，各企业更倾向于使用抽象目标来规定企业理念。例如，日本丰田公司的“以生产大众喜爱的汽车为目标”即属于具体目标型；日产公司的“创造人与汽车的明天”以及美国杜邦公司的“为了更好地生活，制造更好的产品”属于抽象目标。

②团结凝聚型：采用这种定位模式，企业将团结奋斗作为企业理念的内涵，以特定的语言表达团结凝聚的经营作风。这种定位有利于加强全体员工的团结合作精神，促进企业内部形成和谐融洽的工作气氛，更大地发挥员工的积极性和创造性，同时还有助于获得公众的认同。例如，上海大众汽车有限公司的“十年创业，十年树人，十年奉献”等，即属此种类型。

③开拓创新型：采用这种定位模式，企业以拼搏、开拓、创新的团体精神和群体意识来规定和描述企业理念，目的在于激发员工的创造力和创新意识，不断开发新产品以满足市场不断升级的产品需求，提高企业的竞争能力。例如，日本本田公司的“用眼、用心去创造”，贝泰公司的“不断去试，不断去做”，日本住友银行的“保持传统，更有创新”等。

④产品质量型：此类定位模式，企业一般用质量第一、注重质量、注重创名牌等含义来规定或描述企业理念，目的是以产品的高质量来树立企业的好形象。如上海英雄股份有限公司的“至尊‘英雄’，卓越风范，赶超一流”，日本TDK公司的“创造——为世界文化产业做贡献，为世界的TDK而奋斗”等。

⑤技术开发型：采用此类定位模式，企业以尖端技术的开发意识来代表企业精神，着眼于企业开发新技术的观念。这种定位与前面开拓创新型较相似，不同之处在于开拓创新型模式立足于一种整体创新精神，渗透于企业技术、管理、生产、销售的方方面面，而技术开发型模式立足于产品的专业技术的开发，内涵要相对窄得多。如日本东芝公司的“速度，感度，然后是强壮”，佳能公司的“忘记了技术开发，就不配称为佳能”等。

⑥市场营销型：采用此类定位模式的企业，强调自己所服务的对象，即顾客的需求，以顾客需求的满足作为自己的经营理念。如麦当劳的“顾客永远是最重要的，服务是无价的，公司是大家的”，施伯乐百货公司的“价廉物美”等。

⑦优质服务型：采用此类定位模式的企业突出为顾客、为社会提供优质服务的

意识，以“顾客至上”作为其经营理念。这种理念在许多服务性行业如零售业、餐饮业、娱乐业极为普遍。例如，美国假日饭店的“为旅客提供最经济、最方便、最令人舒畅的住宿条件”，北京西单购物中心的“热心、爱心、耐心、诚心”，北京百货大楼的“用我们的光和热去温暖每一个人，每一颗心”等。

（2）企业理念的提炼与设计

企业理念有以下几种来源：企业管理者、企业专业人员、企业一般员工，企业外部专家、社会公众等。为激发理念创意，在企业内部，可采用专家或专业人员会议法、研讨法、头脑风暴法；对一般员工可采取有奖征集法；在企业外部可采取针对专家的德尔菲法和针对社会公众的征集法。

在实际中，针对企业一般员工和社会公众常使用征集法，这种做法有三种优点。

①发动所有人员的智慧，群策群力，集思广益，有可能征集到最好的企业理念。

②征集活动可使广大员工主动参与CIS导入活动。

③面向社会公众的征集活动本身就是一个形象传播和树立的过程。

在为企业设计MIS时，可采取两种方式。

第一，标语口号式。即用简练的语言来表达企业的思想、精神，代表企业的理念体系。如根据毛泽东为抗大的题词——“团结，紧张，严肃，活泼”发展而来的“团结，拼搏，开拓进取”；日本本田公司的“用眼、用心去创造”；飞利浦公司的“让我们做得更好”；杜邦公司的“为了更好地生活，制造更好的产品”等。在这种标语口号式的理念设计中，还可以将品牌名称与企业理念巧妙地融为一体，如海尔集团的“真诚到永远”；IBM公司的“IBM就是服务”等，既传播了企业理念，又展示了产品形象。

第二，组织宣言式。即针对企业的特点系统设计，将企业理念设计为主题理念、经营哲学、人才观、准则等。

对已定为企业理念的创意，要给予丰富的内涵，以便在以后的理念传播和理念实施过程中有案可查。规定理念内涵首先要从字面上给予科学合理的解释，在此基础上，可通过联想与比喻使其内涵延伸，以便与树立理念的真正目的相吻合。最后，针对理念的要求，明确企业的发展战略、管理者的职责和员工的行为准则等。

4.3.2 行为识别系统（BIS）

BIS是MIS的外化和表现。如果说MIS是企业的“想法”，那么BIS则是企业的“做法”，即通过企业的经营行为、管理行为、社会公益行为等，传播企业的理念，使之得到内部员工和社会公众的认同，建立起良好的企业形象。

企业的行为包括范围很广，它们是企业理念得到贯彻执行的重要领域，包括企业内部行为和企业市场行为两个方面。内部行为有员工选聘行为、员工考评行为、员工培训行为、员工激励行为、员工岗位行为、领导行为、决策行为、沟通行为等。企业市场行为包括企业创新行为，交易行为、谈判行为、履约行为、竞争行为、服务行为、广告行为、推销行为、公关行为等。上述各种行为只有在企业理念的指导下规范、统一并有特色，才能被公众识别、认知和接受。

（1）行为识别系统的设计

①企业管理体制。企业导入BIS，规范企业行为，首先要求有一个合法、科学、完善的行为主体，即企业。因而科学构建行为主体是企业导入BIS的前提。构建行为主体包括决定企业的组织形式，设计组织结构，划分部门，确定管理幅度与层次，授权等。

②员工手册。这是统一员工行为的“宪法”，是高于具体操作规程的准则。全体员工应人手一份，并以其指导今后的行为。以下是某企业的员工手册目录。欢迎加入×××行列，手册简介，你的新工作；×××公司简介；工作性质；在×××公司工作的收获；基本责任；互相沟通；工作时间；时间更改；发薪日期；试用期；辞职通知；现金政策；训练政策；制服；仪容整洁；个人卫生；福利；按工作表现付酬。

③各项行为制度。企业建立BIS，不能只靠铺天盖地的宣传教育，还需要制定和完善一系列具有可操作性的制度和规范。制度和规范使企业和员工的行为有章可循、规范划一，它具有一定的强制性。制度和规范的设计必须以正确的企业理念为指导，必须有助于在一种宽松的环境中准确无误、积极主动地完成自身的工作。制度和规范包括人事管理法规、行政管理法规、财务管理法规、部门工作职能、岗位责任、任职标准、质量管理标准等。

④市场营销活动。市场营销活动包括营销政策和广告活动两个方面。前者包括营销战略、营销策略和营销手册；后者指广告策划，包括主题广告语、文字广告语，广播电视广告语、广告电视创意脚本及媒介组合战略。

（2）员工培训

企业BIS的建设不是员工自发的，必须开展多种形式的教育培训；让全体员工知道本企业导入CIS目的、意义和背景，了解甚至参与企业识别系统的设计，熟悉并认同企业的理念，清楚地认识到企业内每一位员工都是企业形象的塑造者。通过教育培训，使员工从知识的接受到情感的内化，最终落实到行为的贯彻。

【案例衔接】

麦当劳公司的BIS

为了保证麦当劳经营理念的贯彻，麦当劳有一套准则来保证员工的行为规范，即“小到洗手有程序，大到管理有手册”。

OTM（Operation Training Manual）即营运训练手册。该手册详细说明麦当劳的政策，餐厅各项工作的程序、步骤和方法，是指导麦当劳系统运转的“圣经”。

SOC（Station Operation Checklist）即岗位工作检查表。麦当劳把餐厅服务组的工作分成20多个工作站，每个工作站都有一套“SOC”，详细说明在工作站应事先准备和需要检查的项目、操作步骤、岗位第二职责、岗位注意事项等。员工进入麦当劳后将逐步学习各个工作站的内容，通过在各个工作站学习，表现突出的员工将会晋升为训练员，并训练新员工，训练员中表现好的就会晋升到管理组。

PQG（Pocket Quality Guide）即袖珍品质参考手册，麦当劳管理人员人手一册，手册中详细说明各种半成品接货温度、储存温度、保鲜期，成品制作温度、制作时间、原料配比、保存期等与产品品质有关的各种数据。

MDT（Management Development Training）即管理发展手册，这是麦当劳专门为餐厅经理设计的。该手册一共四册，介绍了各种麦当劳管理方法，并配有训练课程。通过这样系统的训练，麦当劳的经营理念、行为规范就深深地渗透到每一个员工的行动之中。

4.3.3 视觉识别系统（VIS）

视觉识别系统（VIS）是指能够被视觉识别的一切事物。包括企业标志、名称、商标、标准字、标准色、事务用品、传播媒介、交通工具、制服等。

视觉识别系统（VIS）的传播力与感染力最为具体、直接，能将企业识别的基本精神差异，充分表达出来，并且可以让消费者一目了然地掌握其中产大的情报讯息，轻易地达成识别、认识的目的。

【案例衔接】

中国移动VI和商业主品牌VI介绍

“中国移动”企业品牌继续秉承“责任、卓越”的核心价值，以“移动改变生活”为战略愿景，强化其作为企业公民对国家、对社会的价值承诺，逐渐弱化与消费者在功能利益和使用体验上的沟通。

A New Dream

（1）and，连接、沟通，表达关系的达成，陈述价值的同时，表达距离的拉近，寓意我们就在你身边。

（2）and，世界的一切皆与你有关，连接你与世界，让生活更加丰富，回归“梦想的实现”。

（3）and，是a new dream的首字母，寓意在你身边，帮助你实现梦想。

4.3.4　相互关系

三者之间的关系是相辅相成、互相支持。CIS是形象建设的系统工程，CIS三要素之间既互相关联统一，又各具特色各有侧重。

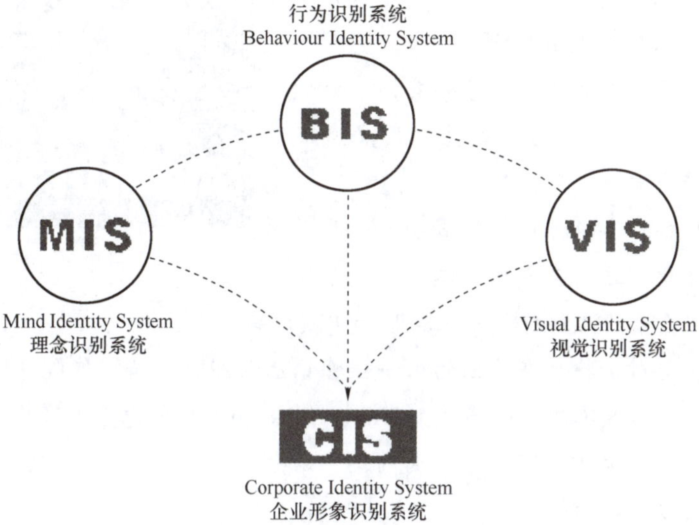

（1）MI、BI、VI体现CIS的层次内涵

MI是三者关系的基础，重点在心、在精神，它是企业CIS战略系统的原动力。BI是企业主观能动性的体现，重点在人，是企业中人的因素综合。VI是载体，承载着MI、VI的全部内涵，重点在外观。

（2）MI、BI、VI构建CIS的整体

CIS不是单一的某个识别系统所能概括的，VI是MI的外在表现，而MI是VI的精神内涵，VI是BI的配合体，静态VI和动态BI的结合，才会达到好的传播效果。

（3）MI、BI、VI的统一塑造内外和谐的组织形象

CIS战略的各要素都充分发挥作用，才能塑造出良好的企业形象，使企业在市场竞争中立于不败之地。

【案例衔接】

绝对伏特加的品牌之路

20世纪70年代，美国人消费的伏特加占全球伏特加总销量的60%，而其中99%出自美国本土制酒厂。当时市场上通行的观念是：既然所有伏特加喝起来都是一个味

儿，那当然是越便宜越好。在绝对伏特加出现后，品牌代替价格成为了伏特加饮用者的消费指南。

进入美国的前一年，绝对伏特加的进口代理公司在进行市场调查后认为：为了在利润率日渐下跌的伏特加市场中站稳脚跟，必须用高端的品牌形象与美国市场上的低价酒拉开差距，并据此名正言顺地抬高价格。与此同时，消费者早已厌倦了产品广告的夸夸其谈，他们必须用一种不那么单调的方式把自己塑造成“市面上最好的伏特加”。

绝对伏特加在市场上最初的成功源于两个意外闪现的灵感。这两个灵感创造了两个令绝对伏特加受益至今的品牌特征——酒瓶和印刷广告。

1979年，绝对伏特加在美国的第一轮营销活动即将开始，但瓶身设计却迟迟未定。有一天，广告人冈纳·布罗曼（Gunnar Broman）在斯德哥尔摩的古董店闲逛，忽然看到一个简单大方同时不落俗套的瑞典老式药瓶。而在16至17世纪，伏特加酒曾经作为药物被广泛使用过。

绝对伏特加邀请了许多瑞典设计师为这个意外降临的奇妙“药瓶”进行改良。最终，营销总监米歇尔·鲁（Michel Roux）做出了这些决定：缩短瓶颈，赋予其更符合当代审美的外观；不使用任何标签，以显示水晶般透明的纯净酒质；同时还决定使用蓝色作为酒瓶外观上最引人注目的颜色——蓝色被沿用至今，成为绝对伏特加品牌的视觉标准色。

进入美国市场两年后，绝对伏特加迎来了自己在美国市场上的第一幅平面广告。TBWA广告公司的创意总监杰夫·海斯（Geoff Hayes）曾经回忆道：“我一边坐着看电视，一边在纸上画瓶子。记得我在瓶子顶端画了个光环，并添了一行字‘这是绝对的完美’。第二天早晨，我把画好的东西给文案搭档看。他说，不用多解释，只需‘绝对完美’（Absolute Perfection）。我们在五分钟之内想出了十个创意，形成了系列广告。”

此后的20多年中，绝对伏特加推出了近2000幅平面广告。其中绝大多数都以绝对伏特加酒瓶的轮廓特写为中心，但酒瓶里装着什么则千变万化。酒瓶下方写着2至3个英文单词：第一个总是“绝对”，后面接着的单词展现了广告创意人员的想像力——其中有的是带有特殊含义的数字，有的是妇孺皆知的单词，有的则是只可意会不可言传的概念。

至关重要的设计

在一份名为《设计在品牌构建中的地位》（The Role of Design in Establishing a

Brand）的案例研究报告中，作者认为绝对伏特加的设计为品牌所做的贡献涉及了品牌认知、品牌个性、品牌忠诚、感知质量和品牌联想这五个对于品牌来说最主要的因素。

首先，两个重要的特质决定了消费者对于绝对伏特加的品牌认知："绝对"这个名字和"像水晶般纯净的"不带标签的酒瓶。绝对伏特加所强调的产品美学主要包括清澈（Clarity）、简单（Simplicity）和完美（Perfection）三方面，这从他们的名字和酒瓶设计风格上都能得到直观的感受。

其次，绝对伏特加张扬并充满情趣的品牌个性在米歇尔·鲁重新设计瓶身外形的时候已经得以确定。从1979年到2007年，绝对伏特加又推出了一系列带有特殊口味——如柠檬味、桃味、梨味——的伏特加衍生产品，并配以在色彩上进行了改动的酒瓶，进一步强化了这种品牌个性。

瓶身设计自然而然地提升了消费者的品牌忠诚度。因为伏特加酒是没有味道的，所以味道并非伏特加产品的一部分。但每当消费者看到酒瓶的时候，他们就会自然地想到过去饮用绝对伏特加的体验。

进一步地，绝对伏特加凭借自己独一无二的形象特征，创造了高度的品牌感知质量和价值。这也正是绝对伏特加在进入美国市场时，希望通过拉大与低价品牌之间的区分度而获得的效果。

不得不提的是绝对伏特加的品牌联想度。在绝对伏特加于1979年进入美国市场之后，他们不仅仅吸引到了超过300位画家参与设计，来自雕刻、玻璃设计、音乐、时装等各个方面的艺术家也加入了绝对伏特加的大军。这些有趣的延伸大大促进了绝对伏特加的销售。

关于这点，说个有趣的故事。1983年，前文提及的营销总监米歇尔·鲁碰到了波普艺术大师安迪·沃霍（Andy Warhol）。大师对总监说："我十分喜爱你们的酒瓶，只可惜我并不喜欢喝酒。但我十分愿意将其视作香水。我能为你画一幅画吗？"这幅艺术作品被绝对伏特加当作广告刊登在了杂志上。拜盛名所赐，销量骤然上升。

——经济观察网（http：//www.eeo.com.cn）

4.4 CIS的导入

4.4.1 CIS导入的基础

为了使CIS充分发挥其功能，产生期望中的积极效果，CIS的导入必须具备一定的基础和条件。

（1）市场定位准确

如果在企业市场定位准确的基础上导入企业形象系统，就可使企业形象鲜明地凸现在消费者的心目中，方便消费者认同，并使之产生好感与信赖，企业导入形象系统将加强消费者对购买企业商品与服务的信心。

（2）质量、服务和信誉

导入CIS的根本目的是增强企业竞争力，让企业在激烈的市场搏杀中取得决定性的胜利，如果企业的质量、服务和信誉不能保证，将无法维持CIS带来的形象效果。因为质量、服务和信誉是组织形象的基础，商品的质量和服务以及组织信誉的好坏决定组织自身竞争力，而组织的竞争力决定了组织的实力、组织的前途和命运，只有拥有优良产品质量、服务和信誉良好的组织才有能力和有必要进行CIS导入。

4.4.2 CIS导入动机

企业导入CIS的动机是多种多样的，它不仅与企业内部的经营管理状况有关，同时也与国内外社会经济发展的环境相联系。

（1）自觉完善企业内部

①加强内部管理。多元化、集团化、国际化经营的企业为对各下属成员企业进行统一管理，以协调它们之间的行动，树立统一形象，需要引进CIS。而就所有企业而言，它们面对与日俱增的产品及各种应用设计，需要制作一套方便作业的管理系统，而CIS能够简化管理系统的作业流程，缩短新员工培训和适应作业的时间，使管理更加便捷、规范、富有成效。

②塑造企业文化增强企业内部凝聚力。CIS的导入，有助于企业文化的塑造和更新，从而使企业持续保持生存和发展的活力。企业文化是企业成员所追求的固有价值观、思维方式、行为方式和信念的综合，是企业成员在企业长期生存竞争中逐渐汲取经验教训而发展起来的。它作为企业生命力的一个要素，对企业生存能力有着重大的影响。企业如果没有属于自己的良好的企业文化，在发展中就会缺少后劲。企业文化的作用是强调企业目标和企业成员工作目标的一致性，强调群体成员的信念。价值观的趋同，强调企业成员之间的吸引力和成员对企业的向心力，因此它对企业成员有着巨大的内聚作用，使企业成员团结在企业组织周围，形成一致对外的强大的生存发展力量。所以适时导入CIS，是企业重塑企业文化的重要途径。

③提升企业形象与知名度。导入CIS，通过组织化、系统化和统一化的企业形象策划，可以提升企业形象与知名度，消费者对于有计划的识别系统易产生组织健全、制度完善的信赖感和认同感，同时对于有优秀的行为识别和独特的理念识别的企业也较容易产生良好的印象。企业为了提高在公众中的形象和知名度，需要积极引进CIS，进行企业形象策划。

④强化产品竞争力。企业导入CIS，通过给人印象强烈的视觉识别设计，有利于创造名牌，建立消费者的品牌偏好。现代企业的竞争是新技术、新产品的竞争，企业只有不断地进行技术革新，不断开发出新产品，才能使企业抢先占领市场，赢得更多的消费者。而消费者对新产品的认识、理解、接受以至形成一种新的销售习

惯，都需要经过很长的一段时间。良好的企业形象可为新产品的开发铺平通向消费者的道路，因为消费者对企业的信赖使其对企业的产品也有种信得过的感觉，由此增强了企业产品的竞争力。

⑤吸引优秀人才。优秀的职工队伍是企业生存发展的坚实基础，在招聘员工时，能否吸收优秀人才，能否储备高质量的人力资源以及能否保证公司经营的持续性，避免人事频繁变动，均有赖于企业形象的好坏。导入CIS，通过塑造有个性的企业形象，使企业形象有一定的倾向性和针对性，从而与受其吸引而来的应聘者具有了比较一致的目标和要求。同时，由于避免了不确定性，吸收新职员的程序会变得简单，更易吸收到优秀人才。

⑥提高广告效果。就广告传播效果公式而言，广告效果=量（广告费）×质（广告表现品质），企业传达信息如果出现的频率与强度充分，广告效果必然提升。企业形象策划的统一性与系统性的视觉要素设计，可加强传达信息的频率与强度，产生倍增的扩散效果。

（2）应对外来各种挑战

①适应市场经济发展，转换企业经营机制。转换企业经营机制，把企业推向市场，是社会主义市场经济建设的中心环节。企业作为自由竞争的主体，其一切行为都必须围绕市场进行，这就要求其在优胜劣汰的市场经济中拥有良好的生存发展能力。在企业转换机制的过程中，以CIS的导入和运用来提高企业形象、创建名牌产品对企业来说不失为一良策。

②增强投资者的好感与信心。企业如若没有良好的资金来源，很难扩大经营规模，获得发展。CIS导入，进行企业形象策划，可以塑造良好的企业形象，增强投资者的安全感和信任感，获得银行等金融机构的支持和股民的信赖，扩大企业的融资能力。

③消费者的挑战。通过CIS的导入，有利于企业获得消费者的认同。在当今商品经济高度发达的时代，消费者对商品的购买，不仅是对产品功能和价格的选择，同时也是对企业形象、服务水平的选择。消费者选择名牌产品是对企业信任和认同的表现，同时，名牌产品也给消费者带来了心理满足感。

④社会责任的挑战。企业在追求经济效益的同时，还应兼顾社会效益。因为企业作为社会大系统中的一个子系统，同社会的各个方面发生联系。企业要顺利地生存和发展，就必须对社会做出应有的贡献，履行必要的社会责任，对社会负责，合理利用资源，关心社会福利事业，并通过优秀的企业文化促进良好社会风气的形成。企业面对社会责任的挑战，必须站在大众的立场上，积极致力于社会公益事业，塑造良好的企业形象。

4.4.3 CIS导入时机

组织导入CIS是一项系统工程，CIS的导入需要把各种资源进行最佳整合，不同的企业在市场上所处的地位不同，它们对企业形象系统需求的程度也不同，讲究CIS

导入时机，都必须从长远的角度出发，把握住导入的最佳时机，以取得最理想的效果。时机选择得好，导入CIS作用发挥空间就大，能起到事半功倍的作用。

（1）新公司成立，合并成企业集团

新公司成立之际，由于没有传统的束缚，可以设立理想的经营理念与视觉识别系统，可从头开始并较快建立起行为识别系统，所以新公司成立时是导入CIS的最佳时机。通过实施企业形象策划战略，以独特、系统的识别系统将企业形象传达给公众，可收到先声夺人的效果。而企业合并、联营、集团化以后，从经营的范围、规模以及项目均较以前的老企业有所不同，特别是几家公司合并成企业集团后，企业理念、标志不统一，给公众造成识别的障碍。在此时导入CIS，可廓清公众对企业的模糊印象，进而达到树立全新形象的目的。

（2）企业扩大经营范围，朝多元化方向发展

随着时代的变迁，企业本身也不断成长、变化，朝多元化的经营目标迈进。由于企业经营内容多元化，企业生产的主要商品的比重发生变化，往往使得原有的企业标志、名称、经营理念等发生与生产性质、内容不符的情况。因此，导入CIS，改变公众对公司的原有理解和印象，建立符合企业实际情况和未来发展趋势的形象识别系统，才能统一新开发产品与企业的关系。

（3）创业周年纪念

国外许多企业都在创业周年纪念时导入CIS，创业周年纪念是对企业成长的一种肯定，也是企业具有自信心的表现。选择创业周年纪念导入CIS，可能有不同的动机。如富士公司在创业45周年时，实施了CIS战略，旨在适应技术革新的潮流，将企业形象统一为“综合音像信息的产业”，并面向21世纪，实现“世界性的富士软片”“技术的富士软片”的企业目标。不论企业出于何种动机，在企业周年发布CIS计划，可消除公众对企业的刻板印象，给人以新颖别致之感，同时可唤起人们对企业所做贡献的美好回忆，显示公司目前的实力与发展前景，提高企业员工的自豪感和荣誉感。企业在创业周年纪念时一般会推出各种庆典活动，此时引入CIS战略更易引起媒介和公众的关注，从而扩大企业的社会影响和知名度。

（4）新产品的开发与上市

在企业成功开发出新产品时，是导入CIS的良好时机。由于新产品通常是创新的表现，而创新又是最易被公众关注的，所以在新产品上市时导入CIS战略，既可收到产品促销的效果，又可塑造企业的形象。

（5）进军海外市场，实施国际化经营

企业创业初期多面向国内市场，随着企业规模的扩大和结构的调整，尤其是通讯、交通条件的日益便利和互联网技术的发展，企业进军国际市场的机会明显增多。企业从事国际化经营，原有的企业名称、标志与包装及产品品牌可能不再适应国际化的需要，甚至会与一些国家的习俗冲突。因此在开拓国外市场时，适时导入CIS战略，不仅可使产品打入国外市场，同时还可使企业扬名于海外。

（6）经营出现危机，要消除负面影响

企业面临经营不善的危机及停滞不前时，除了进行彻底的改组外，还可导入CIS战略，以提高企业活力和竞争力，消除在公众中的消极影响。日本的松屋百货公司、意大利的蒙特爱迪生公司等都是在企业发生经营危机时导入CIS的。

（7）公司上市

股份制企业发行股票成为上市公司时，配合募股导入CLS，可提高股票交易价格。

此外，在企业高层领导人更换及组织结构发生重大改变时，在旧有的制度系统不再符合新的经营方向而需改变时，都是企业导入CIS的良好时机。

4.4.4 CIS导入的操作流程

公共关系的核心目标是塑造组织形象，强化社会组织的形象力，CIS通过组织整体形象的定位，更集约化、规模化地影响公众，更快、更好地强化社会组织的形象力。

CIS策划是一项创意性、规范性很强的工作，整个作业程序分为若干个环节，每个环节均有相对独立的核心工作。严格而灵活地遵循CIS策划的作业程序，是我们提高CIS策划水平的基本前提。一般而言，整个CIS策划作业程序大致可分为调查诊断、形象策划、MI规划、BI规范、VI设计、《CIS手册》编制和导入实施七个基本环节。

（1）组织形象调查

组织形象调查主要包括组织有形形象与无形形象调查，以及组织知名度与美誉度调查。

（2）组织形象定位

组织形象的定位就是要在组织形象调查、诊断的基础上，设计出组织通过全员CIS系统工程所预期达到的组织形象的特征和社会地位，这个过程便是组织形象定位。组织形象定位以提高组织效能为原则，以满足社会公众对组织的期望和要求为准则，基于组织本身的性质、经营战略目标、组织结构功能等实际要素而设定。

（3）MI规划

MI系统是CIS的核心，MI系统主要包括：

①经营（服务）理念的确立。

②组织目标战略的制定。

③组织精神标语的形成。

④组织精神口号的形成。

⑤组织文化的确定。

MI系统规划时应该围绕以下几个方面来进行：

①MI规划要体现组织发展目标。

②组织精神标语和口号紧密联系相关行业。如“中国移动：移动信息专家”。

③组织目标战略体现组织经营服务理念、社会价值观。如丰田汽车公司："将环保性能与出色的驾驶乐趣完美结合"。

④组织经营服务理念应简洁而富有个性地将企业的价值传达给目标公众。如海尔："真诚到永远"；飞利浦："让我们做得更好"。

总之，MI规划应以务实、集思广益为原则，组织理念体现民族化、个性化和概括化，具备导向力、凝聚力、辐射力、稳定力等基本功能。

（4）BI规范

BI规范即建立组织行为规则，以MIS确立的企业精神来规范组织行为，构建组织内部员工行为和社会公益行为的基本模式。

在CIS导入过程中，不同的国家对MIS、BIS、VIS重视的程度不同，比如美国人崇尚理性，组织行为已经高度的标准化，因此美国的CIS导入偏重于VI。日本是个讲究忠诚度、凝聚力、向心力的国家，因此日本的CIS导入偏重于MI。而就目前的中国，组织管理标准化程度不够，因此CIS的导入更应该注重BIS。

①按BI规范要求，全面教育、培训组织内部员工，达到员工能直观展示MI的精神内涵；特别是窗口行业，员工的行为举止、礼貌文明的服务用语、诚恳热情的服务态度，将直接作用于公众，对组织形象的塑造具有特殊的意义。

②组织的行为规范。

第一是组织经营管理或服务行为。包括市场调研行为、产品研发行为、市场运作行为、市场营销行为、广告宣传行为和售后服务行为等，总之应该体现出组织"管理规范、质量最优、注重内涵、品牌致胜"的组织形象。

第二是组织社会责任（公益）行为。包括关注环境污染、捐助希望工程、资助贫苦等社会问题，宣扬社会人文精神、推广社会文明等公益行为，集中体现组织"关怀社会为己任"的良好社会形象。

BI系统是动态的形象传播。BI系统主要包括服务流程设计、服务戒律明确、服务用语规范、服务作业标准化设计、顾客投诉处理方法制订和顾客满意度指标确定。

（5）VI设计

VI是CIS的视觉冲击力，VI设计成功与否，关键在于VI设计是否全面体现组织形象的价值。VI系统包括基础系统和应用系统：

①基础系统。

VI设计的基础系统主要包括组织名称、组织标志、组织的标准字和组织的标准色。

组织名称。突出个性、美感、容易记忆、良好的语感和美好的寓意。

组织标志。组织标志包括文字标志、图案标志和复合标志。组织标志以简洁明快、新颖独特、巧妙精致、优美典雅为原则。

组织的标准字。标准字，又称组合字体，是指将组织的名称进行整体组合之后所形成的字体。组织标准字的设计以强化公众视觉感知，展现组织文化理念为原则，并根据组织性质、产品的特性和公众心理进行的。标准字不同于普通字体，除了造型上的美观和突出的视觉效果外，还在于标准字之间的连贯性，这种连贯性对企业形象特质作了极好的诠释，整体上体现了组织的个性特征。在组织标准字设计中，古典字体多体现在工艺、艺术商品中，现代科技产品多用现代体字形，而化妆品上的字体大多秀丽、纤细，五金工具使用方头、粗壮字体，玩具则使用“童体”字形。

组织的标准色。标准色是VI中最主要的部分之一，组织的标准色是组织运用色彩来创造美感效果，以渲染组织形象的优美和谐。根据心理学家的研究，能让人瞬间了解的信息，第一是色彩，第二是图形，第三是文字。色彩最具识别效应。组织标准色的设计以强化审美意识，增强艺术感染力、突出组织风格，体现组织理念、展现组织个性为原则。

②应用系统：日用品形象系列；办公事务用品形象系列；商业文书表格形象系列；内外环境（如花圃）形象；员工服装形象系列；组织用车车体形象；广告宣传形象系列；公关促销用品形象系列。

VI的应用系统是对基础系统内涵的诠释，旨在创造出一个个性化、系统化的组织形象，给公众以美好、强烈的视觉体验。

（6）CIS手册的编制

CIS手册是组织最重要的智慧资产之一。CIS手册是组织在CIS策划、制作结束后，为了便于公众理解CIS战略的要求、要领，用于全面推广，树立组织形象而编制的文本。具体来说，CIS手册是阐述组织CIS战略的精神要领，基本内容与具体操作规程的指导书，是运用CIS塑造组织形象的集中体现。

制定CIS手册的目的在于统一整体的组织形象，贯彻组织形象塑造的意图，将承载着组织精神、规划理念的每个规划设计要素能够简明扼要地、正确地形成传播体系，以达到塑型效果。

CIS手册的编制根据情况的不同，内容有所差异，但至少应有以下五方面的内容：

①总论部分：董事长、总经理的致辞；公司简介与CIS导入背景；组织形象定位和未来发展目标；CIS手册使用说明。

②理念识别系统：组织价值观；组织战略目标；组织文化、哲学理念；组织精神标语、口号。

③行为识别系统：组织职能行为规范；组织公益行为规范；组织员工行为规范。

④视觉识别系统：组织标志、吉祥物；组织标准字；组织标准色。

⑤应用要素：办公系统（信封、信笺、文件夹等）；环境系统（建筑物外观、营业环境等）；标识系统（路标指示、招牌等）；服饰系统（员工服装等）；交通系统（业务用车、手推车等）；包装系统（产品外观、产品包装）；广告系统（主

要广告媒体设计）。

良好的组织形象的树立，取决于对CIS理论的充分认识和对CIS手册系统、完善的编制，更离不开一如既往的认真严格的贯彻执行，不断强化CIS手册的“宪法”地位。

【案例衔接】

中国印——舞动的北京

（1）会徽设计将中国特色、北京特点和奥林匹克运动元素巧妙结合

“中国印·舞动的北京”以印章作为主体表现形式，将中国传统的印章和书法等艺术形式与运动特征结合起来，经过艺术手法夸张变形，巧妙地幻化成一个向前奔跑、舞动着迎接胜利的运动人形。人的造型同时形似现代“京”字的神韵，蕴含浓重的中国韵味。

该作品传达和代表了四层信息和涵义：

①中国文化。以中国传统文化符号——印章（肖形印）作为标志主体图案的表现形式，印章早在四五千年前就已在中国出现，是渊源深远的中国传统文化艺术形式，并且至今仍是一种广泛使用的社会诚信表现形式，寓意北京将实现“举办历史上最出色的一届奥运会”的庄严承诺。

②红色。选用中国传统喜庆颜色——红色作为主体图案基准颜色。红色历来被认为是中国的代表性颜色，还是我国国旗的颜色，代表着伟大的中华人民共和国，也具有代表国家、喜庆、文化传统的特点。因此，标志的主体颜色为红色，具有代表国家、代表喜庆、代表传统文化的特点。

③中国北京，欢迎世界各地的朋友。作品代表着北京正以改革开放的姿态欢迎世界各地运动员和人民欢聚北京，生动的表达出北京欢迎八方宾客的热情与真诚，传递出奥林匹克的理念和精神。作品内涵丰富，表明中国北京张开双臂欢迎世界各地人民的姿态。

④冲刺极限，创造辉煌，弘扬“更快、更高、更强”的奥林匹克精神。现代奥林匹克运动一直强调以运动员为核心，会徽“中国印·舞动的北京”正体现了这一原则。印章中的运动人形刚柔并济，形象友善，在蕴含中国文化的同时，充满了动感。

（2）会徽的字体设计采用了中国毛笔字汉简的风格，设计独特

会徽作品“中国印·舞动的北京”的字体采用了汉简（汉代竹简文字）的风格，将汉简中的笔画和韵味有机地融入“BEIJING 2008”字体之中，自然、简洁、流畅，与会徽图形和奥运五环浑然一体，字体不仅符合市场开发目的，同时与标志主体图案风格相协调，避免了未来在整体标志注册与标准字体注册中因使用现成字体而可能出现的仿冒侵权法律纠纷。

（3）会徽总体结构与独立结构比例协调

经过专家反复推敲、修改，“中国印·舞动的北京”中作为主体的中国印、“汉简体”“北京2008”和奥运五环三部分之间在布局以及比例关系方面，特别是中国印部分，已近完美。与此同时，每一部分独立使用时依然比例合理，不失协调。

（4）有利于今后的形象景观应用和市场开发

从“中国印·舞动的北京”的延展设计中可以看出，它在城市景观布置、场馆环境布置等方面蕴含着良好的、巨大的潜力。“中国印”是2008年将在北京举办的第29届奥林匹克运动会会徽。她似印非印，似“京”非“京”，潇洒飘逸，充满张力，寓意是舞动的北京；她是有中国精神、中国气派、中国神韵的中国汉文化的符号，象征着开放的、充满活力的、具有美好前景的中国形象；她体现了新北京、新奥运的理念和绿色奥运、科技奥运、人文奥运的内涵，再现了奥林匹克友谊和平进步、更快更高更强的精神。“中国印”是13亿中国人民向全世界的承诺。盖下这印记，就意味着用我们中国最庄重、最神圣的礼仪，再次向全世界庄严地承诺，把北京2008年奥运会办成历史上最出色的一届奥运会，这是中国人民的诚信和尊严。从这一刻起，舞动的北京张开双臂，呈现开放姿态；从这一刻起，舞动的北京张开双臂，迎接四方友人；从这一刻起，舞动的北京将张开力量的双臂，与宽广博大的世界共同起舞。

4.4.5 CIS导入监控管理

CIS的导入过程中，企业需设立专门的CIS管理机构对CIS的实施进行监控和管理，编列专门预算支持CIS作业，同时，经营者必须按照CIS计划严格执行，保证CIS实施的一贯性。在实施中不断进行评估，并对不适应的地方做出调整。

（1）实施督导

当CIS策划设计完成后，对CIS委员会应进行改组，建立相应机构监督CIS计划的执行。CIS推行的管理主要是企业内部的事情，多涉及总经理办公室、人力资源管理部、公关企划部门和市场营销部门的工作，CIS管理委员会应由这些部门的主管和专职人员负责。如果企业规模较大，可以聘用一位CIS专家负责CIS实施，实施督导一般有三个环节，即对实施情况进行检查、对实施效果进行评价、对实施中的不足予

以改进，如果在导入CIS之后，有效的管理无法跟上，没有专门机构或人员来监督其运作，则前期所做的大量投入就有可能白费，无法取得预期的效果。

（2）效果评估

对CIS导入效果进行评估，了解CIS导入所取得的成效，可以从中发现导入中的不足，对下一步的推行工作进行改进，以求得更好的效果，所以效果评估是CIS推行中极其重要的一环。CIS导入的效果评估可从以下四个方面进行。

①企业内部。CIS导入和实施人员应对CIS的推行情况进行随时的了解，对企业员工进行随时或定期的系统的询问调查，询问的内容包括总体评价和具体作业两个方面的问题。如企业在导入和推行CIS以来，各方面是否有了明显改观，新的企业理念是否能顺利贯彻，CIS制度是否只是形式主义，对新的标志是否满意等。对于企业内部的调查应及时对询问结果进行整理分析，同时注意信息的真实性问题。

②外部环境。外部环境测试评估须选择与企业有直接关系的组织或个人进行，导入效果评估应在调研阶段的调研基础上进行，所以选择对象应尽量选择原有被访者或回答问卷的人，这些人对企业形象状况有一定了解，而且经过调研阶段，会对企业CIS的导入情况比较关注，提供更多的信息。

对于评估的内容而言，应集中在视觉设计项目的传播效果和企业总体形象上。视觉项目传播效果的评估可就一个基本设计项目进行专项评估，也可对几个设计要素的组合应用效果进行评估，进行评估时所提问的问题应全面、系统，主要针对认知度与识别功能、视觉印象和设计品位三个方面。企业总体形象的评估问题可采用调研阶段的关键语作为问题，根据肯定回答者占接受测试总人数的比例，与调研阶段的结果相比较，分析企业的导入CIS后企业形象的优化程度和在哪一方面取得了明显的改观。

③根据企业营运资料进行的CIS效果评估。企业导入CIS，提高企业知名度，建立企业高度识别性、统一性的形象系统，最终目的在于企业经济效益的提高。CIS导入的实际效果直接体现在企业产品的市场占有率、销售额及利润的提高和营销费用的降低上。导入CIS效果评估的一个重要方面即对企业营运业绩进行评估。

从企业的经营业绩考察企业导入CIS的效果，一般的做法是在企业营运报告中选取导入CIS前后几年的数据进行统计分析，从市场占有率、销售额、利润的增长率中看出导入CIS的效果。该方法的基本原则是销售额和利润的增长高于因导入CIS的费用增长，说明CIS导入的效果良好，反之则导入效果不佳。

④目标检讨。CIS的导入效果是与导入所确定的目标相对而言的，企业导入与实施CIS过程中的所有作业项目，都是根据目标确立的，而导入效果的评估，也应根据CIS的目标而定。

根据企业导入CIS的战略目标，可以确定评估内容的重点与评估标准。如日本白鹤造酒公司导入CIS战略的目标是建立标志品牌的统一识别系统，其评估重点放在了企业新标志、品牌的视觉印象以及识别力与标准化表现上。

企业导入CIS的目标在实施推进过程中逐步具体化，不仅有长期目标，还有中、短期目标，在不同的期限到来时，应及时对CIS导入的效果进行评估，从而得到阶段性的效果评估结论。

（3）调整改进

通过对CIS的实施督导和及时地进行效果评估，CIS导入执行机构应对实施中发现的问题进行分析，改进推行实施方案，修正作业计划，完善CIS的制度化惯例。若需调整改进推行方案，应写出书面报告，提交CIS委员会讨论，根据此报告修改和进一步完善推行方案，由企业主管审批后执行，从而使CIS的导入取得更佳效果。

【知识链接】

品牌为央企最高竞争战略

2014年新年伊始，国务院国资委发布了《关于加强中央企业品牌建设的指导意见》（简称《意见》），旨在提高央企品牌建设水平，推动央企转型升级，最终实现“做强做优、世界一流”的目标。《意见》要求，央企要将品牌战略作为最高竞争战略。

为推动意见更好实施，本报将开辟央企品牌建设专栏，以专访、评论等多种形式讨论央企品牌建设问题；同时也欢迎有兴趣的读者积极参与，共同推动央企品牌建设。

“创建世界级一流的品牌是企业竞争力和自主创新能力的标志，是高品质的象征，更是高附加值的重要载体。”这是1月3日国务院国资委发布的《关于加强中央企业品牌建设的指导意见》（以下简称《意见》）中指出的品牌的重要意义。《意见》还指出，要将品牌战略作为最高竞争战略，要加强对品牌战略落实情况的督促检查和评价考核，持续加强品牌战略的贯彻执行。

在2013年末，全球著名咨询公司Interbrand公布了2013全球品牌价值百强榜，在这个榜单中没有中国国企的名字。松下前总裁岩谷英昭也在去年对媒体公开说：“中国一直都提供一些没有名字的好东西……美国人购买TCL和长虹，但对这些品牌却没有任何概念。现在中国必须要强化他们的品牌。”

中国作为世界第二大经济体，各类产品销售遍布全球，但品牌影响力一直差强人意。上述两个例子已经说明了中国企业品牌建设所面临的严峻性和急迫性，即使是对中国经济有很大影响力的央企，品牌建设也存在着很多不足。

中国企业急需在品牌建设上补课。这一点引起了中国政府主管部门的高度关注。此次国务院国资委的意见对央企品牌建设具有全面的指导意义。

相关内容

1月3日，国务院国资委发布的《关于加强中央企业品牌建设的指导意见》内容为四大部分二十条，分别为充分认识加强中央企业品牌建设的重要意义；加强品牌建设的指导思想、基本原则和主要目标；加强品牌建设的主要内容；加强品牌建设的主要措施等。

意义：

加强品牌建设是培育世界一流企业的战略选择。一流品牌是企业竞争力和自主创新能力的标志，是高品质的象征，是企业知名度、美誉度的集中体现，更是高附加值的重要载体。中央企业虽然进入世界500强企业的数量逐年增多，但“大而不强”的问题一直存在，尤其是缺少在全球叫得响的知名品牌。中央企业要实现“做强做优、世界一流”的目标，就必须努力打造世界一流的品牌。

主要目标：

到2020年末，涌现一批品牌战略明晰、品牌管理体系健全、品牌建设成果显著的企业；形成一批产品优质、服务上乘、具有广泛影响力的知名品牌；培育一批拥有自主知识产权和国际竞争力的自主品牌。

主要内容：

大力实施品牌战略。中央企业要结合企业总体发展战略、内外资源禀赋、企业文化传承等因素，加强顶层设计，制定或完善适合本企业的、具有独创性和吸引力的品牌战略，并与企业发展战略同步实施、系统推进。要将品牌战略作为最高竞争战略，渗透到公司运营管理的各个层面，建立以客户为中心、培育差异化竞争优势的品牌战略导向机制和流程，围绕品牌战略，优化资源配置，促进品牌建设与业务发展的协同。要加强对品牌战略落实情况的督促检查和评价考核，持续加强品牌战略的贯彻执行。

主要措施：

加强组织领导。中央企业是品牌建设的主体，要把品牌建设作为“一把手”工程来抓。主要负责人要切实认识到品牌建设的重要性和紧迫性，将品牌建设工作提上重要议事日程。对品牌建设中的重大问题，要加强调查研究，对确定的重点工作，要亲自过问、督促落实。要落实组织机构，明确各部门的工作职责，配备专业团队或专职人员，有条件的企业要建立品牌建设工作委员会。

——《企业观察报》

课后练习——实训综合操作

大学形象是大学极其珍贵的无形资产，是体现大学竞争实力的重要因素之一。现实中，高校在品牌和形象上所呈现出来的差异正是各自“底蕴”力和“机制”力较量的结果。因此，高校形象的设计与塑造，本质上就是大学“魂”的追寻与弘扬，是一个内在精神凝练与外在形式提升、圆融合一的塑造过程。高校形象是大学各方面素质的综合反映，它综合了领导者的水平、教职工的整体素质、教学设施的实力、教育科研能力、毕业生质量、对外交往、校园文化、内部管理体制、大学发展史（大学传统）等众多方面的因素。一所大学在社会公众中的良好组织形象是一笔巨大的无形资产，它需要经过长期的精心塑造和“资本”积累才能实现。进行大学形象设计，就是要确立大学的办学指导思想、宗旨，提炼大学精神特征，规范成员行为，并通过一系列的传播活动，取得内部和社会公众的理解、认同和支持。

（1）根据本章所学内容，分组讨论分析背景资料。

（2）以小组为单位，根据所学知识，为所在院校进行初步的大学形象设计。

第5章 公共关系危机管理

【知识目标】

1.了解公共关系危机的含义、特点、原因与类型。

2.理解公关关系危机的预防。

3.掌握公共关系危机处理的原则。

4.公共关系危机处理的程序。

5.公共关系危机处理的对策。

【技能目标】

1.能正确判断公共关系危机的类型。

2.能合理分析公共关系危机的成因及发展趋势。

3.能科学处理公共关系危机相关利益方的沟通协调。

4.能初步设计公共关系危机的善后方案。

案例导入

马航飞机失联事件对新媒体时代危机公关的启示

2014年3月8日凌晨，马航一架载有239人、原计划6：30应飞抵北京的波音777-200客机失去联系，并且在随后多天的搜救中杳无音讯。这一事件引起了全世界的关注。

一边是舆论的猜疑质疑，一边是马航的左支右绌，马航飞机失联，暴露出的是企业在新媒体生态环境下，传统公关策略的捉襟见肘，也引申出了在移动互联网时代企业如何有效进行危机公关的重要课题。

情绪沮丧、焦虑甚至愤怒到极点的失联航班家属，一次次在马航的新闻发布会上痛哭流涕，大声斥责马航应对此次事件的不紧不慢态度以及饱受质疑的应答。互联网平台上更是被真假参半的“最新消息”搅得乌烟瘴气，网民们在焦虑的等待中开始骚动不安，不时对马航发起“围攻”。

在此之前，马来西亚航空公司（MAS）一直凭借着不错的口碑、优质的服务质量以及较好的安全记录，保持着马来西亚国内第一大航空公司的绝对地位。然而面对此次危机事件，公众却将这家相对优质的航空公司与迟钝、无措、糊弄画上了等号。一夜之间成为妇孺皆知的涉事航空公司，马航显得手忙脚乱、一筹莫展。如此获得的知名度与品牌传播效应对于马航来说，可谓灭顶之灾。

马航在飞机失联后的危机公关上暴露出了如下4个问题：

（1）甘做鸵鸟，“No idea”

有关MH370失联的消息在3月8日早间已经被媒体广泛报道，马航方面却未第一时间做出迅速反应，而是捂住“脑袋”，做起“鸵鸟”。马航的官方微博在3月8日只发布了3条信息，最早的一条竟然在上午11点03分才发布，此时距离网络出现铺天盖地的失联传闻，已经过去了整整3个小时，传闻也愈发离奇。官方新闻发布会更是拖延到当日下午才举行。MH370失联的消息传出后，马航副总裁最先接受了CNN采访，面对记者的询问，他一连回应了数个“no idea”。“no idea”“不清楚”这种状态一度是马来西亚航空对外回应的主调。

（2）轻视媒体，谣言漫天

马航对于此次事件的调查与处理，没有很好疏通沟通渠道，轻视了媒体传播对于平息事件的重要作用。马航没能及时、不断向媒体提供真实的事件进展情况，导致舆论产生真空期，中国的社交媒体上不断出现种种谣言。在短短半天的时间里，曾经流传谣言如：“在越南发现了飞机信号”“CNN证实飞机已经坠毁”“飞机在越南nanming降落”。最后一条其后被演绎为“在中国南宁降落”，引发大批媒体致电南宁机场求证。虽然面对这些假消息，马航的新闻稿也做出了回应和辟谣，但措辞的模糊以及迟钝的反应，似乎无法安慰忧心忡忡的公众。

（3）被动回应，口径相悖

在MH370航班失去联系13小时后，马航方面才不得不召开新闻发布会。这场发布会不仅比原定时间推迟半小时，而且只持续5分钟即告结束，也没有给记者任何提问的机会。发布会宣告结束后现场一片混乱，记者纷纷拥向发言人要求其公布更多信息。在其后的几场新闻发布会上，马航对于众多备受关注的问题都是在记者们的“逼问”下才笼统回答。此外，马来西亚政府和马航在同一时间节点上接受采访的口径经常出现冲突。在护照事件上，马来西亚政府官员对外披露称有四人属“冒名登机”，而随后接受采访的马航却称消息还在确认。两方回应的不一致，再次引发了诸多猜疑与混乱。

（4）措辞失当，人情淡薄

在马航官方微博附带的声明中，不痛不痒的官腔论调也深深刺痛了忧心不已的公众。其没有站在乘客和机组乘员的角度去表达任何的安慰之情，并且在多份声明里，马航都用了“regret”（遗憾）的字眼，这是明显的公关词汇，将责任撇在一边，显得不近人情。公关专家认为，“regret”一般只能用于利益不相关方，马航作为航班承运人，使用“遗憾”这个字，太轻描淡写了。相反，中国外交部用“忧虑”表达了对乘客和机组乘员的关怀，显得更到位一些。

在移动互联网时代，企业的危机公关无疑面临着更大的挑战。首先，新媒体改变了信息传播的方式，增加了危机产生的可能性。任何微小的“自媒体”都可能对看起来强大的企业造成毁灭性打击。其次，新媒体的普遍应用使信息在传播中的扩散速度和互动性大大加强，加快了危机爆发的节奏。第三，新媒体为竞争对手提供了更多的收集情报以及火上浇油的机会。

企业出于平稳运营的考虑，对于恶性事件、突发事件，都是严防死守，但仍会有防不胜防的意外发生。那么，在新媒体时代，企业该如何开展危机公关呢？针对移动互联网时代的危机事件的传播特点，企业在危机公关上应至少遵循以下五条法则。

（1）小组作战

如今众多大型企业都在内部成立了自己的危机公关部，然而在移动互联网时代，传统的危机公关部已然落后，事后处理的方式已不能满足当下的公关需求。配备一个社交媒体监测小组，不间断监测和反馈互联网上的相关舆论信息，将危机在爆发前或爆发中及时解决，无疑是最佳选择。

（2）45分钟内回应

新媒体时代，企业的最佳反应时间已经从过去的24小时、黄金4小时缩短为45分钟。美国西北大学的最新研究表明，在45分钟之内给出回应的危机给企业带来的损害最小。新媒体时代，一条诚意的微博在短时间内便可能得到近千万人次的覆盖。越快速的反应往往能给公众带来“积极”“知错就改”的良好印象。

（3）勇于承担，少辩解

互联网时代对于公众生活最大的改变在于言论得以自由化，而言论的自由化又可能导致公众对企业的言论形成“随意”“狡辩”的感观。越是在负面舆论的泥潭中，越要注意勇敢承担责任，主动道歉，而不是对于事件过分辩解，推卸责任。这样才可能获得舆论的宽容。

（4）不遮掩，不撒谎

很多人已经见识过网络的监督力量。在移动互联网时代，只要公众愿意推动，每一个人每一件事都可能赤裸裸地公之于众。几乎没有谎言能够逃脱互联网的调查。与其费尽心思遮掩，不如坦诚地面对公众，讲真话，积极沟通，不存侥幸。

（5）善于运用网络语言

同样一条新闻，在网络推手的改动下，便能成为热点话题，而在普通发布者手中，便只是一条没有温度的消息。所有公布在互联网上的信息内容，只有遵循网络语言以及网络传播特性，才能事半功倍，发挥最大的作用。危机时刻，编写出语气适当，语言相宜的声明与道歉信应该成为企业的关注点之一。

——张天艺　苏商网（http：//www.sushang.cn）

5.1　公关危机与危机公关

公共关系危机对现代组织来说是无时无刻都可能爆发的，公共关系危机管理是现代管理领域的一个新的研究课题。现代组织的公共关系人员必须了解公共关系危机产生的原因，树立公共关系危机意识，做好公共关系危机的预防工作，并能根据公共关系危机管理的原则、程序、策略，妥善处理各种危机事件，使组织转危为安。

5.1.1　危机管理

（1）危机

在竞争激烈的社会环境中，组织面临更为复杂的不确定性，危机可能随时发生。提及源于希腊语的危机一词，人们思想中往往浮现两层基本含义：①潜伏的祸根；②极其困难或者成功失败的关头，如金融危机、经济危机等。后来，随着人类的发展以及研究的深入，很多国内外著名学者都提出过自己的见解。危机研究专家赫尔曼（Hermann）认为，危机是一种情境状态，在这种形势中，决策主体的根本目标受到威胁，做决策的反应时间很有限，形势的发生也出乎决策主体的意料。福斯特（Forster）认为危机具有急需迅速决策，严重缺乏适用的训练有素的人员、物质资源和处理时间等显著特征。从该定义可看出，紧急决策，人员、物质、时间等严重缺乏是危机的几个基本因素。国内学者胡百精认为，危机是一种状态，即因组织内部管理问题或外部环境变化导致组织的正常秩序以及目标等遭受伤害，要求组织迅速做出决策，安排物质、人力等各种资源，加强沟通管理的一种具有威胁性的状态。综合具有代表性的有关危机定义的观点，可以发现危机可视为组织管理者意识到的对组织价值、正常秩序、目标等存在潜在威胁，需要管理者在短时间内决策，并合理安排组织各种资源进行处理的一种不可预知的事件或者状态。

从上述定义可以看出，危机通常具有如下特性。

①危机的隐蔽性与突发性。隐蔽性与突发性体现出危机的形成是一种动态的过程，也就是说，危机不是一时形成的，是由量变逐渐演变到质变产生的。隐蔽性是危机的量变阶段，突发性是危机由量变阶段演化为质变的表现。

②危机的不确定性与不可预防性。不确定性是危机的重要特性。危机的发生难以预测，无论是其表现形式、波及范围，还是造成的影响程度都是不能事先确定的。即使如此，危机也并非不可预防，也就是说，通过采取有效的管理手段进行监

控与控制，危机是可以预防的，甚至完全有可能避免。现实中，有些类型的危机是有迹可循的，可以提前采取措施进行处理，将其扼杀在萌芽阶段。

③信息的有限性和扩散性。因为危机发生具有偶然性和不确定性，所以决策者获取的信息是随着形势的发展而变化的。短暂的时间也使得决策者掌握的信息可能不全面、不及时，并且其准确性和有效性难以保证，很可能面临信息的失真，故此，决策者常常限于信息的有限性无法做出具有时效性的决策。另外，在当今社会互联网普及、通信技术发达、传播手段多元化的大背景下，危机一旦爆发，公众可以通过各种途径获取更多的信息。

④危害的严重性及处理的紧迫性。危害的严重性是危机的本质特性。单就危机一词，已可见危害的严重性。危机的危害可以是有形的，如人员的伤亡、财产的损失等，也可以是无形的，包括个人心理伤害等。危机的紧迫性是指由于危机带来的严重危害，会威胁个体、组织和社会的安全，必须在短时间内采取有力措施进行有效处理。危机的紧迫性体现为3个方面：沟通不畅、时间紧迫、资源缺乏。

通常情况下，事物都具有两面性，危机也不例外。危机不仅带来具有危害性的负面影响，而且也蕴藏着机会和转机。也就是说，看待危机不能只从悲观的角度看，换一个角度，或许会发现危机之中孕育着机会或转机。决策者可以利用危机爆发的时机，推动组织制度和环境的变革，使得组织朝着更为有利、适宜的方向发展。

（2）危机管理

由于组织时刻有发生危机的风险，如何管理危机已经成为管理学领域重要的研究课题之一，由此产生了危机管理学科。危机管理是一门科学，是决策学的一个重要分支，属于动态的管理。

美国学者史蒂文·芬克（Steven Fink）认为，危机管理应该着重于预防危机的发生，也就是说，在企业发展的关键时期，在危机发生之前就采取管理行动，预防危害的出现。格林（Green）认为，危机管理应该侧重危机的事中处理，即在危机状态或者事件中，采取适当的方法将损失控制在一定范围内，在形势得到控制后要争取回归初始轨道。

米特洛夫（Mitroff）和皮尔森（Perason）认为，危机管理者需要迅速对危机做出反应，即在危机发生的初期，管理者需要通过合理的渠道搜集信息，并鉴别和深度分析信息的真实性，在此基础上尽可能控制损失。同时，在整个过程中，有效的沟通尤其重要。

魏加宁认为危机管理是对危机进行管理，以防止和回避危机，使组织或个人在危机中得以生存并将危机所造成的损害限制在最低程度。

朱延智认为企业危机管理是有计划、有组织地在危机爆发前，识别危险因子，并于危机爆发后，以最迅速、有效的方法，使企业转危为安的动态过程。

余明阳和张慧彬从危机的生命周期的角度考察危机管理，认为危机管理是组织通过危机的事前控制、事中处理和事后恢复，最大限度地降低或消除危机带来的损害的一系列过程。

胡百精认为，危机管理自始至终都是一个决策过程，危机管理决策是围绕时间紧迫、信息不明、威胁严重并且管理资源匮乏这三个基本属性引发的问题展开的，这三个基本属性也是规划危机沟通管理策略的现实起点。

虽然上述表述各不相同，但对危机管理的理解却大体一致。

①危机管理是一个过程，既包括危机爆发前的管理也包括危机爆发后的管理；

②危机管理的目的在于减少乃至消除危机可能带来的危害；

③危机也有积极的一面，在一定条件下可以化危机为机会和转机。

根据上面的各种说法，危机管理就是组织采用迅速、有效的方法，最大限度地减少或消除危机可能带来的危害，争取化危机为机会和转机，而进行的危机爆发前期预防、爆发期处理、爆发后期恢复等所有方面的动态管理过程。

（3）危机管理的特征

危机管理是以危机为研究对象的，因此，相应地也具有危机的一些特性，如不确定性、紧迫性及可预防性等。除了危机赋予危机管理的特性外，危机管理还具有以下特征。

①暂时性。从危机管理的定义可知，危机管理的根本目的是应对危机，一旦目的实现，组织回到正常的运行轨道，也就宣告此次危机管理活动结束。因此，危机的类型并非一成不变，采用一贯的危机管理措施很难有效解决组织周围的各种危机。新的危机出现，就需要进行新一轮的危机管理。所以，针对某一次危机进行的危机管理活动会随着该次危机的消除而告一段落。

②整体性。管理过程本身就是由包括计划、组织、领导和控制等要素在内的一系列相互关联的基本职能构成的一个有机整体。同时，危机管理作为一种动态管理，并不是孤立存在的，需要同学科的知识，如人力资源管理、信息管理、沟通管理等，融合在一起形成有机联系的整体，才能发挥其应对危机的效用。

③开放性。危机管理同其他领域有机联系形成的应对危机整体并非是封闭的，而是具有开放性的。危机管理所处的环境是开放的，这就要求在应对危机的时候必须与媒体、公众、竞争对手、政府等各类利益相关者保持良好的沟通，争取他们的理解和支持，以达到将组织内外资源整合和优化的目的。

④艺术性。危机具有多变性，危机管理要遵循具体问题具体分析的基本原则，才能更有效地应对危机。与其他的管理领域比较而言，危机管理更具有不确定性，管理上也更强调艺术性。在危机管理中，各类影响因素是不断变化的，不仅有确定的因素，还有非确定的因素；不仅有相对稳定的因素，还有突发性、偶然性的因素。这就决定了进行危机管理不仅要制定具有普遍意义的科学原则，运用能解决规律性问题的科学方法，而且还要有随机应变的能力和灵活发挥的想象力。

（4）危机管理的职能

危机是一种过程，大体包括三个阶段，即危机爆发前期、危机爆发期、危机恢复期。在每个阶段，危机管理具有与之相对应的主要职能。在危机爆发前期，危机管理主要职能是预防职能；在危机爆发期，危机管理主要职能是处理职能；在危机恢复期，危机管理主要职能是评估职能，是危机管理的最后环节。总之，危机管理职能职能表现为预防、处理和评估3项基本职能。它们之间是相互依存、相互衔接的，预防职能是处理职能的基础，评估职能是危机预防、处理和反馈的有益总结。

①预防职能。预防职能是危机管理的首要职能，是在危机爆发前期，为了及早发现并迅速、有效地预防危机所进行的工作。危机的预防职能应尽可能在危机到来之前，将一些可以避免的危机消灭在萌芽状态，最大限度地降低危机带给组织的损失，预防职能包括危机监测、危机预控等具体职能。为了从源头上将危机消除、防患于未然，预防职能通常通过以下几个步骤发挥其效用，首先，对可能引起危机的因素进行严密的跟踪；其次，对可能出现的危机及其程度作出准确的评估；最后，对可能引发危机的要素进行有效的控制。

②处理职能。处理职能是危机管理的第二道防线，是指在危机爆发期所进行的一系列工作。危机爆发期即危机已经发生，此时，危机管理最重要的目的是在最短时间内有效地处理危机，尽可能减少危机带来的损失。处理职能包括制订计划、决策、组织与领导、控制、处理等具体职能。危机爆发期，领导者要尽可能多地搜集相关信息，确认危机程度，找出危机产生的原因并辨认危机影响的程度。之后，找出处理危机的机会，并在此基础上制定正确的危机处理决策，对几种可行的处理危机的方案进行分析、评估和对比，选出最佳方案。人是计划和决策得以成功实施的关键，所以需要设计合理的组织结构，有效地整合组织成员，包括成立危机管理小组、建立合理的危机管理组织模式、打造强有力的领导核心等。为了各项决策和计划能够顺利实施，需要有效地控制事态的发展，排除处理危机的干扰要素。最后，领导者需要在尽可能短的时间内有效地将危机处理决策运用到实际中消除危机，避免危机给组织和社会造成更大的损失。

③评估职能。评估职能是指经过之前危机管理主体的努力，危机渐渐得以平息，进入恢复期后，总结经验和教训，为以后进行危机管理提供参考与借鉴。危机的评估是改进危机管理工作的重要手段，是顺利开展后续管理工作的必要前提。评估职能包括危机调查、危机评估等基本职能。首先，进行危机后恢复。成立恢复小组，确定恢复目标，制订恢复计划等。其次，进行危机总结和评估。对危机管理进行全面的评估，不论是对危机事前、事中、事后管理，还是实施危机管理的管理者和利益相关者都需要进行科学的评估。最后，争取化危机为转机。危机给组织创造了另外一种环境。此时，就可能孕育着新的促进组织制度和管理革新的机会。

④创新职能。除了上述3项基本职能之外，危机管理还具有创新职能。管理本身是一种不断变革、不断创新的社会活动，同时也是一个实践性很强的社会活动。危机管理同样需要具备创新思维，只有不断创新才能更好地解决实际问题。另外，将危机管理理论和危机管理实践结合起来，才能真正发挥这门学科的作用。也就是

说，危机管理科学的研究只能来源于实践，才具有生命力，才能不断发展。

5.1.2 公共关系危机的基本概念

危机是事物由于量变的积累，导致事物内在矛盾的激化，事物即将发生质变和质变已经发生但未稳定的状态。这种质变给组织或个人带来了严重的损害，为阻止质变的发生或减少质变所带来的损害，需要在时间紧迫、人财物资源缺乏和信息不充分的情况下立即进行决策和行动。危机这个词是由危险和机会组成的，它本身是一个中性词。危机中虽然孕育着机会，但危机毕竟不是人们愿意遇到的事，在危机中把握机会的难度很大。

（1）公关危机

危机公关是各种危机中的一种特殊类型，它是由组织内外的某种非常因素引发的公共关系非常事态和失常事态，也是一种特殊的公共关系状态。从一般意义上说，公共危机是指由于组织内部或外部的种种因素，严重损害了组织的声誉和形象，使组织陷入了强大的社会舆论的包围，并处于发展危机之下的一种公共关系状态。这种状态如果不迅速改变，就会影响到组织的生存，所以成为公关危机。

（2）危机公关

危机公关并不是常规的公共关系工作，它只在危机事件发生时才存在。危机公关是组织公共关系工作的重要内容，在组织的发展历程中，危机事件的出现是难以避免的。根据《危机管理》的作者美国学者菲克普曾对《财富》杂志排名500强的大企业董事长和CEO所做的专项调查表明，80%的被调查者认为现代企业面对危机就如同人们必然面对死亡一样，已成为不可避免的事情。其中有14%的人承认曾经受到严重危机的挑战。

危机公关是指组织危机的公共关系处理。也就是组织从公共关系的角度对危机的产生、发展、变化，采取或实施的有针对性的一系列管理行为。具体讲，就是任何社会组织为了解决给公众带来损失、给企业形象造成危害的危机事件，以及预防、扭转或改变组织发展的不良状态所采取的公关策略与措施。

公共关系危机处理是指公共关系从业人员在公共关系理论和原则的指导下，运用公共关系的策略、措施与技巧，改变因突发事件而造成的公共关系主体所面临的危机局面的过程。公共关系危机管理有广义和狭义之分。其中狭义的公共关系危机管理就是指公共关系危机处理，指对已经发生的公共关系危机事件的处理过程。

【知识链接】

中国奶制品污染事件

2008年中国奶制品污染事件（或称2008年中国奶粉污染事件、2008年中国有毒奶制品事件、2008年中国有毒奶粉事件）是中国的一起食品安全事件。事件起因是很多食用三鹿集团生产的奶粉的婴儿被发现患有肾结石，随后在其奶粉中被发现化工原料三聚氰胺。根据公布数字，截至2008年9月21日，因使用婴幼儿奶粉而接受门诊治疗咨询且已康复的婴幼儿累计39965人，正在住院的有12892人，此前已治愈出院1579人，死亡4人，另截至9月25日，香港有5个人、澳门有1人确诊患病。事件引起各国的高度关注和对乳制品安全的担忧。中国国家质检总局公布对国内的乳制品厂家生产的婴幼儿奶粉的三聚氰胺检验报告后，事件迅速恶化，包括伊利、蒙牛、光明、圣元及雅士利在内的多个厂家的奶粉都检出三聚氰胺。该事件亦重创中国制造商品信誉，多个国家禁止了中国乳制品进口。9月24日，中国国家质检总局表示，牛奶事件已得到控制，9月14日以后新生产的酸乳、巴氏杀菌乳、灭菌乳等主要品种的液态奶样本的三聚氰胺抽样检测中均未检出三聚氰胺。2010年9月，中国多地政府下达最后通牒：若在2010年9月30日前上缴2008年的问题奶粉，不处罚。2011年中国中央电视台《每周质量报告》调查发现，仍有7成中国公众不敢买国产奶粉。

5.1.3 公共关系危机的特征

凡是危机事件都有共同的特点，即重大损失的突发性、导致困难的难以预测性、影响甚大、危害严重的灾难性和涉及面广、引起不良后果的严重性。它既有重大的财产损失、也有严重的人员伤亡，还包括利润的急剧下滑，甚至严重亏损，也可能是以上几方面的全面爆发。无论是哪种情况，都会使公关组织在社会公众面前的形象受到严重的伤害。诸如重大伤亡事故，严重的意外灾难，大规模的事件纠纷，组织由于某些因素造成的信誉危机等。

（1）必然性和普遍性

危机的必然性是指危机是不可避免的，只要有公共关系就会有公共关系危机。任何一个社会组织在它的发展过程中都遇到性质不同、表现形式各异的危机。这是因为：

首先，由于人们主观认识的局限性和客观规律的隐蔽性，使人们认识规律，驾驭规律的能力必然会存在偏差，所以任何的错误都可能变为现实。

其次，公共关系是一个层次众多的大系统，包括了许多彼此联系的复杂的子系统，是一个多输入、多输出、多干扰的主控系统，不确定因素的复杂性增加了危机产生的必然性。

再次，信息传播是公共关系不可或缺的因素，公共关系过程，是一种信息传播过程，更是一种控制过程，从信息论的角度看，就是信源通过信道向信宿传递并引发反馈的过程。信息传递的过程中由于噪音的干扰势必产生失真现象，失真即有误差，误差导致错误，错误导致危机。

最后，任何策划和决策都以信息为基础，而且方案的执行过程也是一个信息传播的过程，信息经过多层系，多渠道，多阶段的传输之后，其失真现象必趋严重，导致系统的稳定性减弱，一旦震荡度加大，危机便接踵而至。

（2）突发性和渐进性

公共关系危机事件是一种突发性事件，但往往是渐进式的形成。它的发生常常是在意想不到、没有准备的情况下突然爆发的，它是不可预见的或不可完全预见的。由于公共关系大系统是开放的，每时每刻都处在与外界的物质、能量、信息的交换和流动之中。任何一个薄弱环节都可能因某种偶然因素而导致失衡、崩溃，形成危机。它具有突发性特征，也具有不可预测性的特征。从本质上讲，公共关系危机的爆发是一个从量变到质变的过程。危机从其自身发展来说，一般由四个阶段：前兆期—加剧期—处理期—消除期。

前兆期：危机的隐患初露端倪，向组织发出警告。大量事实表明，它是一个转折点，这时危机处在一个不稳定的状态，此时重要的是如何使这种状态向好的方面转化，扼制住它向坏方向转化的可能，化险为夷，转危为安。如果对前兆期的危机信号熟视无睹，它就会膨胀，到一定程度后，就会形成组织公共关系危机的爆发，并迅速蔓延，产生连锁反应，使公众与组织关系突然恶化，使企业措手不及。

加剧期：危机的加剧期已经到来，就不会自行消失。这时问题暴露，公众投诉，媒介追踪，声誉大降。这个时期，企业或社会公众已较清楚地了解到底发生了什么事情。有关当事人介入行动，同时安排抢救工作。一旦进入危机加剧阶段，只能使任何控制危机的努力变成对损失程度的控制。

处理期：处理期是危机灾难发展到顶峰的时期，抢救工作进入关键阶段。在此时期，公关机构设立信息中心，按时把工作的最新消息传送给媒介人士。处理期短则一两天，长则持续几个星期或更长时间。在发表各种消息时，一定要坚持“公开事实真相”的原则，以避免新闻媒介和社会公众的猜疑、质询。危机的处理期一般包括调查情况，自我分析，安抚公众，联络媒介等工作。

消除期：消除期是指评估工作开始，处理工作告一段落。在这一时期，除着手准备详细的调查报告外，主管部门和公关部门都还需要做一些具体的事，妥善处理危机后期工作，安抚人心。同时，依靠公共关系手段消除影响，矫正形象。

（3）严重性与建设性

危机事件作为一种公共事件，任何组织在危机中采取的行动和措施失当，将使企业的品牌形象和企业信誉受到致命打击，甚至危及生存。由此，为了应对各种突发的危机事件，西方现代企业一般都将其纳入管理的内容，形成了独特的危机管理机制。例如，伦敦证券交易所为避免企业危机对股市的冲击，就提出了新规定，要求上市公司必须制订危机管理计划，建立危机管理机制，并要定期提交危机预测分析报告。

危机在本质上或事实上对社会组织产生的破坏性是巨大的，必须尽力防范和阻止。但是既然危机爆发了，暴露了组织存在的问题，更是给组织提供了一个检视自我应对风险能力的机会，危机的恰当处理也会带给组织新的收获。从辩证法的角度来看：危机=危险+机遇。

公共关系危机爆发之后，组织的公共关系系统处在不稳定的状态中，有效的公共关系工作必定会在原本无序的公关状态中建构更牢固的公共关系大厦，使无序走向有序。

认识危机的建设性，才会采取主动姿态，沉着冷静，满怀信心地面对危机，从中寻找和抓住任何可能的机会；认识危机的建设性，才有可能认识到公共关系危机在破坏公共关系良好状态的同时，也为组织建立富有竞争力的声誉，树立组织的形象和为组织的重大问题的解决创造了机会。

（4）紧迫性和关注性

公共关系危机总是在短时间内突然爆发，使组织立刻处于备战状态，要求公关人员第一时间全面掌握事实真相。危机爆发所造成的巨大影响令人瞩目。它常常会成为社会和舆论关注的焦点和讨论的话题，成为新闻界争相报道的内容，成为竞争对手发现破绽的线索，成为主管部门检查批评的对象。

总之，组织公共关系危机一旦出现，它就会像一颗突然爆炸的炸弹，在社会中迅速扩散开来，对社会造成严重的冲击；它就会像一根牵动社会的神经，迅速引起社会各界的不同反应，令社会各界密切关注。

5.1.4 公共关系危机的成因

美国危机管理专家诺曼·奥古斯丁形容说：“危机就像普通的感冒病毒一样，种类繁多，难以一一列举。”的确，经营管理不善、市场信息不足、同行竞争、甚至遭到恶意破坏等，或其他自然灾害、事故，都可能使得现代组织处于危机之中。引起组织公关危机的原因很多，大体可以分为组织内部原因和组织外部原因。

（1）组织内部原因

①组织素质低下。组织素质包括组织领导素质和职工队伍素质，特别是组织领导人员，如果不能正确处理组织长远利益与近期利益的关系，往往会出现管理的短期行为，这将扩大组织素质与现代生产经营活动客观要求之间的差距。组织可能会因为自身素质低而被社会淘汰。

②缺乏危机意识。有很多企业在取得一定成绩稳步发展时往往沾沾自喜，对危机丧失了警惕，走向了灭亡的不归路。使“三株”跌入万丈深渊的其中一个原因就是三株人观念落后、缺乏危机意识。一个经理一年没下过几次市场，办事处在什么地方也不知道，连手下一个已上班4个月的办事处主任都不认识。“居安不思危”是三株人最真实的写照。也正是这种陈旧的、没有危机意识的观念，为日后三株的经营埋下了事故隐患，阻碍了三株的发展，造成了三株的溃败。

③经营决策失误。这是造成经营性危机的重要原因。组织不能根据内外部条件的现状及变动趋势正确制定经营战略和公关战略，使组织的生产经营活动得不到公众的支持，而遇到困难无法经营，甚至使组织走向绝路。

④法制观念淡薄。现代社会是法制社会，企业是否具有法律意识、是否知法、守法，是否将企业的经营活动置于法律的监督、保护之下，这对于正确开展经营活动，规范企业管理行为，树立良好的企业形象有十分重要的意义。然而，有的企业法律观念淡薄，置国家法律于不顾，随意践踏公众作为人的起码权利，最终酿成危机。

⑤公关决策失误。如果决策失误，发生误导，就会人为地造成危机。陈旧的观念、一般化的公共关系活动虽然不会对组织造成致命的伤害，但也提高不了组织的知名度。在市场竞争中，组织公关活动如果不能发挥应有的作用，本身就孕育着危机。

⑥活动组织不力。企业要想取得公共关系活动的成功，就得做好公共关系活动的组织工作，准备工作做得越充分越扎实，公关活动的成功率就越高，反之，就会引发危机。

⑦纠纷处理不当。企业在与外部公众的交往过程中，在与消费者的交易过程中，由于各自利益的不同有可能引起摩擦和纠纷，如果企业反应得当，就能使摩擦和纠纷消失，反之，就会引发危机。

（2）组织外部原因

①不可抗力。不可抗力可以分为自然灾害和建设性破坏两个方面。天然性自然灾害是不以人的意志为转移的，它往往给组织带来意想不到的打击。正所谓“人在家中坐，祸从天上来”。建设性破坏灾害是一种人为的灾害，它是指人类出于短视、疏忽、决策失当等原因，没按客观规律办事所造成的破坏。

②体制和政策因素。国家的经济管理体制和经济政策是企业难以控制的外部因素，它对企业的经营和发展产生着重大影响和制约作用。一般来讲，任何企业都希望国家经济管理体制和经济政策有利于本企业的生存和发展，如果体制不顺，政策对企业发展不利，那么企业就可能在经营活动中遭遇很大风险，出现严重问题，甚至陷入一种欲进不能，欲退不忍，欲止不利的困境。

5.2 公关危机的预防和处理

5.2.1 公共关系危机的识别

识别公关危机是指公关工作者在日常的公关工作中，通过一些事物的现象和自己长期的工作经验，对危机事件出现时及时发现和判断。具备识别公关危机的能力相当重要，它可以使组织的损失在及早发现的情况下得到降低。公关危机的识别包括两个方面：一种是潜伏性危机的识别；一种是外显性危机的发现。

（1）识别潜伏性危机

组织出现潜伏状态下的公关危机时，公关工作还处在表面正常的状态，但是隐患已经在某些因素和环节中存在。例如，在2008年奥运火炬巴黎传递时被攻击，家乐福被中国愤青和民族主义者作为法国产品代表进行抵制。危机潜伏期是它在中国的管理高层长期忽视或轻视公共关系，团队中没有真正专业的政府公关、危机公关、媒体公关专家，过去几年在中国扩张很快但吝啬于在社区公关、媒体公关上投资；主要的公关经费集中用于“政府公关”，就是配合开张新店的地方政府、工商、公安等的关系建立。很多人说家乐福是不幸而“首当其冲”，其实早在2008年之前家乐福的负面新闻就很多。这就是家乐福危机的潜伏期。

（2）发现外显性危机

比起潜伏状态，显性状态下的公关危机比较容易被发现。稍有一些公关经验，或者是任何一个人都可以判断显性公关危机。因为它是既成事实的危机状态，而且多是影响较大的突发性危机，常常以重大的损失作为标志，容易为人所重视，但是对于重大的显性危机的危害程度的认识和判断却需要很多的公关经验和很高的判断水平，因为它涉及对危机处理的决策和处理手段的制定，以及处理措施的实施。

【案例衔接】

丰田汽车“召回门”

由于油门踏板和脚垫的安全故障，丰田自2009底开始在全球大规模召回车辆，总裁“全球巡回道歉”。

在“召回门”愈演愈烈之时，中国国家质量监督检验检疫总局就丰田车加速踏板等缺陷发出风险警示通告，希望消费者谨慎使用部分车型，同时在全国范围内搜集缺陷信息。

2010年3月1日，丰田汽车公司总裁丰田章男在北京举行记者会，就大规模召回事件进行说明，并向中国消费者道歉，并宣布召回丰田在中国销售的多款品牌汽车。一直高速发展丰田公司，遇到了重大的危机打击，公司发展速度大受影响。

5.2.2 公共关系危机的预防

公共关系危机预防是指对公共关系危机的隐患进行监测、预控的危机管理活动。虽然说任何企业都可能遇到危机，但是这并非说危机不可预防。而事实上，几乎所有的危机都是可以通过预防来化解的。一般说来，危机事件的发生多半与企业自身的行为过失有关，或是因为违反法令；或是因为不解民情；或是因为管理失当；或是因为产品、服务缺陷所致。当然，其中偶然也有因政府行政过失，媒介妄言轻信，或消费者贪婪鲁莽而起，但多数还是根在企业，责在自身。正因为如此，企业才能通过预防措施，减少甚至杜绝危机事件的发生。预防是组织危机管理的重要组成部分，任何组织都应该重视公关危机的预防工作。这是危机公关中最艰难、也最有价值的部分。

（1）树立危机意识

没有危机意识的个人，将随时面临困难；没有危机意识的企业，将随时面临经营的困境。危机预防的起点是要培养企业全体员工的忧患意识，企业领导人首先就要具备强烈的危机意识，能把危机管理工作做到危机实际到来之前，并为企业应对危机做好组织、人员、措施、经费上的准备。

（2）设立应对危机的常设机构

本机构可以由以下人员组成：企业决策层负责人、公关部负责人和公司一些其他主要部门的负责人。这些成员应保证其畅通的联系渠道。当危机发生时，该机构自然转型为危机领导核心。

（3）建立危机预警系统

一套完善的危机管理的动态机制可分危机前的危机预防机制和危机发生后的危机救治机制。危机预防机制可具体分为危机预警机制和危机的预控机制。危机的预警机制包括了危机迹象的监测、危机迹象的识别、危机迹象的诊断和危机迹象的评价。危机的预控机制包括思想准备、组织准备、物质准备、基础设施准备以及危机处理准备。危机发生后的危机救治机制包括危机发生后的积极的强制干预措施、稳定民心及全员参与。

（4）制定危机管理方案

对于一个企业来说，有效的公关危机管理可以防止危机的出现或改变危机发生的过程。实施公关危机管理时，应考虑以下几个方面的问题：检查所有可能造成公司与社会发生摩擦的问题和趋势；确定需要考虑的具体问题；估计这些问题对公司的生存与发展的潜在影响；确定公司对各种问题的应对态度；决定对一些需要解决的问题采取的行动方针；实施具体的解决方案和行动计划；不断监控行动结果；获取反馈信息，修正具体方案。

（5）企业内部媒体公关培训

从近年来发生的东航返航事件、抵制家乐福事件可以看出媒体的强势和在危机发生时推波助澜的强大影响力，因此，在企业发生危机时，企业能否冷静自如、坦诚大度地面对媒体、巧妙地回答媒体的问题，是化解公关危机的关键。预先对企业领导者以及公关人员进行这方面的培训是非常重要的。

（6）建立并维护良好的媒体合作平台

定期与媒体进行沟通，获得媒体的信任与支持。

（7）危机模拟训练

适当时候进行危机预演，让内部人员熟悉发生危机时必须要做的事情。

5.2.3 公共关系危机处理的原则

（1）勇于承担责任原则

危机发生后，公众会关心两方面的问题：一是利益的问题，利益是公众关注的焦点，因此无论谁对谁错，企业应该承担责任，即使受害者在事故发生中有一定责任，企业也不应首先追究其责任，否则会各存己见，加深矛盾，引起公众的反感，不利于问题的解决。另一方面是感情问题，公众很在意企业是否在意自己的感受，因此企业应该站在受害者的立场上表示同情和安慰，并通过新闻媒介向公众致歉，解决深层次的心理、情感关系问题，从而赢得公众的理解和支持。

（2）迅速反应原则

危机处理的目的在于尽最大努力控制事态的恶化和蔓延，把因危机事件造成的损失减少到最低限度，在最短的时间内重塑或挽回企业原有的良好形象和声誉。因此，危机一旦发生，不仅是公共关系危机管理小组的成员，而且是企业的所有成员都应立即投入紧张的处理工作。赢得时间就等于赢得了形象。高效率是做到快速反应不可缺少的条件。

（3）真诚坦率原则

通常情况下，任何危机的发生都会使公众产生种种猜测和怀疑，有时新闻媒介也会有夸大的报道。因此，组织要想取得公众和新闻媒介的信任，必须坚持真诚坦率的原则。别说“无可奉告”“不发表评论”这样的话。很多人认为这是有效的挡箭牌，这类词必须小心使用。

（4）系统运行原则

危机处理必须冷静、有序、果断、指挥协调统一、宣传解释统一、行动步骤统一，而不可失控、失序、失真，在逃避一种危险时，不要忽视另一种危险，在进行危机管理时必须系统运作，绝不可顾此失彼，否则只能造成更大的混乱，使局势恶化。

（5）灵活创新原则

公关工作中出现的危机事件是形形色色的，因此面对不同的公关危机的处理手段也不尽相同。所有针对不同情况下的危机情况要具体问题具体分析，只有根据具体情况，才能进行有针对性、灵活性的处理。由于危机多属于突发性的，不可能有既成的措施和手段，因此，根据实际情况，灵活处理很重要，也很关键。同时危机处理既要充分借鉴成功的处理经验，也要根据危机的实际情况，尤其要借助新技术、新信息和新思维，进行大胆创新。

5.2.4 公共关系危机处理的程序

危机是一种客观存在的现象，它会不时地出现在企业面前，这样，对危机进行处理就会显得更为迫切。公共关系危机处理的程序一般有下面几个环节。

（1）快速成立危机处理机构

在危机爆发之初，往往是危机处理的最佳时刻，进一步恶化，就有可能进入漫漫无期的持续阶段，甚至可能进入危机剧烈阶段，最后导致企业破产。企业的当务之急是在第一时间启动危机管理处理领导小组的工作，让它充当企业危机管理的核心，协调指挥，全盘把握。

（2）果断隔离危机

隔离危机就是切断危机继续蔓延的各种渠道，使其不能继续发展和扩大。在公共关系工作中，危机的隔离应重点做好公众的隔离和财产的隔离，对于伤员更是要进行无条件的隔离救治，这也是危机过后有可能迅速恢复企业形象的基础。

（3）危机调查与诊断

危机处理小组组建后，由相关负责人奔赴现场，通过收集信息了解危机的各个方面，进一步确认危机事件的性质和危机爆发的原因，了解危机发生的详细经过。了解危机的受害者及受害情况等，形成对危机的正确认识。根据危机的调查，企业通过危机诊断判断出危机产生的真正根源，对于不同程度的危机采取不同的处理，弄清病因，对症下药。

（4）制定危机处理方案

处理危机的小组成立之后，首要的工作便是根据现有的资料和情报以及企业拥有或可支配的资源来制订危机处理方案。方案必须体现出危机处理目标、程序、组织、人员及分工、后勤保障和行动时间表以及各个阶段要实现的目标。其中还须包括社会资源的调动和支配，费用控制和实施责任人及其目标。方案制订完成并获通过后，策划小组便立即开始进行物质资源调配和准备，而核心小组成员则要立即奔赴危机事件现场，展开全面的危机处理行动。

（5）集中力量执行处理方案

这是危机处理的中心环节，公众和舆论不仅要看企业的宣言，更要看企业的行动。由于危机反应的资源和时间是有限的。如果平均地使用力量，危机反应就可能出现顾此失彼的现象，或者是没有抓住危机中的主要矛盾而导致重大的损失。因此危机反应行动应有主次之分，通过前面的危机评估和危机诊断环节，找出主要危机或者危机的重点，首先解决危害性较大、时间要求紧迫的问题，再着手解决其他问题，这样的危机处理才是有效的。

（6）消除危机后果

危机处理方案实施后，还要继续进行坚持不懈的工作，从物资、人身、心理等方面，采取措施解决，妥善安排，尽可能地消除危机造成的消极后果。

（7）总结经验教训

危机事件解决方案的达成和实施，并不意味着危机处理的过程结束。对组织来讲，除了痛定思痛外，还应当对自己在危机中的行为进行评价和整顿，写出总结报告，汲取教训，提出防止危机重演的计划和措施。这种迅速消除危机后果的方法是极为有效的。

【案例衔接】

“大白兔”成功突围“甲醛门”

2007年7月20日，国家质检总局局长李长江在国新办举办的新闻发布会上说，中国上海冠生园食品有限公司的大白兔奶糖在生产过程中没有添加甲醛，质量是安全有保证的。

随着李长江掷地有声的“新闻发布”和权威检测报告的公布，海外经销商对“大白兔”的疑虑消除，纷纷来电要货，在经过4天的滞销后，十个货柜大白兔奶糖被迅即解冻，其中七个发往新加坡、哥斯达黎加、马来西亚、印度、尼泊尔、美国等地。

此前，上海冠生园集团国际贸易公司接到菲律宾经销商来电称，菲律宾食品药品局（BFAD）对从中国进口的部分食品进行检验，被检大白兔奶糖含有福尔马林（甲醛）。随后，菲律宾方面将大白兔奶糖从超市下架，并劝市民不要购买，同时要求出口商召回相关产品。此消息于7月16日由菲律宾GMA电视新闻网公布后，美国、新加坡、澳门、香港等多家媒体都作了报道，引起海内外强烈关注，以至连香港、广州部分超市也将大白兔奶糖撤柜。

让我们来看看“大白兔”是如何化解此次危机的。

（1）快速主动

“甲醛事件”曝出后，冠生园集团自己主动暂停了“大白兔”产品的出口，并在3天内做完了三件重要的事情：给菲律宾方面发函沟通；请权威检测机构SGS对生产线的产品进行检测，得出没有甲醛的结论；召开中外媒体见面会宣布检测结果。不仅如此，冠生园还对菲律宾食品药品机构在既未公布相关检测报告又未得到生产企业确认的情况下，贸然通过媒体发布消息，给“大白兔”品牌造成损害的极不负责行为，理直气壮地声明：保留诉讼法律的权力。

（2）及时

获知大白兔奶糖被禁售的消息后，上海市质监部门和国家质检总局及时派员在第一时间介入，出具了权威检测报告。特别是国家质检总局局长李长江在7月20日举办的新闻发布会上的权威发言更是让海内外消费者疑虑顿消。

（3）统一

这次大白兔奶糖“甲醛门”事件，尽管海外媒体炒得热火朝天，但国内传媒在对待这一民族品牌上，汲取了以往“见风就是雨”的教训，在报道时不是盲目跟风，而是遵循新闻游戏规则，冷静而又客观地在第一时间传递最新的来自权威管理部门和权威检测机构的消息，其实也为“大白兔”这一国内糖果第一品牌树立了正面的形象。

（4）侧面突围

由第三方权威部门发布的、具有普遍公信力的数据以及对数据的客观解释性分析是应对国际危机事件中非常重要的一步棋。7月18日，新加坡政府的检验机构从冠生园新加坡经销商福南公司仓库中抽样大白兔奶糖进行检验，检测结果：大白兔奶糖不含甲醛，符合世界卫生组织的安全标准；7月19日，国际公认的权威检测机构SGS（通标标准技术服务有限公司上海分公司）对大白兔奶糖检测得出结果：

未检出福尔马林（甲醛）；7月20日，文莱卫生部发表声明，宣布经过该部检测表明，中国产的“大白兔奶糖”不含甲醛，完全可以放心食用……这些检测结果让中国产的“大白兔奶糖”含甲醛这一不实说法不攻自破。

危机最能考验一个企业的德与行，冠生园集团在“大白兔”曝出“甲醛门”后在第一时间反应，并主动停止出口，反映出作为知名企业的作为和担当，同时对于可能产生的误解迅速组织力量寻找第三方权威机构正名，当然作为民族品牌与媒体的良好关系这时也起到了功不可没的作用。这一事件的圆满处理可称得上近年来国内企业公关危机处理的典范。

——王宜　赢在网络营销（经典案例与成功法则）

5.3　危机公关中的沟通协调

企业组织发生危机时，需要与各方面的公众进行沟通协调，从大的方面说有内部公众和外部公众，再具体地说，需要沟通的内部公众有：各级领导、所有股东、全体职员，尤其是危机管理小组成员、新闻发言人、公共关系部成员、电话接听答复人员等。需要沟通的外部公众有：受害者、新闻媒介、上级领导部门、有业务往来的单位、消费者、社区公众等。如果说现代公共关系的本质是追求社会组织与各方面公众之间的和谐，那么，在危机处理中与方方面面的公众进行沟通，就是达到和谐关系的一个桥梁。下面详细介绍一些在危机处理中如何与各方面的公众进行沟通协调对策。

5.3.1　与内部公众沟通协调的对策

（1）在危机初期，及时向内部员工宣布危机处理小组成员、宣布本组织对待危机的态度，并且对员工提出一些要求。

（2）在危机稳定期，及时向内部公众通报危机事件的发生时间、地点以及本组织处理危机事件的基本原则、方针、具体的程序与对策。将制定的危机处理方案通告各个部门及全体员工，以便统一思想、协同行动、共同参加。

（3）在危机抢救期，及时向内部员工通报造成危机事件的原因、给直接受害者造成的损失以及受到波及的公众范围有多大、影响有多深、事态发展趋势、事态是否得到了有效控制等情况。

（4）调查引起危机事件的原因，如果是因不合格产品引起的危机事件，应不惜一切代价立即收回不合格产品，或立即组织检修队伍，对不合格产品逐个检查，还要通知有关部门立即停止出售这类产品。

在危机处理末期，一方面对危机处理工作进行评估，总结经验，找出不足，奖励在处理危机事件中表现突出的有功人员，处罚危机事件的责任者，并通告有关各方；另一方面通过危机事件教育员工，一要铭记教训，二要齐心合力共同渡过难关。内部沟通要强调统一指挥、有条不紊，要做到及时、顺畅、有效，要起到稳定人心、增强信心的作用，发挥出团队的力量。

5.3.2 与受害者沟通协调的对策

（1）危机事件若造成伤亡，一方面应立即进行救护工作或进行善后处理，另一方面应立即通知其家属，并尽可能提供一切条件，满足其家属的探视。

（2）委派专人负责处理伤亡事故。具体人数可多可少，这些人应具备的主要条件是：一要了解有关赔偿损失的文件规定与处理原则；二要善于沟通。因处理伤亡事故难度大，时间长，在整个危机事件的处理中占据着举足轻重的地位，所以，如果没有特殊情况，不可随便更换这些人员。

（3）负责伤亡事故处理的专门人员在与受害者及其亲属接触中应做到真诚地表示同情，并给予安慰；耐心而冷静地倾听受害者及其亲属的意见，包括他们要求赔偿损失的意见；代表组织诚恳地向他们道歉，并实事求是地承担相应的责任。

（4）组织在与危机事件受害者及其家属沟通时，应努力避免为自己辩护的言辞，避免与他们发生争辩与纠纷，即使受害者有一定责任，也不要在现场追究。

（5）向受害者及其家属公布补偿方法与标准，并尽快实施。

5.3.3 与新闻媒介沟通协调的对策

（1）向新闻媒介公布危机事件的真相，表示对该事件的态度，并通报将要采取的措施。何时向新闻媒介公布，公布时如何措辞，采用什么形式，有关信息怎样有计划地披露等，应该在组织内部事先达成共识，统一口径。

（2）成立临时记者接待机构，由专人负责发布消息，集中处理与事件有关的新闻采访，向记者提供权威的资料。

（3）为了避免报道失实，向记者提供的资料应尽可能采用书面形式。介绍危机事件的资料应简明扼要，避免使用技术术语或难懂的词汇。

（4）在对待新闻媒介的态度方面应做到：

主动——主动向新闻媒介提供真实、准确的消息，公开表明社会组织的立场和态度，以减少新闻界的猜测，帮助新闻媒介做出正确的报道；

谨慎——在事情未完全明了之前，不要对事故的原因、损失以及其他方面的任何可能性进行推测性的报道；

合作——对新闻媒介不可采取隐瞒、搪塞、对抗的态度，不可像挤牙膏一样地吐露信息，对确实不便发表的消息，也不要简单地说“无可奉告”，而应说明理由，求得记者的同情和理解；

自信——面对危机事件，社会组织应充满自信心，而且要通过发布信息让新闻媒介和广大公众对你有信心。一定要做到以公众的立场和观点来进行报道，不断向公众提供他们所关心的消息，如补偿方法、善后措施等。

（5）除新闻报道外，可在刊登有关事件消息的报刊上发歉意广告，向公众说明事实真相，并向公众表示道歉及承担责任。

（6）当记者发表了不符合事实真相的报道时，应尽快向该报刊提出更正要求，并指明失实的地方。还要向该报刊提供全部与事实有关的资料，派重要发言人接受采访，表明立场，要求公平报道。特别应注意避免产生敌意。

【案例衔接】

刘翔退赛引发的代言人危机

启用名人作为企业或产品的形象代言人，借助名人的影响力，迅速提高产品的知名度，是这些年来企业热衷于做的宣传手段。然而，名人代言也有风险性，名人人气指数的下降或者名人自身名誉的受损都会连带着其所代言企业的形象受损。

刘翔，这个自2004年雅典奥运会110米栏决赛的夺冠后被载入史册的人，四年来一直被聚焦于闪光灯之下。2008年的奥运会在北京举行，这一切都注定刘翔将是最受关注的焦点人物。于是，国内外的知名企业纷纷启用刘翔为其品牌形象代言人。他们都希望借着刘翔的再次腾飞将品牌的知名度再推上一个更高台阶。然而，谁也没想到，刘翔在本届奥运会上因伤退出了比赛。刘翔的退赛不但影响到他个人的人气，而且也严重损害了其所代言企业的利益。刘翔退赛后，网民主观地认为正是因为刘翔参加了大量赞助商的商业活动而不能系统地接受训练和调养。更有网友猜测刘翔是迫于其赞助商NIKE的压力，才不得已退赛。与此同时，赞助商一般会在刘翔参加比赛期间，甚至决赛前投放大量广告。刘翔退赛后，这些广告费用和广告物料都会受到损失。

针对刘翔退赛这一突发事件，不同的企业采取了不同的广告策略。

伊利将以“有我中国强”为口号的系列广告的主角位置由刘翔换成了已经在北京奥运会夺得两枚金牌的跳水冠军郭晶晶，而刘翔的形象则不见踪影。

VISA在刘翔退赛后，大幅降低了由刘翔代言的广告的播放频度。联想则在刘翔退赛当晚便迅速撤下了刘翔代言的一款笔记本电脑广告。

而耐克用了半天加一个晚上的时间就撤换了所有旧广告，推出刘翔全新形象的新广告。新版广告仍以刘翔为主角，并能紧密结合当前事态，用饱含深意的广告词完美演绎刘翔退赛后的新特质：“爱比赛、爱拼上所有的尊严、爱把它再赢回来、爱付出一切、爱荣耀、爱挫折、爱运动、即使它伤了你的心”。同时在各家报纸、门户网站和耐克自己的网站上刊发。而凯迪拉克则在刘翔退赛后第二天，在其官网上出现了广告语“选择拼搏。就得面对伤痛，选择荣耀，就得面临挑战。”将以往人们没有关注到的刘翔另一面——伤痛呈现出来。

以上的五家企业所采取的广告策略可以分为三类：一类是换上新的代言人，一类是暂时撤掉有该名人形象出现的广告，等形势稳定一点后见机行事，还有一类就是继续留用该形象代言人，并从该名人的身上挖掘出新形象元素，以配合企业形象和产品的宣传。

虽然，我们不能武断地说前两类的做法是失败的广告策略，因为他们已经在最大限度地降低刘翔退赛对本企业产品和品牌形象的损害。但是，我们却不得不说这样的做法并不聪明，因为刘翔的问题并不出在他自身形象的毁坏，而是因为受众对于输赢结果的过分关注而导致的刘翔人气的下降。马上撤掉刘翔的广告，会让人觉得这些企业有些不近人情，尤其是伊利，在事后的新闻发布会上明确表态会继续支持刘翔并沿用其为形象代言人，其言行不一的做法让人颇有微词。此外，撤掉刘翔的广告，也宣告他们奥运营销战略的失败。刘翔的形象代言人效应还没发挥出来便被扼杀了。

对于代言人身份的刘翔来说，目前面临的境况不是形象价值的消失，而是形象价值的转换，以往胜利、成功的元素会淡化，而失败、伤痛、退出比赛会让刘翔的形象丰富起来。此时，发现刘翔新的特质，并与自身品牌找到共同点，才是目前企业需要关注的。当公众对刘翔的认识深层化之后，会发现刘翔的夺牌和退赛并不是对立的，这两者之间还有共同的精神理念，比如永不言败、永不放弃等。

因此，在应对刘翔退赛这一公关危机所采取的广告策略应该是：关注刘翔形象内涵的变迁，按照自己的品牌内涵逻辑重新诠释，揣摩公众受伤的心，以文字这种最便捷的形式来做主要表达手段，借势进一步宣传企业，扩大产品知名度，丰富和延伸品牌内涵。

——岑丽莹　中外危机公关案例启示录

5.3.4　与上级领导部门沟通协调的对策

（1）危机事件发生后，应以最快的速度向社会组织的直属上级部门实事求是地报告，争取他们的援助、支持。

（2）在危机事件的处理过程中，应定期汇报事态发展的状况，求得上级领导部门的指导。

（3）危机事件处理完毕后，应向上级领导部门详细地报告处理的经过、解决方法、事情发生的原因等情况，并提出今后的预防计划和措施。

5.3.5　与业务往来单位沟通协调的对策

（1）危机事件发生后，应尽快如实地向有业务往来的单位通报事故发生的消息，并表明社会组织对该事件的坦诚态度。

（2）以书面的形式通报正在或将要采取的对策和措施。

（3）如有必要，还可派人直接到各个单位去面对面的沟通、解释。

（4）在事故处理的过程中，定期向各界公众传达处理经过。

（5）事故处理完毕，应用书面形式表示歉意。并向给予理解、援助的单位表示诚挚的谢意。

5.3.6 与消费者沟通协调的对策

（1）设立专线电话，以应对危机期间消费者打来的大量电话，要让训练有素的人员来接专线电话。

（2）以尊重消费者权益为前提，来制定所有的处理危机事件的对策、措施。

（3）迅速查明和判断受到危机事件影响的消费者类型、特征、数量、分布等。

（4）通过不同的传播渠道，向消费者颁发说明事故的书面材料。

（5）认真听取受到不同程度影响的消费者对事故处理的意见和愿望，尤其要热情地接待消费者团体的代表；另外，还要主动及时与消费者团体中的领导及意见领袖进行沟通、磋商；通过新闻媒介向消费者公布事故的经过、处理方法、与消费者团体达成的一致意见以及今后的预防措施。

5.3.7 与社区居民沟通协调的对策

社区是社会组织赖以生存和发展的基地，社区居民也是社会组织形象的传播者，如果危机事件给社区居民带来了损失，社会组织应努力做好与社区居民的沟通协调工作。

（1）道歉。根据危机事件的性质以及给社区居民带来的损失程度，可选择不同的道歉方式。如委派专人向社区道歉；派人到每一户家庭分别道歉；通过地方报纸致歉；通过全国性的报纸致歉等。不管用哪一种方式道歉，态度要诚恳；二要鲜明地表示敢于承担责任；三要表明知错必改。

（2）补偿。如果危机事件给社区居民造成的损失不大，可以适当地给社区一些补偿，如修桥补路、种花植树、美化环境、赞助教育、修建老年公寓等。通过这些补偿，得到社区居民的谅解，使社会组织保持社区好公民的形象。

（3）赔偿。如果危机事件给社区居民造成了严重损失，社会组织应明确表示并尽快落实经济赔偿问题。经济赔偿问题处理起来难度较大，应委派有相关经验的人员，代表社会组织与社区居民沟通，尽量让社区居民满意，使社会组织的形象损失控制在最低限度。

如果社会组织不幸发生了危机事件，与各方面公众的沟通协调是非常重要的，除了上述7个方面的对策外，还应根据具体情况，分别对与事件有关的交通、公安、市政、友邻单位等公众和组织进行及时沟通，以便通报情况，回答咨询，巡回解释，调动各方面的力量，协助社会组织尽快解决危机。

5.4 公共关系危机善后

具体危机事件的结束，并不是危机公关全过程的终止，而是一个新阶段——危机善后工作的开始。一个组织在危机发生时的表现将继续受到公众的注视，凡在危机中不勇于承担责任，不重视公众利益的组织将会继续受到公众的谴责和反对，得不到他们的同情和支持。即使表现良好的组织也面临着重新获得信任、恢复信誉的问题。

危机处理结束后，通常有两种情况：其一是企业在危机中表现太差，信誉损失太大，虽经努力，最终仍难以取得公众的理解和信任，最终导致企业倒闭。例如，三聚氰胺毒奶粉事件中的三鹿集团，在整个事件过程中消极被动，甚至迟疑不动，最终倒闭。其二是企业对危机处理得当，信誉损失较小，在善后阶段又善于抓住时机，重新赢得公众信任，恢复失去的市场。

5.4.1 恢复社会组织及产品的声誉和形象

社会组织一旦发生危机事件，很可能出现公众对社会组织及其产品的信任危机，而对于社会组织发展和市场占有来说，社会组织和产品在广大公众心目中的良好声誉和形象是至关重要的。所以，危机事件之后，社会组织不仅应看到有形资产的损失，而且更应该意识到无形资产的损失，应精心策划并实施一系列恢复社会组织声誉的工作。如制作道歉信，为表明社会组织的态度，最好以社会组织领导的名义写道歉信，送交受害各方。道歉信的内容应包括重建的现状、危机发生原因的调查报告、防止危机再发生的具体对策和落实情况等。

5.4.2 继续关注、关心、安慰受害人及其家属

要突出一个“情”字，让对方感觉到：突发事件是残酷无情的，但社会组织是通情达理的、是有“情”的。要用社会组织的真情、热情，用滴水穿石的精神，用换位思考的方法去融化对方因在突发事件中受到伤害而对社会组织产生的不满、怨恨、偏见和敌意。在这一过程中，还要进一步表明社会组织重建的决心和信心，并期望对方的支持、帮助。

5.4.3 重新开始广告宣传

在危机过后社会组织可能面临着信誉下降、形象受损、产品受抵制、股票价格暴跌、法庭起诉、破产威胁以及高级管理人员辞职等种种困境，甚至还有可能社会组织部分或完全倒闭，所以在危机期间社会组织要停止播出广告。当进入危机善后工作阶段，可根据受损情况和社会组织新的发展战略重新刊登广告。目的在于将重振雄风的决心和期待援助的愿望确实无误地传达给有关公众，使公众不断地听到社会组织战胜危机、向前发展的好消息。

5.4.4 开展重建市场的工作

在互联网时代，危机事件发生的同时或仅仅几个小时内就能传遍全球，如近几年全球皆知的英国的疯牛病、香港的禽流感等事件。现代社会中的一件小小危机事件，就可能毁灭有几十年根基的强大社会组织。因为危机事件会破坏市场组织、销售渠道等，所以重建和恢复市场的工作就显得非常重要。

5.4.5 强化、教育员工树立危机管理意识

在社会组织内部继续强化、教育员工，树立“预防就是一切”的危机管理意识，把危机管理纳入社会组织正常的管理之中。

5.4.6 充分协调社会组织与公众的关系

协调社会组织与公众的关系可以从利益协调、态度协调和行为协调三个方面进

行。利益协调是公共关系协调的基础。搞好利益协调，应当认清各自的利益需求；把握相互利益的结合点；调整利益目标，促进互助互利。搞好态度协调，一般应当从认知、情感、意向三个方面入手，使公众对组织有一个全面的了解并消除某些误会与偏见，通过组织行为和有效的沟通，努力赢得公众的信任和好感，同时也要重视化解公众对组织的冷漠、敌视等不利于建立和发展良好公共关系的感情障碍，防范和克服不利于相互合作的某些消极情绪。行为协调是指社会组织及其公众自觉地对自身的行为进行的调整和调节，以便使双方相互配合、相互支持、互助合作。在社会组织外部适当开展一些公益或社区活动，支持地方经济和社区建设，强化社会组织在公众心目中的社会责任，树立新的良好形象。还要借助互联网扩大宣传范围，利用互联网的高科技手段以丰富的表现手法把“公共关系到群体”推向“公共关系到个人”，充分协调社会组织与公众的关系。

课后练习——实训综合操作

长坂坡刘备的“危机公关”：失败中也能做好公司形象宣传

三国故事中，长坂坡是最回肠荡气的一幕，可谓给刘皇叔集团做足了广告宣传。十几万百姓不顾家园，挑着担子跟着刘皇叔逃难；赵子龙单枪救主，在百万军中杀它个三进三出，一声“我乃常山赵子龙”成为三国英雄中最响亮的自我介绍；猛将张飞一夫当关万夫莫开，一声怒号吓退十万曹军……

《三国演义》写得如此惊心动魄，其实掩盖不了一个事实：长坂坡之战对于刘备集团而言，是一场大败仗，诸葛亮在《出师表》中言“受任于败军之际，奉命于危难之间”，说的就是长坂坡之败。

然而，为什么一场如此大败的战役，却被后人描写得如此精彩纷呈呢？究其原因，除了艺术家的加工点缀，还和刘备集团本身的素质以及处理危机的表现有很大关系。

首先，在考验粉丝的忠诚度方面，刘皇叔集团取得了辉煌的胜利。一家失败的公司，都不知道明天安身何处，它的粉丝却丝毫不计较这些，十几万人舍弃家园，义无反顾地跟着刘备走，其忠诚度可谓天下罕见，这样的公司不可能长久地处于失败之地。刘备也很看重他的粉丝，当时粉丝们有辎重车几千辆，每天缓慢行军，只能走十几里，而大批曹军如狼似虎般就要赶上了。有人劝刘备舍弃粉丝，赶快跑江陵去与关羽、刘琦会合，刘备在粉丝面前表现出了应有的担当，并说出了公司的立身之本——“以人为本”，粉丝们这样给我面子，跟着我跑，我怎能忍心舍弃他们呢？

这是一次漂亮的危机公关，巩固了粉丝的忠诚度，也扩大了粉丝群。后来孙权之所以愿意和刘备合手，也是看重他手里粉丝多，且粉丝忠诚度高，值得合作。

除了老板对粉丝忠诚度有信心，对公司骨干也要有充分的信心。据《三国志》

裴松之所引“赵云别传”记载，长坂坡败退时，有人传闻赵云往北投靠曹操去了，刘备却信心满满地说：“子龙不弃我走也。”当时兵败，人心惶惶，传出骨干跳槽走人的消息也不奇怪，刘备却以毫不怀疑的态度，表示自己对骨干的信任，这样的姿态能让公司骨干力量迅速稳定下来。

人可以败，但越是失败越要显示英雄本色。刘备集团做到了，诸如赵子龙舍着性命保护刘备的妻小杀出重围，虽然小说有渲染，但基本属实。而猛将张飞则在撤退中显示出进攻的姿态，单枪匹马地以个人威力暂时惊退曹军，演义虽然渲染夸张，但也有史实依据。

这两位英雄的卓越表现，虽然不能扭转失败的战局，但能扭转粉丝们的信心，也能提升孙权的合作信心。张飞、赵云这两张王牌打出来，市场预期大为提振，愿景大为看好。

所以说，长坂坡之战，表面上是败了，却因为老板坚定不移的信心，骨干员工英勇无畏的表现，反而在失败中做了一次极其成功的公司形象宣传，这么抗打的公司和员工，谁能对他们没有信心呢?

败仗中显示出英雄本色，暂时的失败却令愿景看好，这是后人要跟刘备学习的地方。

——《广州日报》

讨论题

（1）评述上述案例，并指出该案例中危机公关处理的措施。

（2）从现代危机公关的角度，改写上述案例。

第6章 公共关系社交礼仪

【知识目标】

1.掌握公共关系礼仪的含义、特征及职能。

2.了解公关人员个人礼仪的相关要求。

3.掌握公共关系交往礼仪的主要内容。

4.理解公共关系宴请礼仪的相关要求。

【技能目标】

1.能做到符合公关人员个人礼仪的相关要求。

2.能设计符合公共关系交往礼仪的公关活动。

3.能运用公关关系社交礼仪。

案例导入

“再见”之后

大学毕业那年，就业形势相当严峻，参加了好几次招聘会，可人家一听说我们是没有工作经验的应届毕业生，就摇头说不请。一来二去，大家不得不降低要求，以前是非福利好、待遇高的大企业不去，现在是只要需要我们，我们就硬着头皮往里闯。

我的运气属于最差的那类。第一次，有家电器公司通知我去面试文秘，说好了时间是上午9点，但我因为出门前打扮得太久，耽误了时间，加上塞车，结果整整迟到了1个小时。工作人员扬着手上一堆报名表对我说：“小姐，你不适合做文秘，适合做老总。”

第二次，我吸取教训，没怎么打扮就提早出了门，可是那家礼仪公司的工作人员依然摇着头对我说："注重仪表是对别人的尊重，你在学校没有学过吗？"

那天又应聘失败，垂头丧气地回学校的路上，看到银行门口的招聘广告。我想试试。

参加面试的人很多，可大厦里静悄悄的，银行特有的肃穆气氛让大伙儿大气也不敢喘。每个面试完了的人表情都不太一样，有的喜形于色，有的万分沮丧，面试的那间办公室的门闭得紧紧的，透露出一种神秘气息。每次有人面试完从那间房门里走出来，随着开门关门"砰砰"作响的声音，大家的心也跟着一紧一紧的。

排在我前面的女孩长得很漂亮，据她向我们自我介绍，她参加过选美，还进入了复赛。和她相比，我没有一点出众的地方。美女进了那间神秘的办公室，下个就轮到我了。我想我可真够倒霉的，主考官刚看完一个美女，再看我这么个"豆芽菜"，印象分一定打不高！正当我胡思乱想的时候，门"砰"的发出一声巨响，吓了我一跳，大家的视线顿时都落在刚从办公室里走出来（应该说是跳出来）的美女身上。

我还来不及问她主考官提了什么问题，里面已传来声音："下一个！"我整整衣裳，大着胆子往里走。很幸运，提的问题对我来说不算刁钻。考完后，主考官点点头，面无表情地对我说："你可以走了！"没看到微笑，我想也许是没戏吧！

我朝门口走去，正准备开门，又转身出于礼貌地朝他们鞠了一躬："谢谢！"

我轻轻关上了门。

从银行银灰色的大厦里走出来，我安慰自己，银行的工作太刻板了，不适合我！可是我还是有些茫然，不知道还有没有勇气去参加下一次应聘。

半个月后，银行方面给我打来电话，我被录取了。

第一天上班的时候，被带去领制服，碰到了那天面试我的一个主考官。她对我说："我记得你，那天我们接待了约50个应聘者，你是唯一一个向我们鞠躬，并且关门关得那么有礼貌的人！"她的脸上满是和蔼的笑容，"我们是服务行业，不论客户的态度怎么样，我们展示给他们的就该是我们最好的一面！"

——案例来源：杨晓丹，中国期刊网（http://www.chinaqking.com/rw/2007/8153.html）。题目为编者所加，全文引用时有删改。

礼仪，既是文明社会交际活动的行为准则，又是待人处事、塑造个人与社会组织良好形象的重要手段。它作为人类文明进步的标志，正在公共关系中发挥着重要作用。在公共关系活动中，公关人员需要广交朋友，沟通多种信息，融洽与协调多方面的社会关系，减少社会摩擦，化解各类矛盾与冲突，为组织创造一个"人和"的社会关系环境。尤其在组织与外界的交往中，更应该讲究公共关系礼仪。因为它是组织风貌、员工精神状态、公关人员工作水平和专业技能的最集中体现，也是各种人际沟通和社会交往的方法，处理大量联系事宜与外交事务所必须遵从的行为准则。在今天，公关人员的形象要求男士仪表堂堂、精明干练；女士举止得体、典雅大方。

6.1 公共关系礼仪概述

6.1.1 公共关系礼仪的基本概念

公共关系礼仪，简称公关礼仪。它是指公关人员在公共活动中应尊重他人，讲究礼节的程序。

礼仪是人类文明的产物，是人们进行社会交往的行为规范与准则。人们相互往来，要讲究礼节，注意礼貌，遵循一定礼仪的规范行事，使人际交往更有秩序地、和谐地进行。礼仪具体表现为礼貌、礼节、仪表、仪式等。礼貌是指人们在交往过程中表示敬重、友好的行为规范，如尊老爱幼、热情待客等。礼节是指人们在交际活动中待人接物的形式，如拜会、回访、挥手致意等。仪表是指人的外表，如容貌、服饰、表情、姿态等。仪式是指在一定场合举行的具有专门程序的活动，如开业典礼、迎送仪式等。公共关系礼仪，是社会组织的公共关系工作人员或其他人员，在公共关系活动中，为了塑造个人和组织的良好形象而应当遵循尊重他人，讲究礼节、注意仪表、仪式等的规范和程序。

“公关礼仪”是指产生于一定文化道德基础之上的用以调节组织与公众关系，促成相互均衡和谐发展的行为规范和准则。是人们在现代社会交往中各种符合公关精神、准则、规范的交往方式、行为方式、社会活动、典礼程序以及与之相适应的标志、服饰等的总称。现代公共关系需要广交朋友，广聚信息，但这一切是离不开公共关系礼仪的。公共关系礼仪对于公共关系人员来说，起着进行社会交往、发展公共关系的“通行证”作用。

【案例衔接】

日本著名企业家松下幸之助从前不修边幅，他的企业也因此而进展缓慢。一次，在他理发时，理发师不客气地批评他不重视自己的仪表，“你是公司的代表，却这样不重视衣冠，别人会怎样去想，连人都这样邋遢，他的公司会好吗？”从此，松下幸之助改变了过去的旧习惯，开始注意自己在公众面前的仪表仪态，生意也随之兴旺起来。现在，“松下”电器以及松下的其他各类产品享誉天下，与松下幸之助长期率先垂范，要求员工懂礼貌、讲礼节是分不开的。

6.1.2 公关礼仪的意义

在日常生活和工作中，礼仪能够调节人际关系，从一定意义上说，礼仪是人际关系和谐发展的调节器，人们在交往时按礼仪规范去做，有助于加强人们之间互相尊重，建立友好合作的关系，缓和与避免不必要的矛盾和冲突。一般来说，人们受到尊重、礼遇、赞同和帮助就会产生吸引心理，形成友谊关系，反之会产生敌对、抵触、反感，甚至憎恶的心理。

（1）有利于提高个人素质

公关人员的素质就是公关人员个人的修养和个人的表现。教养体现细节，细节展示素质。作为从事公共关系活动的人员，应该从我做起，从每一件小事上都注重礼仪修养，做到“内慧外秀”，才能树立起良好的个人形象。

（2）有利于建立良好的人际沟通

企业在从事经营活动的过程中，难免碰到这样或那样不畅的事情，这些事情如果处理不当，不仅公众对公关人员的印象不佳，而且还会影响企业的形象。如果人们都能够自觉主动地遵守礼仪规范，按照礼仪规范约束自己，就容易使人际间感情得以沟通。公关礼仪能调解冲突、化解矛盾、消除分歧、增进理解、达成谅解、调适人际关系，使之趋于和谐。建立起相互尊重、彼此信任、友好合作的关系，进而有利于各种事业的发展。

（3）有利于提升组织的形象

礼仪的基本目的就是树立和塑造企业及个人良好的形象。所谓个人形象就是个人在公众观念中的总体反映和评价。良好的礼仪修养是公关人员必备的素养，是公关工作的前提。知礼、守礼才能保证与人正常交往，良好交往，才能赢得人们的尊敬，塑造一个良好的个人形象，同时也塑造良好的组织形象，从而更好地开展公关工作。否则，不仅损害个人形象，也损害组织形象。比尔·盖茨讲“企业竞争，是员工素质的竞争”，进一步讲就是企业形象的竞争。

【案例衔接】

修养是第一课

一位老师带领学生前往某集团公司参观，老总是该老师的大学同学。老总亲自接待不说还非常客气。工作人员为每位同学倒水，席间有位女生表示自己只喝红茶。学生们在有空调的大会议室坐着，大多坦然接受服务。没有半分客气。当老总办完事情回来后，不断向学生表示歉意，竟然没有人应声。当工作人员送来笔记本，老总亲自双手递送时，学生们大都伸着手随意接过，没有起身也没有致谢。从头到尾只有一个同学起身双手接过工作人员递过来的茶和老总递来的笔记本时客气地说了声：“谢谢，辛苦了！”

最后，只有这位同学收到了这家公司的录用通知。有同学很疑惑甚至不服“他的成绩并没有我好，凭什么让他去而不让我去？”。老师叹气说：“其实你们的机会是完全一样的，我给你们创造了机会，是你们自己失去了。你们的成绩也许比他好，但是除了课堂学习之外，你们需要学的东西太多了，修养是第一课！”

6.1.3 公共关系礼仪的特征

公共关系礼仪与一般的人际交往礼仪相同或相似，是由人际交往礼仪发展而来的。公共关系人员的礼仪修养与其知识修养、道德修养、审美修养是分不开的，但礼仪修养又有其自身的规律和特征。

（1）以学识为基础

公共关系人员应具备一定的人文科学知识，特别是公共关系学方面的学识；还应有广泛的兴趣爱好，应力求做一名“杂”家，只有这样，才能认识到公共关系礼仪的重要性，感悟各种礼仪规范和程序的内在含义，对社会文化和社会关系达到一定层次的认识和理解。

（2）以组织的长远利益为计

公共关系人员的公共关系礼仪修养可以为组织带来经济利益，但不是直接的、立竿见影的，其礼仪表现和由此带来的经济效益的出现总有一定的时间差。所以，有远见的领导人或公共关系人员处理各种关系时，应以长远为计，注重长时效，切不能只看眼前的利益而错过发展的契机。

（3）以公众为对象

现代社会是信息高度发达的社会，每个社会组织都有很大的开放度和透明度，特别是在市场经济条件下，每个社会组织不仅要面对市场的考验，而且要经受公众的评价。因此，现代社会组织应避免在群众面前显“官像”的作风，为塑造组织的良好形象，在所有显在或潜在的对象公众面前注重自己的仪表仪态、礼节礼貌。

（4）以美誉为目标

公共关系礼仪主要是为树立组织良好形象，获得公众美誉服务的。由于公共关系人员在社会组织中的特殊地位，其言行举止都将影响组织的声誉和形象。

（5）以自觉为桥梁

公共关系礼仪修养要有一定的理论学识作基础，也需要接受一定的理论和实践的专门训练，但是，整个礼仪的规范和程序都离不开公共关系人员的主体自觉性或主观能动性，即用心学习、钻研、感悟、实践各种礼仪规范和程序，通过自觉、不懈的努力，持之以恒地朝着实现公共关系礼仪的美誉目标而努力。

（6）以真诚为信条

公共关系礼仪对于公共关系活动的目的来说，虽然只是形式和手段，但却应当成为公共关系人员情感的真诚流露与表现。公共关系礼仪的核心在于从根本上体现公共关系人员对公众的真诚尊重与关心、理解与重视，并不在于追求外在形式的完善。如果没有这种真诚，一切礼仪都将成为毫无意义的装饰，做花架子，甚至会引起公众的反感。海尔集团的“真诚到永远”，不仅仅是一句口号，而是海尔实实在在的对公众的服务理念，对公众的关心和重视。

6.1.4 公关礼仪的原则

由于公关礼仪是建立在业缘基础上的现代礼仪，因而除了人类共同应有的交往原则以外，还应注意以下几个方面的原则。

（1）遵时守约原则

遵时守约是中外礼仪的第一原则，无论何时何地都要严格遵守时间与约定。中国传统文化讲做人要以信义为本，提倡“一诺千金”。现代社会工作、生活节奏加快，遵时守约更为重要。无论有什么理由，不遵时守约都是不礼貌的，即使有再正当的理由，失约后也应道歉。如果是无故失约，那就正如鲁迅所言“浪费别人的时间同图财害命没什么两样”。特别是在宴会上，说出去的话不兑现是非常失礼的，既不尊重对方，也贬低自己人格。

（2）平等原则

礼仪行为总是表现出双方性或多方性，所以礼仪施行时必须讲究平等的原则，在人际交往中是如此，在商务交往中亦是如此。平等是人与人交往时建立情感的基础，是保持良好人际关系的诀窍。

（3）真诚原则

公关人员的礼仪主要是为了树立良好的个人和组织形象，所以礼仪对于公关活动的目的来说，不仅仅在于其形式和手段上的意义。同时公关活动的从事并非短期行为，从事商务，讲究礼仪，越来越注重其长远利益，只有恪守真诚原则，着眼于将来，通过长期潜移默化的影响，才能获得最终的利益。也就是说公关人员与企业要爱惜其形象与声誉，就不应仅追求礼仪外在形式的完美，更应将其视为公关人员情感的真诚流露与表现。

（4）谦和原则

“谦”就是谦虚，“和”就是和善、随和。谦和既是一种美德，更是社交成功的重要条件。谦和，在社交场上即表现为平易近人、热情大方、善于与人相处、乐于听取他人的意见，显示出虚怀若谷的胸襟，因为对周围的人具有很强的吸引力，有着较强的调整人际关系的能力。当然。谦和并不是指过分的谦和、无原则的妥协和退让，更不是妄自菲薄。

（5）宽容原则

宽即宽待，容即相容，宽容，就是心胸坦荡、豁达大度，能设身处地为他人着想，谅解他人的过失，不计较个人的得失，有很强的容纳意识和自控能力。中国传统文化历来重视并提倡宽容的道德原则，并把宽以待人视为一种为人处世的基本美德。从事商务活动，也要求宽以待人，在人际纷争问题上保持豁达大度的品格或态度，善解人意、体谅别人，才能正确对待和处理好各种关系与纷争，争取到更长远的利益。

（6）适度原则

人际交往中要注意各种不同情况下的社交距离，也就是要善于把握住沟通时的感情尺度。在人际交往中，沟通和理解是建立良好人际关系的重要条件，但如果不善于把握沟通时的感情尺度，即人际交往缺乏适度的距离，结果会适得其反。所谓适度，就是要注意感情适度、谈吐适度、举止适度。只有这样才能真正赢得对方的尊重，达到沟通的目的。

总之，掌握并遵行礼仪原则，在人际交往、商务活动中，就有可能成为待人诚恳、彬彬有礼之人，并受到别人的尊敬和尊重。

【案例衔接】

今天，你对客人微笑了没有？

被誉为全球饭店业之冠的美国希尔顿饭店，其创始人唐纳·希尔顿绝对称得上是一个传奇人物。

说起希尔顿的成功历史，母亲对他的影响是巨大的，就在他经数年苦心经营使资本增值到5000万美元时，有一天，他踌躇满志、颇为得意地向母亲谈起他如何赚钱有方。他母亲淡然一笑说：“你拥有5000万资金又有什么了不起，知道还有比这更值钱的东西是什么吗？”希尔顿被问住了，母亲又说，“我看，做生意除了要对顾客诚实之外，你还得想出一个简单可行、又不花钱、又行之久远的办法，去争取顾客的反复光临，只有这样，你的旅馆才会前途无量，资金才能不断增加。”母亲的话让希尔顿苦苦思索，寻求那“简便”“可行”“不花本钱”“行之久远”四项合一的赚钱之道。终于，他悟到了，那就是“微笑”。

希尔顿视微笑为企业生存发展的唯一途径，并以此为基本企业理念，在员工队伍中大力提倡微笑服务。希尔顿饭店生意如此之好，财富增长如此之快，其成功的秘诀就在于牢牢确立自己的企业理念并把这个理念贯彻到每一个员工的思想和行为之中，饭店创造“宾至如归”的文化氛围，注重企业员工礼仪的培养，通过“微笑服务”体现出希尔顿的独有魅力。希尔顿自己则是每天从这一洲飞到那一洲，从这一国飞到那一国，专程去了解希尔顿的员工是否在贯彻着“希尔顿的礼仪”。他有一本专著《宾至如归》，而今已成为每个希尔顿员工的“圣经”，而当得知希尔顿要亲自前来视察时，员工们就会立即想到希尔顿肯定会问你“今天你对客人微笑了没有？”

1930年，世界性经济危机袭击了美国，旅馆倒闭了80%，希尔顿的旅馆也深受其害，一度负债50万美元，但希尔顿并不灰心，他要求员工：“请各位记住，在经济恐慌的年代，万万不可把我们心里的愁云提到脸上，无论旅馆本身遇到多大的困难，我们脸上的微笑应当永远成为旅客的阳光，一旦危机过去了，我们希尔顿就会进入云开日出的局面。”在经济危机的严重年代，只有他的员工始终坚持微笑待客，这给人们留下了深刻美好的印象。经济萧条过去后，希尔顿率先进入繁荣时期，跨入经营的黄金时代。

面对下属和员工，希尔顿经常这样谆谆教诲：“大家想过没有，如果旅馆里只有第一流的设备而没有第一流服务员的微笑，那些旅客会认为我们供应了他们全部最喜欢的东西吗？如果缺少服务员的美好微笑，正好比花园里失去了春天的太阳和春风。假如我是旅客，我宁愿住进虽然只有残旧地毯，却处处见到微笑的旅馆，也不愿走进只有一流设备而不见微笑的地方。”

案例讨论

结合案例，谈谈你对公关礼仪的一些理解。从案例中你得到什么启示？

6.2 公共关系人员的个人礼仪

个人礼仪是社会个体的生活行为规范与待人处世的准则，是个人仪表、仪容、言谈、举止、待人、接物等方面的具体规定，是个人道德品质、文化素养、教养良知等精神内涵的外在表现。

6.2.1 仪容仪表礼仪

仪容，通常是指人的外观、外貌。其中的重点是指人的容貌。在商务交往中，每个人的仪容都会引起交往对象的特别关注，并将影响到对方对自己的整体评价。仪表是综合人的外表，它包括人的形体、容貌、健康状况、姿态、举止、服饰、风度等方面，是人举止风度的外在体现。风度是指举止行为、接人待物时，一个人的德才学识等各方面的内在修养的外在表现。美国心理学家奥伯特·麦拉比安发现人的印象形成是这样分配的：55%取决于你的外表，包括服装、个人面貌、体形、发色等；38%是如何自我表现，包括你的语气、语调、手势、站姿、动作、坐姿等；只有7%才是你所讲的真正内容。正如哈佛大学在《事业发展研究》中的论述：“事业的长期发展优势中，视觉效应是你的能力的九倍。”

（1）头发的修饰

“远看头，近看脚”，头发位于人体的“制高点”，往往最先吸引人的注意力，在一个人的整体形象中扮演了极其重要的作用，是一个人形象的重心。发型是构成仪容美的重要内容，人们观察一个人往往是“从头开始”的，因此，个人形象的塑造要“从头做起”。

头发整洁、发型大方是个人礼仪对发式美的最基本要求。乌黑亮丽的秀发、端庄文雅的发型，能给客户留下美的感觉，并反映出员工的精神风貌和健康状况。选择发式，要考虑身份、工作性质和周围环境，尤其要考虑自身的条件，以求与体形、脸型相配，头发不要遮住脸且禁止染成彩色。为了确保发部的整洁，公关人员必须自觉主动地对自己的头发进行清洗、修剪和梳理，以保持头发整洁。

（2）化妆礼仪

在商界，绝大多数公司都要求自己的职员做到化妆上岗、淡妆上岗。化妆，是一种通过对美容用品的使用，来修饰自己的仪容，美化自我形象的行为，简单地说，化妆就是有意识、有步骤地来为自己美容。

①工作妆以淡妆为主。工作妆的主要特征是简约、清丽、素雅，具有鲜明的立体感。它既要给人以深刻的印象，又不容许显得脂粉气十足。总的来说，就是要清淡而又传神。

②避免过量地使用芳香型化妆品。通常认为，与他人相处时，自己身上的香味在一米以内能被对方闻到，不算是过量。如果在三米外，自己身上的香味依旧能被对方闻到，则肯定是过量使用香水了。

正确使用香水的位置有两个：一是脉搏离皮肤比较近的地方，如手腕、耳根、颈侧、膝部、踝部等处。二是既不会污损面料，又容易扩散出香味的服装上的某些部位。如内衣、衣领、口袋、裙摆的内侧，以及西装上所用的插袋巾的下端。

③避免当众化妆或补妆。商务人员可以在工作岗位上进行必要的化妆或补妆，但不允许公关人员当众这样做。在许多公司里，一般都设有专门的化妆间，它就是为有必要随时化妆或补妆的人所预备的。

④力戒自己的妆面出现残缺。在工作岗位上，假如自己适当地化了一些彩妆，那么就要有始有终，努力维护其妆面的完整性。用餐之后、饮水之后、休息之后、出汗之后、沐浴之后，一定要及时地为自己补妆。要是妆面一时深浅不一、残缺不堪，必然会给他人造成十分不好的印象。为妆面的残缺寻找任何借口，都难以让人接受。

表6-1　　商务人员仪容仪表标准表

标准	女士	男士
发型	简洁干练不烦琐	清爽大方不怪异
面容	清新淡雅工作妆	清爽健康无胡须
服饰	清洁平整正装制服	清洁平整正装制服
鞋袜	深色正装皮鞋、肤色丝袜鞋袜	深色正装皮鞋，深色布袜
指甲	修饰透明或淡粉色指甲油	干净无污渍
饰物	精致简单	无饰物

6.2.2　服装礼仪

服饰礼仪是人们在交往过程中为了相互表示尊重与友好，达到交往的和谐而体现在服饰上的一种行为规范。服饰是一种文化，它反映着一个民族的文化水平和物质文明发展的程度。服饰具有极强的表现功能，在社交活动中，人们可以通过服饰来判断一个人的身份地位、涵养；通过服饰可展示个体内心对美的追求、体现自我的审美感受；通过服饰可以增进一个人的仪表、气质，所以，服饰是人类的一种内在美和外在美的统一。要想塑造一个真正美的自我，首先就要掌握服饰打扮的礼仪规范，让和谐、得体的穿着来展示自己的才华和美学修养，以获得更高的社交地位。

（1）公关活动场合着装的基本规范

①整洁原则。整洁原则是指整齐干净的原则，这是服饰打扮的一个最基本的原则。一个穿着整洁的人总能给人以积极向上的感觉，并且也表示出对交往对方的尊重和对社交活动的重视。整洁原则并不意味着时髦和高档，只要保持服饰的干净合体、全身整齐有致即可。

②着装的T.P.O原则。T.P.O分别是Time、Place、Occasion三个词的缩写，即着装的时间、地点、场合的原则。一件被认为美的漂亮的服饰不一定适合所有的场合、时间、地点。因此，我们在着装时应该要考虑到这三方面的因素。

时间原则（Time）：根据交际时间、时尚潮流的变化选择服饰；

地点原则（Place）：根据交际场所、文化习俗的变化选择服饰；

目的原则（Occasion）：根据交际目的、环境氛围的变化选择服饰。

③个性原则。个性原则是指社交场合树立个人形象的要求。不同的人由于年龄、性格、职业、文化素养等各方面的不同，自然就会形成各自不同的气质，我们在选择服装进行服饰打扮时，不仅要符合个人的气质，还要突现出自己美好气质的一面。要使打扮富有个性，还要注意：首先不要盲目追赶时髦，因为最时髦的东西往往是最没有生命力的。其次要穿出自己的个性，不要盲目模仿别人。

④和谐配色原则。服饰的美是款式美、质料美和色彩美三者完美统一的体现，形、质、色三者相互衬托、相互依存，构成了服饰美统一的整体。而在生活中，色彩美是最先引人注目的，因为色彩对人的视觉刺激最敏感、最快速，会给他人留下很深的印象。服饰色彩的相配应遵循一般的美学常识。服装与服装、服装与饰物、饰物与饰物之间的色彩应色调和谐，层次分明。饰物只能起到“画龙点睛”的作用，而不应喧宾夺主。服饰色彩在统一的基础上应寻求变化，肤与服、服与饰、饰与饰之间在变化的基础上应寻求平衡。

（2）公关活动场合男士着装礼仪

①三色原则：全身颜色不多于三种色系；

②三一定律：鞋子，腰带，公文包颜色保持一致；

③三大禁忌：一是左边袖上的商标，标志没有撕；二是尼龙丝袜不能穿，白色袜不能穿，袜子的颜色应和皮鞋颜色保持一致；三是领带选择，质地以真丝，纯毛，次之尼龙，其余皮质、珍珠等不可，颜色以深色为主，可与西装或衬衫颜色一致，有图案则以几何图案为主，短袖衬衫除制服外不打领带，夹克一般不打领带。

（3）公关活动场合女士着装礼仪

①整齐。服装必须合身，袖长至手腕，裤长至脚面，裙长过膝盖，尤其是内衣不能外露；衬衫的领围以插入一指大小为宜，裤裙的腰围以插入五指为宜。不挽袖，不卷裤，不漏扣，不掉扣；领带、领结、飘带与衬衫领口的吻合要紧凑且不系歪；如有工号牌或标志牌，要佩戴在左胸正上方，有的岗位还要戴好帽子与手套。

②清洁。衣裤无污垢、无油渍、无异味，领口与袖口处尤其要保持干净。

③挺括。衣裤不起皱，穿前要烫平，穿后要挂好，做到上衣平整、裤线笔挺。

④大方。款式简练、高雅，线条自然流畅，便于岗位接待服务。

6.2.3 饰物礼仪

饰物指与服装搭配对服装起修饰作用的其他物品，主要有领带、围巾、丝巾、胸针、首饰、提包、手套、鞋袜等。饰物在着装中起着画龙点睛、协调整体的作用。

胸针适合女性一年四季佩戴。佩戴胸针应因季节、服装的不同而变化，胸针应戴在第一粒和第二粒纽扣之间的平行位置上。

首饰主要指耳环、项链、戒指、手镯、手链等。佩戴首饰应与脸型、服装协调。首饰不宜同时戴多件，比如戒指，一只手最好只佩戴一枚，手镯、手链一只手也不能戴两个以上。多戴则不雅而显得庸俗，特别是工作和重要社交场合穿金戴银太过分总不适宜，不合礼仪规范。

巧用围巾，特别是女士佩戴的丝巾，会收到非常好的装饰效果。男士饰物一定不宜太多，太多则会少了些阳刚之气和潇洒之美。

一条领带，一枚领带夹，某些特殊场合，在西服上衣胸前口袋上配一块装饰手帕就够了。鞋袜的作用在整体着装中不可忽视，搭配不好会给人头重脚轻的感觉，着便装穿皮鞋、布鞋、运动鞋都可以。而西服、正式套装则必须穿皮鞋。

男士皮鞋的颜色以黑色、深咖啡或深棕色较合适，白色皮鞋除非穿浅色套装在某些场合才适用。黑色皮鞋适合于各色服装和各种场合。正式社交场合，男士的袜子应该是深单一色的，黑、蓝、灰都可以。女士皮鞋以黑色、白色、棕色或与服装颜色一致或同色系为宜。社交场合，女士穿裙子时袜子以肉色相配最好，深色或花色图案的袜子都不合适。长筒丝袜口与裙子下摆之间不能有间隔，不能露出腿的一部分，那很不雅观，不符合服饰礼仪规范。有破洞的丝袜不能露在外面。

6.2.4 仪态礼仪

（1）站姿礼仪

站姿是人的一种本能，是一个人站立的姿势，它是人们平时所采用的一种静态的身体造型，同时又是其他动态的身体造型的基础和起点，最易表现人的姿势特征。在交际中，站立姿势是每个人全部仪态的核心。如果站姿不够标准，其他姿势便根本谈不上什么优美。站姿的基本要求：

头正。两眼平视前方，嘴微闭，脖颈挺直，表情自然，稍带微笑。

肩平。微微放松，稍向后下沉。

臂垂。两肩平整，两臂自然下垂，中指对准裤缝。

躯挺。挺胸收腹，臀部向内向上收紧。

腿并。两腿立直，贴紧，脚跟靠拢，两脚夹角成60度。

公关人员工作场合站姿标准：

①垂直站姿：如标准立正姿态。

②前交手站姿：身体直立。男性双脚分开不超过肩宽，重心分散于两脚上，两手在腹前交叉。女性两脚尖略展开，一脚在前，且后跟靠近另一脚内侧前端，重心可于两脚上，也可于一只脚上，通过重心的转移减轻疲劳，双手仍在腹前交叉。

③后交手站姿：脚跟并拢，脚尖展开60～70度。挺胸立腰，下颌微收，双目平视，两手在身后相搭，贴在臀部。

④单背手站姿：两脚尖展开90度，左脚向前，将脚跟靠于右脚内侧中间位置。成左丁字步，身体重心于两脚上。左手背后，右手下垂，成左背手站姿。相反站成右丁字步，背右手，左手下垂成右背手站姿。

⑤单前手站姿：两脚尖展开90度，左脚向前，将脚跟靠于右脚内侧中间，左手臂下垂，右臂肘关节屈，右前臂抬至横膈膜处，右手心向里，手指自然弯曲，成右前手站姿。同样相反的脚位和手位可站成左前手站姿。

（2）坐姿礼仪

坐的姿势，一般称为坐姿。它所指的是人在就座以后身体所保持的一种姿势。标准坐姿是人们将自己的臀部置于椅子、凳子、沙发或其他物体之上，以支持自己身体重量，双脚则需放在地上。坐的姿势。从根本上看，应当算是一种静态的姿势。对广大公关人员而言，不论是工作还是休息，坐姿都是经常采用的姿势之一。

坐姿礼仪的基本要领：①入坐要轻而稳，若是裙装，应用手将裙稍稍拢一下，不要坐下来后再站起来整理衣服。②面带笑容，双目平视，嘴唇微闭，微收下颌。③双肩平正放松，两臂自然弯曲放在膝上，也可放在椅子或沙发扶手上。④立腰、挺胸、上体自然挺直。⑤双膝自然并拢，双腿正放或侧放。⑥至少坐满椅子的2/3，脊背轻靠椅背。⑦起立时，右脚向后收半步而后起立。⑧谈话时，可以侧坐，此时上体与腿同时转向一侧。

非正式场合，允许坐定后双腿叠放或斜放，交叉叠放时，力求做到膝部以上并拢。坐时不可前倾后仰，或歪歪扭扭；两腿不可过于叉开，也不可长长地伸出去，不可高跷起二郎腿。也不可大腿并拢，小腿分开，或腿不停地抖动。

男子就座时，双脚可平踏于地，双膝亦可略微分开，双手可分置左右膝盖之上，男士穿西装时应解开上衣纽扣。一般正式场合。要求男性两腿之间可有一拳的距离。在日常交往场合，男性可以跷腿，但不可跷得过高或抖动。

女子就座时，双腿并拢，以斜放一侧为宜，双脚可稍有前后之差，即若两腿斜向左方，则右脚放在左脚之后；若两腿斜向右方，则左脚放置右脚之后。这样人正面看来双脚交成一点，可延长腿的长度，也显得颇为娴雅。女士分腿而坐显得不够雅观，腿部倒V字式也是不提倡的，女士若穿裙装应有抚裙的动作。一般来说，在正式社交场合，要求女性两腿并拢无空隙。两腿自然弯曲。两脚平落地面，不宜前伸。在日常交往场合，女性大腿并拢，小腿交叉，但不宜向前伸直。

（3）行姿礼仪

行走时，上身应保持挺拔的身姿，双肩保持平稳，双臂自然摆动，手臂摆动幅度距离身体30～40厘米为宜。腿部应是大腿带动小腿，脚跟先着地，保持步态平稳。步伐均匀、节奏流畅会使人显得精神饱满、神采奕奕。步幅的大小应根据身高、着装与场合的不同而有所调整。女性在穿裙装、旗袍或高跟鞋时，步幅应小一些；相反，穿休闲长裤时步伐就可以大些，凸显穿着者的靓丽与活泼。女性在穿高跟鞋时尤其要注意膝关节的挺直，否则会给人“登山步”的感觉，有失美观。

（4）蹲姿礼仪

蹲姿在工作和生活中用得相对不多，但最容易出错。人们在拿取低处的物品或拾起落在地上的东西时，不妨使用下蹲和屈膝的动作，这样可以避免弯曲上身和撅起臀部，尤其是着裙装的女士下蹲时，稍不注意就会露出内衣，很不雅观。

下蹲拾物时，应自然、得体、大方，不遮遮掩掩。下蹲时，两腿合力支撑身体，避免滑倒。下蹲时，应使头、胸、膝关节在一个角度上，使蹲姿优美。女士无论采用哪种蹲姿，都要将腿部靠紧，臀部向下。

需要我们注意：一方面弯腰捡拾物品时，两腿叉开，臀部向后撅起，是不雅观的姿态；两腿展开平衡下蹲，其姿态也不优雅。另一方面下蹲时注意内衣“不可以露，不可以透”。

保持正确的蹲姿需要注意三要点：迅速、美观、大方。若用右手捡东西，可以先走到东西的左边，右脚向后退半步后再蹲下来。脊背保持挺直，臀部一定要蹲下来，避免弯腰翘臀的姿势。男士两腿间可留有适当的缝隙，女士则要两腿并紧，穿旗袍或短裙时需更加留意，以免尴尬。

蹲姿注意事项：①不要突然下蹲。蹲下来的时候，不要速度过快。当自己在行进中需要下蹲时，要特别注意这一点。②不要离人太近。在下蹲时，应和身边的人保持一定距离。和他人同时下蹲时，更不能忽略双方的距离，以防彼此“迎头相撞”或发生其他误会。③不要方位失当。在他人身边下蹲时，最好是和他人侧身相向。正面他人，或者背对他人下蹲，通常都是不礼貌的。④不要毫无遮掩。在大庭广众面前，尤其是身着裙装的女士，一定要避免下身毫无遮掩的情况，特别是要防止大腿叉开。⑤不要蹲在凳子或椅子上。有些人有蹲在凳子或椅子上的生活习惯，但是在公共场合这么做的话，是不能被接受的。

总之，下蹲时一定不要有弯腰、臀部向后撅起的动作；切忌两腿叉开，两腿展开平衡下蹲，以及下蹲时露出内衣裤等不雅的动作，以免影响你的姿态美。因此，当要捡起落在地上的东西或拿取低处物品的时候，不可有只弯上身、翘臀部的动作，而是首先走到要捡或拿的东西旁边，再使用正确的蹲姿，将东西拿起。

6.2.5 握手礼仪

握手可以说是目前最为常用的一种见面礼了。无论双方是第一次见面，还是已经熟识，一个得体的握手，致意、祝贺、慰问、鼓励、感谢等深意尽在不言中。

（1）握手的正确方法

上身微微前倾，两足立正，双方伸出右手，彼此之间保持一步左右的距离，双方握着对方的手掌，上下晃动两到三下（握手的时间3～5秒为宜），并且适当用力，左手贴着大腿外侧自然下垂。

（2）握手的顺序

一般情况下：长辈和晚辈握手，长辈先伸手；上级和下级握手，上级先伸手。如果需要和多人握手，握手时要讲究先后次序，由尊而卑，即先年长者后年幼者，先长辈再晚辈，先老师后学生，先女士后男士，先已婚者后未婚者，先上级后下级。

交际时如果人数较多，可以只跟相近的几个人握手，向其他人点头示意，或微微鞠躬就行。为了避免尴尬场面发生，在主动和人握手之前，应想一想自己是否受对方欢迎，如果已察觉对方没有要握手的意思，点头致意就行了。

在公务场合，握手时伸手的先后次序主要取决于职位、身份。而在社交、休闲场合，它主要取决于年龄、性别、婚否。

但主人和客人握手比较特殊。按照社交礼仪的规矩，当客人到来之时，主人先伸手，这表示欢迎；当客人走的时候，应该客人先伸手，意思是再见。如果主人先伸手了，就是逐客之意。

（3）握手禁忌

①不要在握手时戴着手套、墨镜、帽子，只有女士在社交场合戴着薄纱手套握手是被允许的。与人握手，把帽子摘掉，表示一种友善；戴太阳镜，有拒人于千里之外的感觉。

②不要在握手时另外一只手插在衣袋里或拿着东西。

③不要在握手时面无表情、不置一词或长篇大论、点头哈腰，过分客套。

④不要在握手时仅仅握住对方的手指尖，好像有意与对方保持距离。正确的做法，是握住整个手掌。即使对异性也应这样。

⑤不要在握手时把对方的手拉过来、推过去，或者上下左右抖个没完。

⑥忌讳与异性握手时用双手。

⑦在任何情况下，最好都不要拒绝与别人握手，否则是有失身份的。

即使有手疾或汗湿、弄脏了，也要和对方说一下“对不起，我的手现在不方便”。以免造成不必要的误会。

【案例衔接】

微笑的魅力

飞机起飞前，一位乘客请示空姐给他倒一杯水吃药，空姐很有礼貌地说：“先生，为了您的安全，请稍等片刻，等飞机进入平衡飞行后，我会立刻把水给您送过来，好吗？”

十五分钟后，飞机早已进入平衡飞行状态。突然，乘客服务铃急促地响了起来，空姐猛然意识到：糟了，由于太忙，她忘记给那位乘客倒水了。当空姐来到客舱，看见按响服务铃的果然是刚才那位乘客，她小心翼翼地把水送到那位乘客眼前，微笑着说：“先生，实在对不起，由于我的疏忽，延误了您吃药的时间，我感到非常抱歉。”这位乘客抬起左手，指着手表说道：“怎么回事，有你这样服务的吗？你看看，都过了多久了？”空姐手里端着水，心里感到很委屈，但是，无论她怎么解释，这位挑剔的乘客都不肯原谅她的疏忽。

接下来的飞行途中，为了弥补自己的过失，每次去客舱给乘客服务时，空姐都会特意走到那位乘客面前，面带微笑地询问他是否需要水，或者别的什么帮助，然而，那位乘客余怒未消，摆出不合作的样子，并不理会空姐。

临到目的地前，那位乘客要求空姐把留言本给他送过去，很显然，他要投诉这名空姐，此时空姐心里很委屈，但是仍然不失职业道德，显得非常有礼貌，而且面带微笑地说道：“先生，请允许我再次向您表示真诚的歉意，无论您提出什么意见，我都会欣然接受您的批评！”那位乘客脸色一紧，嘴巴准备说什么，可是没有开口，他接过留言本，开始在本子上写了起来。

等到飞机安全降落，所有的乘客陆续离开后，空姐本以为这下完了，没想到，等她打开留言本，却惊奇地发现，那位乘客在本子上写下的并不是投诉信，相反，这是一封热情洋溢的表扬信。

是什么使得这位挑剔的乘客最终放弃了投诉呢？在信中，空姐读到这样一句话：“在整个过程中，你表现出的真诚的歉意，特别是你的十二次微笑深深打动了我，使我最终决定将投诉信写成表扬信！你的服务质量很高，下次如果有机会，我还将乘坐你们的这趟航班。”

讨论题

（1）微笑有何作用？

（2）微笑应注意什么？

6.2.6 表情礼仪

礼仪的情感表达是说人们在讲究礼节时，内心情感在面部上的表现，即表情。表情是人际交往中，相互沟通的形式之一。

美国心理学家艾伯特·梅拉比安把人的感情表达效果总结了一个公式：感情的表达＝语言（7%）＋声音（38%）＋感情（55%），这个公式是否科学合理且不去深究，但它说明了表情在人际间沟通时能够恰如其分地表现出人的内在感情。

（1）目光

眼睛被人们称为心灵的窗户，这是因为心灵深处的奥秘都会自觉不自觉地从眼神中流露出来。正确地运用目光，能恰当地表现出内心的情感。因此，只有把握好自己的内心感情，目光才会很好地发挥作用。正如美国心理学家登布在《推销员如何了解顾客心理》中所描述的“假如顾客的眼睛朝下看，脸转向一边，表示你被拒绝了；假如他的嘴唇放松，笑容自然，下颚向前，则可能会考虑你的提议；假如他对你的眼睛注视几秒钟，嘴角以至鼻翼部位都显出微笑，笑得很轻松，而且很热情，这项买卖就做成了。”

①注视的部位。

商务注视：在洽谈、磋商、谈判等场合，眼睛应该看着对方双眼或双眼与额头之间的区域，显得严肃、认真和有诚意。

社交注视：在茶话会、朋友聚会等场合，目光应看向双方双眼与到嘴唇之间的三角区域，会使对方感到礼貌、舒适。

亲密注视：在亲人、恋人和家庭成员之间，目光可注视对方双眼到胸部之间的区域，显得亲近、友善。

②注视的时间。

在人际交往中，注视对方时间的长短相当重要。人们在交谈时，视线接触对方脸部的时间约占全部谈话时间的30%～60%，超过这一平均值，可认为对谈话者本人比谈话内容更感兴趣；低于平均值，则表示对谈话内容和谈话者本人都不怎么感兴趣。谈话时，如果对方为关系一般的同性，应该不时与对方双目对视，以示尊重；如果双方关系密切，则可较多较长地注视对方，以拉近心理距离；如果对方是异性，目不转睛长时间注视不仅使对方不自在，也是失礼的表现。

在掌握并正确运用自己目光语言的同时，还应当学会“阅读”对方目光语言的方法。从对方的目光变化中，分析他的内心活动和意向。随着交谈内容的变化，目光和表情和谐地统一，表示很感兴趣，思想专注，谈兴正浓。对方的目光长时间地中止接触，或游移不定，表示对交谈不感兴趣，交谈应当很快结束。交谈中，目光乜斜，表示鄙夷；目光紧盯，表示疑虑；偷眼相觑，表示窘迫；瞪大眼睛，表示吃惊等。目光语言是千变万化的，但都是内心情感的流露。学会阅读分析目光语言，对于正确处理社交活动的进行和发展有着重要意义。

（2）微笑

微笑可以表现出温馨、亲切的表情，能有效地缩短沟通双方的距离，给对方留下美好的心理感受，从而形成融洽的交往氛围，因而微笑不仅是一种外化的形象，也是内心情感的写照。

人的感情是非常复杂的，表现在面部有“喜、怒、哀、乐”等多种形式，其中，“笑”在人际交往中有着突出重要的作用，面对不同的场合、不同的情况，如果能用微笑来接纳对方，可以反映出本人的修养，待人的至诚，是处理好人际关系的一种重要手段。

微笑具有一种磁性的魅力，它可以使强硬者变温柔，使困难变得容易，所以，微笑是人际交往中的润滑剂，是广交朋友、化解矛盾的有效手段。微笑的功能是巨大的，但要笑得恰到好处，也是不容易的，所以微笑是一门学问，又是一门艺术。

微笑的要求是发自内心、自然大方，显示出亲切，要由眼神、眉毛、嘴巴、表情等方面协调动作来完成。要防止生硬、虚伪、笑不由衷。

要笑得好并非易事，必要时应当进行训练。可以自己对着镜子练习，一方面观察自己的笑的表现形式，更要注意进行心理调整，想象对方是自己的兄弟姐妹，是自己多年不见的朋友。还可以在多人中间讲一段话，讲话时自己注意显现出笑容，并请同伴给以评议，帮助矫正。

（3）体态语

体态语指凭借身体的动作或表情来表达某种意思、情绪的无声语言。

①感谢。在一般的场合表示感谢可用点头来表示。在比较庄重的场合，可用鞠躬来表示谢意。鞠躬的“深度”与致谢的程度有关，感谢的程度越重，躬身的深度越大。表示感谢还可用双手握住对方的手，或者再上下晃几下，晃的程度越大，感谢的程度越重。还有，用双手在胸前抱拳或合十，前后晃动几下表示感谢。在中国广东，人们用右手中指轻轻点击桌面，来表示感谢。

②高兴。成语“捧腹大笑”即表示特别高兴的体态。在正式场合男士乐不可支时会仰身大笑，女士常常掩口而笑，因为女士们以“笑不露齿”为美。突如其来的高兴会扬起双眉，同时高兴时也会跳起来。欧美人高兴至激动时会双手握拳，向上用力地挥起。

③爱抚。爱抚的方式多种多样，比如长辈对晚辈，成人对小孩常会拍拍肩膀及抚摩其头顶表示爱抚之意。抚摩头顶的方式在国外要留心当地的习俗，泰国把抚摩头顶视为巨大的侮辱。

④亲热。关系亲密的年轻人会常常搂在一起，女性会挎着胳膊或相互搂着腰；男性会互相搂着肩膀；年轻的恋人会把上身靠近对方；父母对婴幼儿，会常常亲吻孩子的脸蛋。对可爱而又调皮的孩子表达亲昵感情时，会在孩子的鼻子上刮一下；若是上级对下级表示亲近时，会拍拍对方的肩头。

⑤安慰、鼓励。年长者对年幼者，上级对下级，强者对弱者，常用手拍拍对方

的肩膀，用力地握握对方的手，同时伴上有力的晃动。

⑥安静。在人多的场合若需安静，往往手掌伸开，掌心向下，由上向下慢慢挥动。在人少的情况下，往往把双手或一只手放在胸前，掌心向下，手掌伸开，频频向下压动。也可以用右手食指垂直贴近嘴唇，轻轻发出嘘声来示意大家保持安静。

⑦称赞、夸奖、叫好。用手握拳，跷起大拇指，表示特别赞美。在欣赏文体节目时，也可鼓掌喝彩。如果坐在桌子旁，叫好时常拍桌子，成语“拍案叫绝”即表示此体态。坐着叫好会拍大腿或膝盖。

⑧憧憬、希望。当人们心中怀有美好憧憬时，会双目凝视，两手掌在胸前搓摩。男人常搓下巴或抚弄胡须。当殷切盼望的人或物在远方时，会伸直脖子远望。英美等国人，常会两臂下垂，两手相握，扬起头，目视上方。

⑨同意、赞成。同意、赞成，最简单的表达方式就是点头。在正式的场合，或进行表决时，则要举手表示。在非正式场合，当表示“特别赞成、完全同意”时，可以双手高高举起。英美等国表示“赞同”时，往往会向上跷起拇指。

⑩告别。在20世纪以前，中国人的告别礼是鞠躬，或拱手告别。如今人们告别大多采用握手告别，挥手告别，摇手告别及点头告别。与孩子告别时多用招手。向上级告别时常微微欠身。向死者遗体告别，一般要三鞠躬。欧美人常以“拥抱”“亲吻”来表示告别之情。英格兰人道别时，常横向挥手。法兰西人却竖向挥手。而日本人则是以鞠躬告别。

其他还有道歉体态，如果是礼节性的道歉可以点点头、欠欠身或招招手。一般男士常抬手到耳际；有时还要竖向挥动几下。向师长道歉时，要郑重地点点头，用欠身或鞠躬来表示。无可奈何体态，当无可奈何的时候，一般会轻轻地摇头叹息。也会手臂不动两手摊开。欧美人表示无可奈何时常耸肩，或同时抬起双手前臂翻开手掌，有时还要摇摇头。或者摊开双手后，同时头向一侧偏，眼睛也会随之一闭。

6.3 公共关系交往礼仪

6.3.1 名片礼仪

名片是我国古代文明的产物。据清代学者赵翼在其著作《陔余丛考》中记载：“古人通名，本用削本书字，汉时谓之谒，汉末谓之刺，汉以后则虽用纸，而仍相沿曰刺。”可见，名片的前身即我国古代所用的“谒”“刺”。名片发展至今，已是现代人交往中一种必不可少的联络工具，成为具有一定社会性、广泛性，便于携带、使用、保存和查阅的信息载体之一。

（1）名片的准备

①名片不要和钱包、笔记本等放在一起，原则上应该使用名片夹。

②名片可放在上衣口袋（但不可放在裤兜里）。

③要保持名片或名片夹的清洁、平整。

（2）递送名片的时机

一是希望认识对方或者被介绍给对方时；二是对方向自己索要名片或者对方提议交换名片时；三是打算获得对方的名片时；四是初次登门拜访对方时。

遇到以下几种情况，不需要把自己的名片递给对方，或与对方交换名片。一是对方是陌生人而且不需要以后交往。二是不想认识或深交对方。三是对方对自己并无兴趣。四是对方之间地位、身份、年龄差别悬殊。

（3）递送名片

①递名片时应起身站立，走上前去，使用双手或者右手将名片正面对着对方，递给对方。

②若对方是外宾，最好将名片印有英文的那一面对着对方。

③将名片递给他人时，应说“多多关照”“常联系”等语话，或是先作一下自我介绍。

④与多人交换名片时，应讲究先后次序。或由近而远，或由尊而卑进行。位卑者应当首先把名片递给位尊者。

（4）接受名片

①他人递名片给自己时，应起身站立，面含微笑，目视对方。

②接受名片时，双手捧接，或以右手接过。不要只用左手接过。

③接过名片后，要从头至尾把名片认识默读一遍，意在表示重视对方。

④接受他人名片时，应使用谦词敬语。

（5）名片礼仪注意事项

①勿把自己的名片强递给每一个见面的高级主管，除非他主动向你索取。

②勿太早递出你的名片，尤其是面对完全陌生的人和偶然认识的人。

③忌“批发式”撒发名片。

④勿把有缺点、过时或肮脏的名片给人。

⑤用餐期间一般不要交换名片。

⑥接过别人的名片，切忌不加确认就放入包中。忌放在裤兜、裙兜、提包、钱夹中；忌随手乱扔。

⑦名片一般不要提供私人联络方式，尤其在商务交往、公务交往中。

【知识链接】

名片起源

名片，最早见于西汉史籍，时称为“谒”。《释名·释书契》载：“谒，诣告也。书其姓名于上以告所至诣者也。”东汉时，谒又叫名刺，据《后汉书》载，祢衡曾身怀名刺求见于人。在挖掘的汉墓中发现，这种谒或名刺是木简，长22.5厘米，宽7厘米。上有执名刺者名字，还有籍贯，与今名片大抵相似。

至唐代，木简名刺改为名纸。唐代长安新科进士以红笺名纸互换，以便交流。晚唐又唤作门状、门启，都是自报家门的一种联络方式。宋代的名纸还留有主人的手迹，据南宋张世南在《游宦纪闻》中记述，他藏有黄庭坚书写的名纸，而秦观送他的名纸，类似今天的贺年片。北京故宫博物院还藏有北宋书法家蔡襄的《门屏帖》，据陆游在《老学庵笔记》考证，类似“名刺”。

元代易名刺为“拜帖”，明清时又称“名帖”“片子”。内容也有改进，除自报姓名、籍贯，还书写了官职。清代《竹枝词》有诗为证：“是新拜帖都兴小，三寸来长二寸宽”“红笺二寸书名姓，曾许怀间半刺通”。从诗中所知，清代的名帖很小，而且还是梅红纸。经考证，清代人的名帖已经不同于唐人手写，而是写好楷书，镌好木戳，印在梅红纸上。后来又出现了白纸名帖。

唐宋文人出外拜客，喜欢带个拜匣，拜匣中有笔墨，可当场手书。清代印制了名帖，手书名帖少了，除非主人是大书法家，有意露一手。拜匣亦为文物，清末民初的拜匣制作得十分精致，匣盒系木制或漆器，上绘山水人物图，今故宫博物院收藏的拜匣典雅精美，欣赏价值颇高。

到了明代，统治者沿袭了唐宋的科举制度，并使之平民化，读书便成了一般人改善生活的唯一出路，识字的人随之大量增加。人们交往的机会增加了，学生见老师，小官见大官都要先递上介绍自己的“名帖”，即唐宋时的“门状”。“名帖”这时才与“名”字有了瓜葛，明代的“名帖”为长方形，一般长七寸、宽三寸，递帖人的名字要写满整个帖面。如递帖给长者或上司，“名帖”上所书名字要大，字大表示谦恭，“名帖”上名字小会被视为狂傲。

清朝才正式有“名片”称呼。清朝是中国封建社会的终结，由于西方的不断入侵，与外界交往增加了，和国外的通商也加快了名片普及。清朝的名片，开始向小型化发展，特别是在官场，官小使用较大的名片以示谦恭，官大使用较小的名片以示地位。

——资料来源：http://baike.baidu.com/view/48755.htm

6.3.2 电话礼仪

电话被现代人公认为便利的通信工具，在日常工作中，使用电话的语言很关键，它直接影响着一个公司的声誉；在日常生活中，人们通过电话也能粗略判断对方的人品、性格。因而，掌握正确的、礼貌待人的打电话方法是非常必要的。

（1）电话基本礼仪

①重要的第一声。当打电话给某单位，若一接通，就能听到对方亲切、优美的招呼声，心里一定会很愉快，使双方对话能顺利展开，对该单位有了较好的印象。

②要有喜悦的心情。打电话时要保持良好的心情，这样即使对方看不见你，但

是从欢快的语调中也会被你感染，给对方留下极佳的印象，由于面部表情会影响声音的变化，所以即使在电话中，也要抱着“对方在看着你”的心态。

③清晰明朗的声音。打电话过程中绝对不能吸烟、喝茶、吃零食，即使是懒散的姿势对方也能够“听”得出来。如果你打电话的时候，弯着腰躺在椅子上，对方听你的声音就是懒散的，无精打采的，若坐姿端正，所发出的声音也会亲切悦耳，充满活力。因此打电话时，即使看不见对方，也要当作对方就在眼前，尽可能注意自己的姿势。

④迅速准确的接听。电话铃声响一声大约3秒钟，若长时间无人接电话，或让对方久等是很不礼貌的，对方在等待时心里会十分急躁，你的单位会给他留下不好的印象。如果电话铃响了五声才拿起话筒，应该先向对方道歉，若电话响了许久，接起电话只是“喂”了一声，对方会十分不满，会给对方留下恶劣的印象。

⑤认真清楚的记录。随时牢记5W1H技巧，所谓5W1H是指When（何时）、Who（何人）、Where（何地）、What（何事）、Why（为什么）、How（如何进行）。在工作中这些资料都是十分重要的。

（2）拨打电话礼仪

①选好时间。

打电话时，如非重要事情，尽量避开受话人休息、用餐的时间，而且最好别在节假日打扰对方。“三不打”——清晨不打、夜里不打、吃饭不打。

老客户可以在晚上9:00前进行电话回访，新客户下班后就不要打电话，否则就被视为电话骚扰。

“三必打”——上班1小时后、中午下班前、下午下班前。刚上班时会比较忙，不适宜打电话，1小时后工作都安排差不多了，所以可以打；下班前一般人都会较躁动，时间也比较难挨，所以打电话正好可以排遣寂寞。

②掌握通话时间。

打电话前，最好先想好要讲的内容，以便节约通话时间，不要现想现说，通常一次通话不应长于3分钟，即所谓的“3分钟原则”。

③态度友好。

通话时不要大喊大叫。

④用语规范。

通话之初，应先做自我介绍，不要让对方“猜一猜”。请受话人找人或代转时，应说“劳驾”或“麻烦您”，不要认为这是理所应当的。

（3）挂电话礼仪

①在与客户的电话沟通中，不管是谁先打这个电话，结束后一定要记住一点：永远让客户先挂电话。顾客至上，对于销售人员来说，这不仅仅在口头上，而要随时记在心上。

②与上级进行电话沟通后，一定要让对方先挂电话的，这是对别人的一种尊

重。假如你是一个集团的分公司经理，给总部打电话，恰好接电话的是一个小职员，虽然从职位上来讲，你比小职员高很多，但作为总部和分公司之间的领导性质关系来说，让对方先挂电话，更能体现出你的职场修养及领导风范。

③与异性互通电话后，作为男方从礼节上，理应先让女方挂电话，这显示出你对对方的一种关心和尊重，也加深了对方对你的良好印象。这点主要是针对生活上的朋友之间的电话礼仪。

手机使用礼仪可以参考电话礼仪。在一切公共场合，手机在没有使用时，都要放在合乎礼仪的常规位置。不要在并没使用的时候放在手里或是挂在上衣口袋外。放手机的常规位置有：一是随身携带的公文包里，这种位置最正规；二是上衣的内袋里；有时候，可以将手机放在不起眼的地方，如手边、背后、手袋里，但不要放在桌子上，特别是不要对着对面正在聊天的客户。在会议中、和别人洽谈的时候，最好的方式还是把它关掉，起码也要调到震动状态。这样既显示出对别人的尊重，又不会打断发话者的思路。而那种在会场上铃声不断，像是业务很忙，使大家的目光都转向你，则显示出你缺少修养。注意手机使用礼仪的人，不会在公共场合或座机电话接听中、开车中、飞机上、剧场里、图书馆和医院里接打手机，就是在公交车上大声地接打电话也是有失礼仪的。

【案例衔接】

名片的失误

某公司新建的办公大楼需要添置一系列的办公家具，价值数百万元。公司的总经理已做了决定，向A公司购买这批办公用具。

这天，A公司的销售部负责人打电话来，要上门拜访这位总经理。总经理打算，等对方来了，就在订单上盖章，定下这笔生意。

不料对方比预定的时间提前了2个小时，原来对方听说这家公司的员工宿舍也要在近期内落成，希望员工宿舍需要的家具也能向A公司购买。为了谈这件事，销售负责人还带来了一大堆的资料，摆满了台面。总经理没料到对方会提前到访，刚好手边又有事，便请秘书让对方等一会儿。这位销售员等了不到半小时就开始不耐烦了，一边收拾起资料一边说："我还是改天再来拜访吧。"

这时，总经理发现对方在收拾资料准备离开时，将自己刚才递上的名片不小心掉在了地上，对方却并没发觉，走时还无意从名片上踩了过去。但这个不小心的失误，却令总经理改变了初衷，A公司不仅没有机会与对方商谈员工宿舍的设备购买，连几乎到手的数百万元办公用具的生意也失败了。

A公司销售部负责人的失误，看似很小，其实是巨大而不可原谅的失误。名片在商业交际中是一个人的化身，是名片主人"自我的延伸"。弄丢了对方的名片已经是对他人的不尊重，更何况还踩上一脚，顿时让这位总经理产生反感。再加上对方没有按预约的时间到访，不曾提前通知，又没有等待的耐心和诚意，丢失了这笔生意也就不是偶然的了。

——资料来源：http：//blog.sina.com.cn/s/blog_5fa341b70100d313.html

6.3.3 接待礼仪

迎来送往，是社会交往接待活动中最基本的形式和重要环节，是表达主人情谊、体现礼貌素养的重要方面。尤其是迎接，是给客人良好第一印象的最重要工作。给对方留下好的第一印象，就为下一步深入接触打下了基础。迎接客人要有周密的部署，应注意以下事项。

（1）迎客礼仪

①对前来访问、洽谈业务、参加会议的外国、外地客人，应首先了解对方到达的车次、航班，安排与客人身份、职务相当的人员前去迎接。若因某种原因，相应身份的主人不能前往，前去迎接的主人应向客人做出礼貌的解释。

②主人到车站、机场去迎接客人，应提前到达，恭候客人的到来，决不能迟到让客人久等。客人看到有人来迎接，内心必定感到非常高兴，若迎接来迟，必定会给客人心里留下阴影，事后无论怎样解释，都无法消除这种失职和不守信誉的印象。

③接到客人后，应首先问候“一路辛苦了”“欢迎您来到我们这个美丽的城市”“欢迎您来到我们公司”等。然后向对方作自我介绍，如果有名片，可送予对方。

④迎接客人应提前为客人准备好交通工具，不要等到客人到了才匆匆忙忙准备交通工具，那样会因让客人久等而误事。

⑤主人应提前为客人准备好住宿，帮客人办理好一切手续并将客人领进房间，同时向客人介绍住处的服务、设施，将活动的计划、日程安排交给客人，并把准备好的地图或旅游图、名胜古迹等介绍材料送给客人。

⑥将客人送到住地后，主人不要立即离去，应陪客人稍作停留，热情交谈，谈话内容要让客人感到满意，比如客人参与活动的背景材料、当地风土人情、有特点的自然景观、特产、物价等。考虑到客人一路旅途劳累，主人不宜久留，让客人早些休息。分手时将下次联系的时间、地点、方式等告诉客人。

（2）引导礼仪

①在走廊的引导方法。接待人员在客人二三步之前，配合步调，让客人走在内侧。

②在楼梯的引导方法。当引导客人上楼时，应该让客人走在前面，接待人员走在后面，若是下楼时，应该由接待人员走在前面，客人在后面，上下楼梯时，接待

人员应该注意客人的安全。

③在电梯的引导方法。引导客人乘坐电梯时，接待人员先进入电梯，等客人进入后关闭电梯门，到达时，接待人员按“开”，让客人先走出电梯。

④客厅里的引导方法。当客人走入客厅，接待人员用手指示，请客人坐下，看到客人坐下后，才能行点头礼后离开。如客人错坐下座，应请客人改坐上座（一般靠近门的一方为下座）。

（3）乘车礼仪

①小轿车。小轿车的座位，如有司机驾驶时，以后排右侧为首位，左侧次之，中间座位再次之，前坐右侧殿后，前排中间为末席。

如果由主人亲自驾驶，以驾驶座右侧为首位，后排右侧次之，左侧再次之，而后排中间座为末席，前排中间座则不宜再安排客人。

主人夫妇驾车时，则主人夫妇坐前座，客人夫妇坐后座，男士要服务于自己的夫人，宜开车门让夫人先上车，然后自己再上车。如果主人夫妇搭载友人夫妇的车，则应邀友人坐前座，友人之妇坐后座，或让友人夫妇都坐前座。

主人亲自驾车，坐客只有一人，应坐在主人旁边。若同坐多人，中途坐前座的客人下车后，在后面坐的客人应改坐前座，此项礼节最易疏忽。

女士登车不要一只先踏入车内，也不要爬进车里。需先站在座位边上，把身体降低，让臀部坐到位子上，再将双腿一起收进车里，双膝一定保持合并的姿势。

②吉普车。吉普车无论是主人驾驶还是司机驾驶，都应以前排右坐为尊，后排右侧次之，后排左侧为末席。上车时，后排位低者先上车，前排尊者后上。下车时前排客人先下，后排客人再下车。

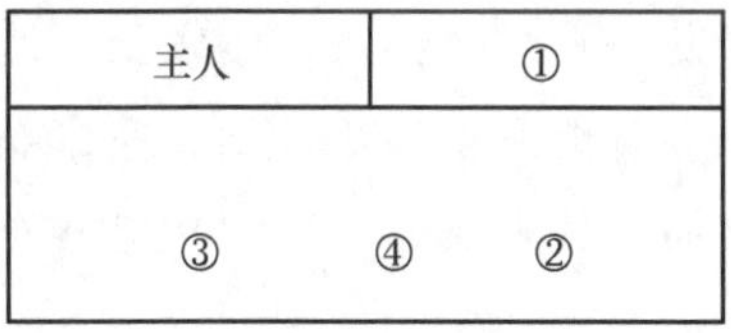

图1　自行开车

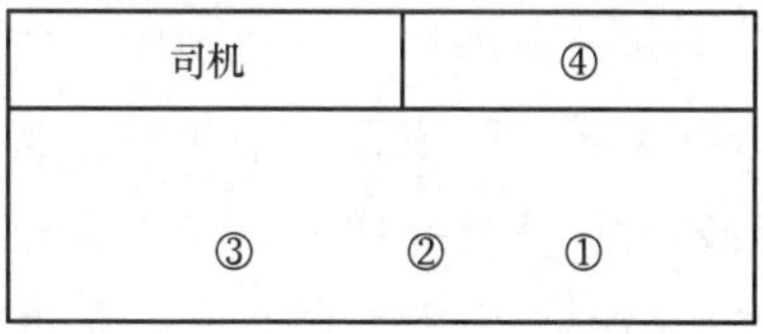

图2　乘坐出租车

6.3.4　拜访礼仪

（1）拜访前的相邀礼仪

不论因公还是因私而访，都要事前与被访者电话联系。联系的内容主要有四点：

①自报家门（姓名、单位、职务）。

②询问被访者是否在单位（家），是否有时间或何时有时间。

③提出访问的内容（有事相访或礼节性拜访）使对方有所准备。

④在对方同意的情况下定下具体拜访的时间、地点。注意要避开吃饭和休息、特别是午睡的时间。最后，对对方表示感谢。

（2）拜访的黄金定律

①开门见山，直述来意。

②突出自我，赢得注目。

③察言观色，投其所好。

④明辨身份，找准对象。

⑤以点带面，各个击破。

（3）拜访中的举止礼仪

①要守时守约。

②讲究敲门的艺术。要用食指敲门，力度适中，间隔有序敲三下，等待回音。如无应声，可稍加力度，再敲三下，如有应声，再侧身隐立于右门框一侧，待门开时再向前迈半步，与主人相对。

③主人不让坐不能随便坐下。如果主人是年长者或上级，主人不坐，自己不能先坐。主人让座之后，要说“谢谢”，然后采用规矩的礼仪坐姿坐下。主人递上烟茶要双手接过并表示谢意。如果主人没有吸烟的习惯，要克制自己的烟瘾，尽量不吸，以示对主人习惯的尊重。主人献上果品，要等年长者或其他客人动手后，自己再取用。即使在最熟悉的朋友家里，也不要过于随便。

④谈话时间不宜过长。起身告辞时，要向主人表示“打扰”之歉意。出门后，回身主动伸手与主人握别，说“请留步”。待主人留步后，走几步，再回首挥手致意，“再见”。

【案例衔接】

风景秀丽的某海滨城市的朝阳大街，高耸着一座宏伟楼房，楼顶上“远东贸易公司”六个大字格外醒目。某照明器材厂的业务员金先生按原计划，手拿企业新设计的照明器材样品，兴冲冲地登上六楼，脸上的汗珠未及擦一下，便直接走进了业务部张经理的办公室，正在处理业务的张经理被吓了一跳。

“对不起，这是我们企业设计的新产品，请您过目。”金先生说。张经理停下手中的工作，接过金先生递过的照明器，随口赞道：“好漂亮啊！”并请金先生坐下，倒上一杯茶递给他，然后拿起照明器仔细研究起来。金先生看到张经理对新产品如此感兴趣，如释重负，便往沙发上一靠，跷起二郎腿，一边吸烟一边悠闲地环视着张经理的办公室。当张经理问他电源开关为什么装在这个位置时，金先生习惯性地用手搔了搔头。虽然金先生作了较详尽的解释，张经理还是有点半信半疑。谈到价格时，张经理强调：“这个价格比我们预算高出较多，能否再降低一些？”金先生回答：“我们经理说了，这是最低价格，一分也不能再降了。”张经理沉默了半天没有开口。金先生却有点沉不住气，不由自主地拉松领带，眼睛盯着张经理，张经理皱了皱眉，“这种照明器的性能先进在什么地方？”金先生又搔了搔头，反反复复地说："造型新、寿命长、节电。"张经理离开了办公室，只剩下金先生一个人。金先生等了一会，感到无聊，便非常随便地抄起办公桌上的电话，同一个朋友闲谈起来。这时，门被推开，进来的却不是张经理，而是办公室秘书。

问题：请指出金先生的失礼之处，并说明原因。

6.3.5 礼品馈赠礼仪

馈赠是公关活动中不可缺少的交往内容。随着交际活动的日益频繁，因为馈赠礼品能起到联络感情、加深友谊、促进交往的作用，所以越来越受到人们的重视。馈赠活动对礼节的要求，也就一再得到强调。

（1）商务礼品的选择

①了解馈赠对象的有关情况。送礼的对象多种多样，由于各自的阅历、爱好不同，对物品的喜好也各不相同，因此在送礼前必须了解受礼者的年龄、性格特征、身份地位、民族习惯等情况，并针对不同对象的不同情况，选择不同的礼品，满足各自不同的需求。

②明确送礼的目的。送礼前，要了解因何事送礼，以便选择合适的礼品取得良好的效果。不同的目的，选择的礼品是不一样的。

③尊重禁忌。由于各国的历史、文化、风格习惯及宗教信仰方面的影响，不同国家、不同民族的人对同一礼品的态度是不同的，或喜爱或忌讳或厌恶。

（2）商务赠送时的礼仪

一般来说，在大庭广众之下，可以送大方、得体的书籍、鲜花一类的礼物。与衣食住行有关的生活用品不宜在公开场合相赠，否则会产生受贿的嫌疑。

礼品最好亲自赠送。如果因故不能亲自赠送，要委托他人转交或邮寄时，应附上一份礼笺，注上姓名，并说明赠礼缘由。

赠礼时，态度要平和友善，举止大方，双手把礼物送给受礼者，并简短、热情、得体地加以说明，表明送礼的原因和态度。

（3）商务受礼与答礼礼仪

作为受礼人，双手接过礼品时要表达谢意，不能显得无动于衷，或随手放在一旁。如果条件允许，受赠者还可当面打开欣赏一番，这样做符合国际惯例。接受别人的馈赠后，除办丧事等特殊情况不宜立即还礼，一般都要尽快还礼，或等适当机会给予回赠。

①接受礼品的礼仪。

当他人口头宣布有礼相赠时，不管自己在做什么事，都应立即中止，起身站立、面向对方，以便有所准备。在对方取出礼品，预备赠送时，不应伸手去抢、开口相问，或者双眼顶住不放，以求先睹为快。此时此刻，应该保持风度。

在一般情况下，只要不是贿赂性礼品，一般最好不要拒收，那会很驳送礼人的面子，找机会回礼即可。在赠送者递上礼品时，要尽可能地用双手前去迎接。不要一只手去接礼品，特别是不要单用左手去接礼品。在接受礼品时，勿忘面带微笑，双目注视对方。

视具体情况，拆看或只看外包装，还可以请赠礼人介绍礼品功能、特性、使用方法等，以示对礼品的喜爱。

②回礼礼仪。

在接受他人所赠的礼品后，受礼人一般要回礼。回礼时，应该有一个恰当的理由和合适的时机，不能为了回礼而不选时间、地点单纯地回送等值的物品。

回赠时要选择以受赠礼物类似的物品为宜，回赠礼品切忌重复。一般回礼要与所收礼品价值相当，回礼的价值一般不应超过对方赠送的礼品太多，否则会给人攀比之感。

【知识链接】

镜子原理

日本销售大师原一平曾拜访美国大都会保险公司，该公司副总经理曾问他："您认为拜访客户之前，最重要的工作是什么？"

"在拜访准客户之前，最重要的工作是照镜子。"

"照镜子？"

"是的，你面对镜子与面对准客户的道理是相同的。在镜子的反映中，你会发现自己的表情与姿势；而从准客户的反应中，你也会发现自己的表情与姿势。"

"我从未听过这种观念，愿闻其详。"

"我把它称之为镜子原理。当你站在镜子前面，镜子会把映现的形象全部还给你；当你站在准客户面前，准客户也会把映现的形象全部还给你。当你的内心希望准客户有某种反应时，你把这种希望反映在如同镜子的准客户身上，然后促使这一希望回到你本身。为了达到这一目标，必须把自己磨炼得无懈可击。"

注重自己的仪表，尽量让自己容光焕发精神抖擞，尤其要给客户留下良好的第一印象，千万不要为了追求时尚而穿着奇装异服，那样只能使你的销售走向失败。只有穿戴整洁或者与你职业相称的服饰，才能给客户留下好的深刻的印象。

原一平根据自己50年的销售经验，总结出了"整理外表的九个原则"。

（1）外表决定了别人对你的第一印象。

（2）外表会显现出你的个性。

（3）整理外表的目的就是让对方看出你是哪一类型的人。

（4）对方会根据你的外表决定是否与你交往。

（5）外表就是你的魅力表征。

（6）站姿、走姿、坐姿是否正确，决定你让人看起来顺不顺眼。不论何种姿势，基本要领是脊椎挺直。

（7）走路时，脚尖要伸直，不可往上翘。

（8）小腹往后收，看起来有精神。

（9）好好整理你的外表，会使你的优点更突出。

——资料来源：http：//vip.book.sina.com.cn

6.4 公共关系宴请礼仪

“民以食为天”，这句千百次在不同场合被不同人士出于不同目的所引证的名言，其实说明的仅仅是一个非常简单的道理，离开了用餐进食，人类的生存将难以想象。自古以来，无论是朋友聚会，还是会谈庆功，设宴款待都是常用的方法。对于商务人员来讲，商务用餐在所难免，愉悦、放松的用餐状态非常有利于进一步达成共识。在商务餐饮过程中，一动一静关乎礼仪，是否能表现出良好的礼仪、礼貌不仅仅是个人的事情，也关系到公司的形象。

一般来讲，宴请礼仪指的是人们以食物、饮料款待他人时，以及自己在餐饮活动之中，必须认真遵守的行为规范。

6.4.1 宴请礼仪原则

（1）适量原则

宴请的适量原则是指在商务宴请活动中，对于宴请的规模、参与的人数、用餐的档次以及宴请的具体数量都要量力而行。务必要从实际需要和实际能力出发，进行力所能及的安排，而切忌虚荣好强、炫耀攀比，甚至铺张浪费、暴殄天物。

特别需要提出的是商务人员务必力戒利用公款大吃大喝。那样的做法，不但对个人身体无益，而且还会有假公济私、挥霍国库、败坏社会风气之嫌。仅为自己的口腹之欲而毁坏名节，是商务人员所绝对不应该做的。从根本上讲，宴请的适量原则所提倡的，是厉行节约、反腐倡廉的风气，是做人务实、不图虚荣的境界。

（2）4M原则

宴请的4M原则是在世界各国广泛受到重视的一条礼仪原则，其中的4M指的是Menu：精美的菜单；Mood：迷人的气氛；Music：动人的音乐；Manners：优雅的礼节。

这些都是人们在安排或参与宴请活动时，应当注意的重点问题，4M原则的主要含义就是要求在安排或者参加宴请活动时，必须优先对菜单、气氛、音乐、礼节等四个方面的问题加以高度重视，并应力求使自己在这些方面所作所为符合律己、敬人的行为规范。

商务宴请的类型和原则其实都是为了更好的辅助商务宴会的进行。不同类型的商务宴会有不同的风格和要求，但是所有的宴请都要遵循4M的原则。

6.4.2 宴请礼仪类型

在商务礼仪中，以宴请的方式来款待宾客是商务人员在对外交往中的一项经常性的活动，它不是一般的吃吃喝喝，而是人际交往的一种重要形式。

当前国际上通用的宴请形式有宴会、招待会、工作进餐、茶会等，而至于采取何种形式，一般根据活动的目的、邀请对象以及经费开支等因素来决定，但每种类型的宴请均有与之匹配的特定规格及要求。

（1）宴会

宴会，通常指的是以用餐为形式的商务聚会，指其隆重程度、出席规格、可分为正式宴会和非正式宴会。

①正式宴会。

正式宴会是一种隆重而正规的宴请，他往往是为宴请专人而精心安排的、在比较高档的饭店或是其他特定的地点举行的、讲究排场及气氛的大型聚餐活动，对于到场人数、穿着打扮、席位排列、菜肴数目、音乐弹奏、宾主致辞等，往往都有十分严谨的要求和讲究。

②非正式宴会。

非正式宴会中常见的有便宴和家宴两种形式。

一是便宴。便宴常见的有午宴、晚宴，有时候也举行早宴。便宴，同样适用于正式的商务交往，便宴简便，灵活，通常都形式从简，并不注重规模、档次。一般来说，便宴只安排相关人员参加，不邀请配偶，对穿着打扮、席位排列、菜肴数目往往不做过高要求，而且也不安排音乐演奏和宾主致辞。

二是家宴。严格讲，家宴是便宴中包含的一种形式，他是在家里举行的宴会，相对于正式宴会而言，家宴最重要的是要制造亲切、友好、自热的气氛，使赴宴的宾主双方轻松、自然、随意，彼此增进交流，加深了解，促进信任。

通常家宴在礼仪上往往没有特殊要求，为了使来宾感受到主人的重视和友好，基本上要由女主人亲自下厨烹饪，男主人充当服务员；或男主人下厨，女主人充当服务员，来共同招待客人，使客人产生宾至如归的感觉。

（2）招待会

招待会是指各种不配备正餐的宴请类型，一般备有食品和酒水，通常不排固定的席位，可以自由活动，常见的有酒会与冷餐会两种。

①酒会，又称鸡尾酒会，这种招待会形式较为活泼，便于广发接触交谈，招待品以酒水为主，略备小吃、菜点。不设座椅，仅置小桌或茶几，便于出席者走动，举行时间在中午、下午或晚上均可。

②冷餐会，又称自助餐，可以在室内外举行，参加者可坐可站，并可自由活动，菜肴以冷食为主，酒和菜均可自取，也可请服务员端送，也可将酒、菜事先陈

放在桌上。

（3）工作餐

在通常情况下，工作餐是在商务交往中具有业务关系的合作伙伴，为进行接触、保持联系、交换信息或洽谈生意而用进餐的形式进行的商务参会。工作餐重在一种氛围，意在以餐会友，创造出有利于进一步进行接触的轻松、愉快、和睦、融洽的氛围，是借用餐的形式继续进行的商务活动，把餐桌充当会议桌或谈判桌。

工作餐一般规模较小，通常在中午举行，主人不用发正式请柬，客人不用提前想主人正式进行答复，时间、地点可以临时选择，出于卫生方面的考虑，最好采取分餐制或公筷制的方式，在用工作餐的时候，还会继续商务上的交谈，但这时候应注意，不要像在会议室一样，进行录像、录音或专人记录。

工作餐是主客双方的商务洽谈餐，所以不适合有主题之外的人参加，如果正好遇到熟人，可以打个招呼，或将其与同桌的人互做介绍，但不要自作主张，将朋友留下。

（4）茶会

茶会是一种简便的招待形式，一般在下午4点左右举行，也有的在上午10点左右举行，地点通常设在客厅，厅内摆茶几、座椅，不排席位。但若是为贵宾举行的茶会，在入座时，主人要有意识地与主宾坐在一起，其他出席者可相对随意。

茶会，顾名思义就是请客人喝茶，故对茶叶、茶具的选用要十分考究。茶具一般用陶瓷器皿，不用玻璃杯，更不能用热水瓶代替茶壶。国外一般用红茶，略备点心和地方风味小吃，也有不用茶而用咖啡的。但仍以茶会命名，其内容安排与茶会基本相同。

举行何等规格的宴请为佳，主要取决于当地的习惯，通常正式宴会规格较高，但人数不宜过多，冷餐会与鸡尾酒会则形式简便，人数不限，而商界女士的聚会多采用这种茶会的形式。

6.4.3 宴请基本礼仪

宴请的基本礼仪可以分为7个方面，这7方面分别是：座次、入座、体态、交流、布菜、敬酒和散席礼仪。

（1）座次

基本上按照以右为尊的原则，将主宾安排在主人的右侧，次主宾安排在主人的左侧。参加人数较多的宴会，主人应安排桌签以供客人确认自己的位置。

（2）入座

主人或者长者主动安排众人入座；来宾在长者或女士坐定后，方可入座；入座时，男士为身边（尤其是右边）的女士拉开座椅并协助其入座。

（3）体态

入座后姿势端正，脚踏在本人座位下，不跷腿，不抖动腿脚，也不可任意伸直；胳膊不放在桌面上，也不要向两边伸展而影响他人。

（4）交流

宴请是一种社交场合，在餐桌上要关心别人，尤其要招呼两侧的女宾；口内有食物，应避免说话也不要敬酒；宴会上应营造和谐温馨的氛围，避免涉及影响用餐气氛的话题。

（5）布菜

主人可为身边的客人布菜。布菜应使用公勺或公筷。布菜时要照顾到客人的饮食偏好，如果客人不喜欢或者已经吃饱，不再为客人夹送。

（6）敬酒

主人先为主宾斟酒，若有长辈或者贵客在座，主人也应先为他们斟酒。主人为客人倒酒时，客人以手扶杯表示恭敬和致谢。首次敬酒由主人提议，客人不宜抢先；敬酒以礼到为止，各自随意，不应劝酒。

（7）散席

一般由主人表示宴会结束，主人、主宾离座后，其他宾客方可离开。

6.4.4 宴请组织礼仪

（1）确定宴请目的、对象、范围和形式

①目的。宴请的目的是多种多样的，可以是为某一个人，也可以为某一事件。例如，为代表团来访，为庆祝某一节日、纪念日，为展览会的开幕、闭幕，某项工程动工、竣工等。在商务交往中，还根据需要举办一些日常的宴请活动。

②对象。确定邀请名义和对象的主要根据是主、客双方的身份，也就是说主客身份应该对等。例如，邀请来访的合作单位代表，出面主人的职务和专业一般同对方代表对口、对等，身份低使人感到冷淡，规格过高亦无必要。在外交活动中，外国使馆宴请驻在国部长级以上官员，一般由大使（临时代办）出面邀请，低级官员请对方高级人士，就不礼貌。通常邀请主宾携夫人出席，主人若已婚，一般以夫妇名义发出邀请。日常交往小型宴请则根据具体情况以个人名义或以夫妇名义出面邀请。

③范围。邀请范围是指请哪些方面人士，请到哪一级别，请多少人，主人一方请什么人出来作陪。这都要考虑多方因素，如宴请的性质、主宾的身份、国际惯例、对方对我的做法，双方的合作关系等。各方面都要想到，不能只顾一面。邀请范围与规模确定之后，即可草拟具体邀请名单。被邀请人的姓名、职务、称呼、对方是否有配偶都要准确。

④形式。宴请采取何种形式，在很大程度上取决于当地的习惯做法。一般来说，正式、规格高、人数少的以宴会为宜，人数多则以冷餐或酒会更为合适，妇女界活动多用茶会。宴请的形式主要以商务活动的性质和内容来确定，以礼节性为主题的公关活动采用宴会形式比较合适，而庆祝性、纪念性主题的公关活动采用冷餐会、酒会的形式更有气氛，以谈论某项特定工作为主题的商务活动则采用工作进餐

的形式最为恰当。当然，这没有绝对的限制与界定，应该因人因事而异。

（2）确定宴请时间、地点

宴请的时间应对主、客双方都合适。驻外机构举行较大规模的活动，应与所在国主管部门商定时间。注意不要选择对方的重大节假日、有重要活动或有禁忌的日子和时间。小型宴请应首先征询主宾意见，最好相机口头当面约请，也可用电话联系。主宾同意后，时间即被认为最后确定，可以按此约请其他宾客。宴请地点的选择。正式隆重的活动，一般安排在政府、议会大厦或宾馆内举行，其余则按活动性质、规模大小、形式、主人意愿及实际可能而定。选定的场所要能容纳全体人员。举行小型正式宴会，在可能条件下，宴会厅外另设休息厅（又称等候厅），供宴会前简短交谈用，待主宾到达后一起进宴会厅入席。

（3）发出邀请

各种宴请活动，一般均发请柬，这既是礼貌，亦对客人起提醒、备忘之用。便宴经约妥后，亦可不发请柬。工作进餐一般不发请柬。

请柬一般提前一周至二周发出（有的地方须提前一个月），以便被邀请人及早安排。已经口头约妥的活动，仍应补送请柬，在请柬右上方或下方注上“To Remind”（备忘）字样。需安排座位的宴请活动，为确切掌握出席情况，往往要求被邀者答复能否出席。遇此，请柬上一般用法文缩写注上R.S.V.P.（请答复）字样，如只需不出席者答复，则可注上Regrets Only（因故不能出席请答复）。并注明电话号码。也可以在请柬发出后，用电话询问能否出席。

请柬内容包括活动形式、举行的时间及地点、主人的姓名（如以单位名义邀请，则用单位名称）。请柬行文不用标点符号，所提到的人名、单位名、节日名称都应用全称。中文请柬行文中不提被邀请人姓名（其姓名写在请柬信封上），主人姓名放在落款处。请柬格式与行文中外文本，差异较大，注意不能生硬照译。请柬可以印刷也可以手写，但手写字迹要美观、清晰。

请柬信封上被邀请人姓名、职务书写要准确。国际上习惯对夫妇两人发一张请柬，国内遇到需凭请柬入场的场合每人一张。正式宴会，最好能在发请柬之前排好席次，并在信封下角注上席次号（Table No）。请柬发出后，应及时落实出席情况，准确记载，以安排并调整席位。即使是不安排席位的活动，也应对出席率有所估计。

（4）拟定菜单

宴请的酒菜根据活动形式和规格，在规定的预算标准以内安排。选菜不以主人的爱好为准，主要考虑主宾的喜好与禁忌，例如，伊斯兰教徒用清真席，不用酒，甚至不用任何带酒精的饮料；印度教徒不能用牛肉；佛教僧侣和一些教徒吃素；也有因身体原因不能吃某种食品的。如果宴会上有个别人有特殊需要，也可以单独为其上菜。大型宴请，则应照顾到各个方面。菜肴道数和分量都要适宜，不要简单地认为海味是名贵菜而泛用，其实不少外国人并不喜欢。在地方上，宜用有地方特色的食品招待，用本地产的名酒。无论哪一种宴请，事先均应开列菜单，并征求主管负责人的同意。获准后，如是宴会，即可印制菜单，菜单一桌两三份，至少一份，讲究的也可每人一份。

（5）席位安排

正式宴会一般均排席位，也可只排部分客人的席位，其他人只排桌次或自由入座。无论采用哪种做法，都要在入席前通知到每一个出席者，使大家心中有数，现场还要有人引导。大型的宴会，最好是排席位，以免混乱。

国际上的习惯，桌次高低以离主桌位置远近而定，右高左低。桌数较多时，要摆桌次牌。同一桌上，席位高低以离主人的座位远近而定。外国习惯，男女掺插安排，以女主人为准，主宾在女主人右上方，主宾夫人在男主人右上方。我国习惯按各人本身职务排列以便于谈话，如夫人出席，通常把女方排在一起，即主宾坐男主人右上方，其夫人坐女主人右上方。两桌以上的宴会，其他各桌第一主人的位置可以与主桌主人位置同向，也可以以面对主桌的位置为主位。

礼宾次序是排席位的主要依据。在排席位之前，要把经落实出席的主、客双方出席名单分别按礼宾次序开列出来。除了礼宾顺序之外，在具体安排席位时，还需要考虑其他一些因素。多边的活动需要注意客人之间的政治关系，政见分歧大，两国关系紧张者，尽量避免排到一起。此外，适当照顾各种实际情况。例如，身份大体相同，使用同一语言者，或属同一专业者，可以排在一起。译员一般安排在主宾右侧。在以长桌作主宾席时，译员也可以考虑安排在对面，便于交谈。但一些国家忌讳以背向人，译员的座位则不能作此安排。在他们那里用长桌作主宾席时，主宾席背向群众的一边和下面第一排桌子背向主宾席的座位均不安排坐人。在许多国家，译员不上席，为便于交谈，译员坐在主人和主宾背后。

遇特殊情况，可灵活处理。如遇主宾身份高于主人，为表示对他的尊重，可以把主宾摆在主人的位置上，而主人则坐在主宾位置上，第二主人坐在主宾的左侧。但也可按常规安排。主宾有夫人，而主人的夫人又不能出席，通常可以请其他身份相当的女性作第二主人。如无适当身份的女性出席，也可以把主宾夫妇安排在主人的左右两侧。

席位排妥后着手写座位卡。我方举行的宴会，中文写在上面，外文写在下面。卡片用钢笔或毛笔书写，字应尽量写得大些，以便于辨认。便宴、家宴可以不放座位卡，但主人对客人的座位也要有大致安排。

6.4.5 赴宴礼仪

（1）接受宴请

接到宴会邀请，无论是请柬或邀请信，能否出席要尽早答复对方，以便主人安排。一般来说，对注有R.S.V.P.（请答复）字样的，无论出席与否，均应迅速答复。注有“Regrets Only”（不能出席请复）字样的，则不能出席时才回复，但也应及时回复。经口头约妥再发来的请柬，上面一般注有“To Remind”（备忘）字样，只起提醒作用，可不必答复。答复对方，可打电话或复以便函。

在接受邀请之后，不要随意改动。万一遇到不得已的特殊情况不能出席，尤其是主宾，应尽早向主人解释、道歉，甚至亲自登门表示歉意。

应邀出席一项活动之前，要核实宴请的主人，活动举办的时间地点，是否邀请了配偶，以及主人对服装的要求。活动多时尤应注意，以免走错地方，或主人未请配偶却双双出席。

掌握出席时间出席宴请活动，抵达时间迟早，逗留时间长短，在一定程度上反映对主人的尊重。应根据活动的性质和当地的习惯掌握。迟到、早退、逗留时间过短被视为失礼或有意冷落。身份高者可略晚到达，一般客人宜略早到达，主宾退席后再陆续告辞。出席宴会，根据各地习惯，正点或晚一两分钟抵达；在我国则正点或提前三分钟或按主人的要求到达。出席酒会，可在请柬上注明的时间内到达。确实有事需提前退席，应向主人说明后悄悄离去。也可事前打招呼，届时离席。

（2）按时抵达，礼貌入座

如主人恭迎，则应趋前向主人握手、问好、致意，随主人或迎宾人员引导，步入休息厅或宴会厅。如果单独到达，先到衣帽间脱下大衣和帽子，然后前往主人迎宾处，主动向主人问好。如是节庆活动，应表示祝贺。

应邀出席宴请活动，应听从主人安排。如是宴会，进入宴会厅之前，先了解自己的桌次和座位，入座时注意桌上座位卡是否写着自己的名字，不要随意乱坐。如邻座是年长者或女性，应主动协助他们先坐下。

（3）文明用餐

入座后，不可玩桌上的酒杯、盘碗、刀叉、筷子等餐具。主人招呼即可以进餐。西餐进食，正确的做法是取得食品，即可开始食用，因为人手一份，不需等待。取菜时一次取得不要太多，需增加时，待侍者送上再取。进食时要文雅，吃东西时应闭着嘴细嚼慢咽，尽量不发出声音；喝汤时不要啜，汤菜太热，稍凉后再食用，忌用嘴吹去热气；嘴内有食物时切勿说话；吃剩的菜、用过的餐具、牙签及骨刺等都要放入骨盘内，忌随意乱扔；剔牙时，要用手或餐巾遮口。

餐具的使用要得法。中餐的餐具主要是碗、盘、筷，西餐则是刀、叉、盘子。通常宴请外国人吃中餐，亦以中餐西吃为多，既摆碗筷，又设刀叉。刀叉的使用是右手持刀，左手持叉，将食物切成小块，然后用叉送入嘴内。欧洲人使用时不换手，即从切割到送食均以左手持叉。美国人则切割后，把刀放下，右手持叉送食入口。就餐时按刀叉顺序由外往里取用。每道菜吃完后，将刀叉并拢平排放盘内，以示吃完。如未吃完，则摆成八字或交叉摆，刀口应向内。吃鸡、龙虾时，经主人示意，可以用手撕开吃，也可用刀叉把肉割下，切成小块吃。切带骨头或硬壳的肉食，叉子一定要把肉叉牢，刀紧贴叉边下切，以免滑开。切菜时，注意不要用力过猛撞击餐盘而发出响声。不容易叉的食品，或不易上叉的食品，可用刀把它轻轻推上叉。除喝汤外，不用匙进食。汤用深盘或用小碗盛放，喝时用汤匙由内往外舀起送入嘴，即将喝尽，可将盘向外略托起。吃带有腥味或怪味的食品，如鱼、虾、野味等均配有柠檬，可用手将汁挤出滴在食品上，可去腥。宴会中如发生意外情况，例如，用力过猛，使餐具发出声响，或摔落地上，或打翻酒水等，不要着急。餐具碰出声音，可轻轻向邻座（或主人）说一声“对不起”。餐具掉落可由服务员另换一副。酒水打翻溅到邻座身上，应表示歉意，协助擦干；如对方是妇女，只要把干净餐巾或手帕递上即可，由她自己擦干。

任务练习

细节的象征

一位先生要雇一个没带任何介绍信的小伙子到他的办公室做事，先生的朋友挺奇怪。先生说：“其实，他带来了不止一封介绍信。你看，他在进门前先蹭掉脚上的泥土，进门后又先脱帽，随手关上了门，这说明他很懂礼貌，做事很仔细；当看到那位残疾老人时，他立即起身让座，这表明他心地善良，知道体贴别人；那本书是我故意放在地上的，所有的应试者都不屑一顾，只有他俯身捡起，放在桌上；当我和他交谈时，我发现他衣着整洁，头发梳得整整齐齐，指甲修得干干净净，谈吐温文尔雅，思维十分敏捷。怎么，难道你不认为这些细节是极好的介绍信吗？”

讨论题

（1）本案例对你有哪些启示？

（2）你已经拥有哪些“介绍信”了？

（3）反省自身一天的言谈举止，看看有哪些忽略的细节，并请注意及时改进。

参考文献

［1］【美】格伦·M.布鲁姆.公关关系［M］.第10版.北京：中国人民大学出版社，2013.

［2］【美】奥蒂斯·巴斯金·丹·拉铁摩尔，克雷格·阿伦诺夫.公共关系：职业与实践［M］.孔祥军，郭惠民，译.第4版.北京：中国人民大学出版社，2008.

［3］吴建勋，丁华.公共关系案例与分析教程［M］.第二版.北京：清华大学出版社，2013.

［4］李萍，路世云.公关关系［M］.北京：中国水利水电出版社，2011.

［5］郑小兰.公共关系实务［M］.北京：人民邮电出版社，2010.

［6］罗建华.实用公共关系［M］.北京：机械工业出版社，2009.

［7］薛丽，刘安鑫.公共关系学原理与实务［M］.长沙：湖南师范大学出版社，2013.

［8］张亚公.共关系与实务［M］.修订版.北京：科学出版社，2008.

［9］司爱丽，王祥武.公共关系实用教程［M］.北京：机械工业出版社，2010.

［10］董原.公共关系学.北京：中国铁道出版社［M］.2009.

［11］任焕琴.商务公共关系学［M］.北京：清华大学出版社，2006.

［12］姜楠.公共关系原理与实务［M］.北京：中国人民大学出版社，2006.

［13］王培才.公共关系理论与实务［M］.第2版.北京：电子工业出版社，2010.

［14］蒙坪.公共关系［M］.第二版.北京：化学工业出版社，2014.

［15］李兴国.公共关系实用教程［M］.第二版.北京：高等教育出版社，2011.

［16］周安华，苗晋平.公共关系理论、实务与技巧［M］.第四版.北京：中国人民大学出版社，2013.

［17］高良谋.管理学［M］.第四版.大连：东北财经大学出版社，2014.

［18］居延安.公共关系［M］.第5版.上海：复旦大学出版社，2013.